"十四五"职业教育国家规划教材

中等职业教育市场营销专业系列教材

门店运营实务

MENDIAN YUNYING SHIWU

（第四版）

王立峰 李忠臣 主 编
吴 琼 吴洪艳 彭雪琳 副主编

东北财经大学出版社
Dongbei University of Finance & Economics Press
大 连

图书在版编目（CIP）数据

门店运营实务 / 王立峰，李忠臣主编．—4版．—大连：东北财经大学出版社，2025.1．—（中等职业教育市场营销专业系列教材）．—ISBN 978-7-5654-5569-8

Ⅰ．F717

中国国家版本馆CIP数据核字第2025Z6E030号

东北财经大学出版社出版

（大连市黑石礁尖山街217号　邮政编码　116025）

网　址：http://www.dufep.cn

读者信箱：dufep@dufe.edu.cn

大连雪莲彩印有限公司印刷　东北财经大学出版社发行

幅面尺寸：185mm×260mm　　字数：327千字　　印张：13.75

2025年1月第4版　　　　　　2025年1月第1次印刷

责任编辑：郭海雷　　　　　　　　责任校对：何　群

封面设计：张智波　　　　　　　　版式设计：原　皓

定价：33.00元

教学支持　售后服务　　联系电话：(0411) 84710309

版权所有　侵权必究　　举报电话：(0411) 84710523

如有印装质量问题，请联系营销部：(0411) 84710711

第四版前言

随着我国经济体制改革的持续深入，各种所有制主体共同竞争、共同发展，形成了多元化发展格局。一批国内知名连锁企业迅速成长，外资连锁经营企业进入中国市场的速度也在加快，经营品牌化、竞争国际化、管理专业化的趋势日趋明显。如何有效地进行门店运营管理，为消费者提供多样化的商品、更具吸引力的门店设施、更人性化的服务，进一步探究消费者的购物习惯与购物心理，巩固现有零售市场，努力开拓新的天地，在白热化的市场竞争中脱颖而出，立于不败之地，就成为门店管理者必须面对的课题。

门店运营实务是一门极具操作实践性的课程。此次教材修订，目的是通过员工管理、安全管理、商品管理、绩效管理、促销管理、新零售管理六个项目，对学生进行系统的门店运营技能的强化训练，让学生在师生讲练互动、教学相长中掌握门店运营的相关知识，培养适合现代门店运营管理需要、具备较强的专业技能和能力、与时俱进的职场人才。

本教材依据教育部《中等职业学校市场营销专业教学标准》编写，连续再版，第一版教材于2015年获评为"十二五"职业教育国家规划教材，第二版教材于2020年获评为"十三五"职业教育国家规划教材，第三版教材于2023年获评为"十四五"职业教育国家规划教材。为了深入推进党的二十大精神和习近平新时代中国特色社会主义思想进教材、进课堂、进头脑，大力开展理想信念教育、社会主义核心价值观教育、中华优秀传统文化教育、革命文化和社会主义先进文化教育，弘扬培育劳动精神、劳模精神和工匠精神，结合课程思政要求，我们启动了本次修订工作，主要扩展了"素养目标"和"案例引领"栏目，更新了一部分案例和数字化教学资源。针对近几年快速崛起的线上引流和微信营销、直播营销，此次修订我们新增设了新零售管理项目。

本教材具有以下特色：

1. 聚焦于各业态、业种共通的门店运营内涵，以独立店铺（分店）运营为核心，以门店实际运营岗位技能需求为出发点，从提高岗位技能角度来选择内容，信息量大，授课形式多样，内容生动，语言通俗易懂，实用性和操作性强。

2. 采用了实际工作中的场景实物图片和表格等，一步步介绍各项操作技能，主要讲解工作过程中具体的工作方法、步骤、要求、注意事项等内容，指导性强，有利于学生快速掌握门店运营相关技能。

3. 以门店实际运营项目为主线，每个项目配有"项目导学""学习目标""案例引领""任务描述""知识准备""任务实施""项目小结""项目训练""项目评价"等栏目，还穿插了"实例展示""课堂讨论""小知识""小提示"等，有助于提高学生的学习兴趣和职业认同感，帮助学生迅速掌握门店运营相关技能。

4. 学生成绩评价采取多元化的方式。通过项目考试评价、任课教师评价、自我评价和期中期末考试评价等多角度评价方式考核学生掌握的基础知识、职业技能和综合素养。

本教材建议安排72课时（4学分），其中含实训36课时，课时的具体分配建议见下表：

模块	课程内容	授课课时	含实训课时
项目一	员工管理	12	6
项目二	安全管理	12	6
项目三	商品管理	16	8
项目四	绩效管理	12	6
项目五	促销管理	12	6
项目六	新零售管理	8	4
合计		72	36

本教材由山东省潍坊商业学校王立峰、李忠臣担任主编，山东省潍坊商业学校吴琼、吴洪艳，桂林市财贸管理干部中等专业学校彭雪琳担任副主编。修订工作具体分工为：李忠臣、王立峰修订项目一；山东省潍坊商业学校刘宇娇修订项目二；吴洪艳修订项目三；吴琼修订项目四；彭雪琳修订项目五；山东省潍坊商业学校王瑞编写项目六。山东省潍坊商业学校马高梅参与了部分项目的编写和案例搜集工作。山东省潍坊商业学校邹春华负责课程思政的案例搜集和审核。全书由李忠臣负责统稿。广州王府井百货大楼有限责任公司副总经理金越审稿。

在本教材的编写过程中，得到了全国商业行指委原常务副主任王晋卿先生的悉心指导，得到了许多连锁销售企业专家和门店管理者的大力支持，此外，本教材在编写过程中参考了国内外专家学者的研究成果以及网站的一些资料，在此一并表示衷心的感谢！

由于编者水平有限，书中难免存在疏漏和不足之处，恳请读者和各位同仁在使用本教材的过程中给予理解和关注，并欢迎批评指正。

编 者
2024 年 11 月

目　录

员工管理

人力资源是门店最重要的资源，因此员工管理也成为门店管理的重中之重。能否招到人才、用好人才、留住人才，直接关系到企业能否做大做久。人事工作的重要性就在于：用人事政策甄选人员、任用和调整干部，用薪酬政策调节利益关系、调动员工积极性。

本项目主要完成四项任务：员工招聘、员工入职、员工培训和员工任免。

学习目标

知识目标：

1.了解员工招聘、入职、培训、任免的基本程序。

2.熟悉营销相关岗位排班、考勤与团队管理方法。

能力目标：

1.会选择合适的招聘渠道招聘企业需要的人才。

2.能对岗位排班、考勤状况与团队进行管理。

3.能够帮助员工进行职业生涯规划设计。

素养目标：

1.具有大局意识和团队合作精神。

2.具有服务意识和吃苦耐劳品格。

3.具有爱企如家观念和主人翁精神。

案例引领

店长长成记

中专毕业的张明凭自己的优异表现被一家超市门店录用为导购员。从入职的第一天起，他就下决心要干出个样儿来。每天他都是提前半小时到门店，主动打扫卫生、整理货品，研究商品陈列技巧，从来不怕苦不怕累。工作期间他就就业业，积极向老员工学习客户沟通技巧，努力做到脑活、眼尖、嘴甜、腿勤。一同入职的同事取笑他，说他瞎操心。但他一直记得老师的叮嘱："当员工的时候要把自己当成老板，当老板的时候要把自己当成员工。"每天他都关注店面的销售业绩，分析单品销售情况，了解货源渠道，进行成本、利润分析。经过自己的观察和思考，他经常向主管和店长提出合理化建议。在同事眼里，他是一个勤快又热情的小伙子，大家都喜欢他；在领导心里，他是一个有想法、有能力的好员工。两年以后，他很快成长为门店主管。恰逢公司要开一家新的门店，在推荐店长人选时大家自然想到了张明。经过严格的考察、笔试和面试，他最终不负众望，成为新门店的店长。

请各位同学思考一下：从张明的成长经历可以学到什么？他的身上体现了什么样的精神和品格？

任务一　员工招聘

任务描述

商业学校毕业的小王，成功开设了第一家超市，随着规模的不断扩大，需要增加1名店长、2名收银员、3名理货员，请大家帮忙完成这个招聘任务。

知识准备

市场竞争归根结底是人才的竞争。随着经济的发展，各行各业对人才的需求也越来越强烈，企业要发展就必须不断地吸纳人才。

一、招聘原则

1.公开原则

公开原则是指把招聘单位、招聘种类、招聘数量、报考资格、考试方式、考试科目和考试时间均面向社会公告，公开进行招聘。一方面，公开能够给予社会上的人才以公平竞争的机会，达到广招人才的目的；另一方面，公开能够使招聘工作置于社会的公开监督之下，防止不正之风的产生。

2.竞争原则

竞争原则是指通过考试竞争和考核鉴别确定人员的优劣和人选的取舍。为了达到竞争的目的，应做到以下方面：一要动员、吸引较多的人来报考；二要严格考核程序和手段，科学地录取，防止"拉关系"、"走后门"、"裙带风"、贪污受贿和徇私舞弊等现象的发生，通过激烈而公平的竞争，让优秀人才脱颖而出。

3.平等原则

平等原则是指对所有报考者一视同仁，不得人为地设置各种不平等的限制条件（如性别歧视）和各种不平等的优先优惠政策，努力为社会上的有志之士提供平等竞争的机会，不拘一格地选拔、录用各方面的优秀人才。

4.级能原则

人的能量有大小，本领有高低，工作有难易，要求有区别。招聘的对象不一定是最优秀的，而应量才录用，做到人尽其才、用其所长、职得其人，这样才能持久、高效地发挥人力资源的作用。

5.全面原则

全面原则是指对应聘人员的品德、知识、能力、智力、心理、工作经验和业绩等方面进行全面考核。因为一个人能否胜任某项工作或者发展前途如何，是由多方面因素决定的，特别是非智力因素对其将来的作为起着决定性作用。

6.择优原则

择优是招聘的根本目的和要求。只有坚持这个原则，才能广揽人才，选贤任能，为单位引进或为各个岗位选择最合适的人才。为此，应采取科学的考试考核方法，精心比较，谨慎筛选，特别是要依法办事，杜绝不正之风。

二、相关要求

企业在员工招聘中必须遵循的要点如下：

（1）符合国家有关法律、政策要求。

（2）公平原则。

（3）在招聘中应避免就业歧视。

（4）要确保录用人员的质量。

（5）要根据企业人力资源规划的工作需要和职务说明书中的任职资格要求，运用科学的方法和程序开展招聘工作。

（6）努力降低招聘成本，注意提高招聘的工作效率。

三、招聘程序

1.制订招聘计划和策略

招聘计划是企业根据经营目标和岗位需求对某一阶段招聘工作所作出的安排，包括招聘目标、信息发布的时间与渠道、招聘员工的类型及数量、甄选方案及时间安排等方面。具体来讲，员工招聘计划包括以下内容：

（1）招聘的岗位、要求及所需人员数量。

（2）招聘信息的发布方式。

（3）招聘对象。

（4）招聘方法。

（5）招聘预算。

（6）招聘时间安排。

2.发布招聘信息及搜寻候选人信息

企业要将招聘信息通过多种渠道向社会公布，向社会公众告知用人计划和要求，确保有更多符合要求的人员前来应聘。

企业可以通过以下方式搜寻候选人信息：

（1）应聘者所填的求职表，内容包括性别、年龄、学历、专业、工作经历及业绩等。

（2）推荐材料和证书，即有关组织或个人写的推荐材料，以及能够证明应聘者学历、业绩、能力、素质的各种证书。

（3）调查材料。对于某些岗位人员的招聘，还需要亲自到应聘人员工作过或学习过的单位或向其接触过的有关人员进行调查，以掌握第一手材料。

3.甄选

甄选的过程一般包括对所有应聘者进行初步审查、知识与心理素质测试、面试等，以确定最终的录用者。

面试时要看毕业证书的正本和学历认证材料，以防止应聘者伪造学历证明。

4.录用

人员录用过程一般可分为试用合同的签订、新员工的安置、岗前培训、试用、正式录用等阶段。试用就是企业对新上岗员工的尝试性使用，这是对员工的能力与潜力、个人品质与心理素质的进一步考核。员工的正式录用是指试用期满后，将表现良好、符合企业要求的新员工转为正式成员的过程。一般由用人部门根据新员工在试用期间的具体表现对其进行考核，作出鉴定，并提交人力资源管理部门。人力资源管理部门对考核合格的员工正式录用，并代表企业与员工签订正式录用合同，明确双方的责任、义务与权利。

正式录用合同一般应包括以下内容：

（1）当事人的姓名、性别、住址和法定社会身份；签订劳动合同的法律依据，劳动合同期限。

（2）工作内容、劳动保护和劳动条件；劳动报酬、劳动纪律、变更和解除劳动合同的条件与程序。

（3）违反劳动合同的责任与处置等。

5.招聘工作评估

招聘工作评估主要指对招聘的结果、招聘的成本和招聘的方法等方面进行评估。一般在一次招聘工作结束之后，要对整个招聘工作做总结和评价，目的是进一步提高下一次招聘工作的效率。

招聘工作评估一般应从以下两方面进行：一是对招聘工作的效率评价；二是对录用人员的评估。

四、招聘渠道

1.外部招聘

外部招聘的渠道大致包括：人才交流中心和人才招聘会；媒体广告；网络招聘；校园招聘；猎头公司；员工推荐。

（1）人才交流中心和人才招聘会。我国很多城市都设有专门的人才交流服务机构，这些机构常年为企事业用人单位提供服务。该类机构一般建有人才资料库，用人单位可以很方便地在资料库中查询到条件基本相符的人才资料。通过人才交流中心选聘人员，具有针对性强、费用低廉等优点。

人才交流中心或其他人才交流服务机构每年都要举办多场人才招聘会（如图1-1所示），用人单位的招聘者和应聘者可以直接进行接洽和交流。人才招聘会最突出特点是应聘者集中，用人单位的选择余地较大，费用支出也比较合理，还可以对企业起到很好的宣传作用。

（2）媒体广告。通过报纸杂志、广播电视、新媒体平台等渠道进行广告宣传，向公众传递招聘信息，具有覆盖面广、速度快的特点。相对而言，在报纸、电视上发布招聘广告费用较高，但更容易醒目地突出企业形象；很多广播电台都开辟了人才交流节目，广播电台播出招聘广告的费用较低，但比在报纸、电视上发布广告的效果要差一些。近几年，公众号、视频号、直播平台也成为企业开展宣传很好的方式。

图1-1　人才招聘会现场

招聘广告应该包含以下内容：

◇ 企业的基本情况。

◇ 招聘的职位、数量和基本条件。

◇ 招聘的范围。

◇ 薪资与待遇。

◇ 报名的时间、地点、方式以及所需的材料等。

媒体广告招聘的优点包括：信息传播范围广、速度快；应聘人员数量多、层次丰富；企业的选择余地大，可以招聘到素质较高的员工。

媒体广告招聘的缺点包括：招聘时间较长；广告费用较高；要花费较多的时间进行筛选。

（3）网络招聘。它具有费用低、覆盖面广、联系快捷方便等优点。用人单位可以将招聘信息发布在本单位的网站上，或者发布在一些专门的招聘网站上。

网络招聘由于具有诸多优点，且不受时间、空间的限制，因而被广泛采用。当然，它也存在一定的缺点，比如容易鱼目混珠、筛选手续繁杂、对高级人才的招聘较为困难等。

（4）校园招聘。中职学校的专业和学生数量众多，是企业获取人力资源的重要来源。对于中职学校应届毕业生的招聘，可以选择在校园内直接进行（校园招聘会现场如图1-2所示），具体包括参加毕业生招聘会、招聘信息张贴（某企业设计的校园招聘海报如图1-3所示）、招聘讲座和毕业生分配办公室推荐等。

图1-2 校园招聘会现场

图1-3 校园招聘海报

（5）猎头公司。一般认为，猎头公司是一种专门为雇主"猎取"高级人才和尖端人才的职业中介机构。

（6）员工推荐。通过企业员工推荐人选，是组织招聘的重要形式。

2.内部招聘

内部招聘就是向公司内部员工公布招聘信息，员工可以来参加应聘。另外，岗位轮换和返聘也属于内部招聘。

课堂讨论 1-1

1. 内部招聘与外部招聘各适用于什么情形，两者分别具有哪些优缺点？
2. 企业在进行人员招聘时，对应聘者学历的要求是否越高越好？
3. 面试主要测试应聘者哪些方面的素质？

讨论步骤：

（1）以团队为单位，队长要组织好讨论，并做好讨论记录，讨论时间为 10 ～ 15 分钟。

（2）由团队代表轮流上台发言。

（3）由任课教师和各队队长根据各队发言情况给出实训成绩。

（4）任课教师或学生代表作总结发言。

实例展示 1-1

星星连锁超市招聘简章

2022年，星星集团进军连锁超市业态，现已成功开业8家便利店。为做大做强，确保后期更多连锁超市顺利开业和正常运转，现面向社会招聘超市店长、收银员、理货员共计20名，具体招聘情况如下：

一、招聘职位

超市店长、收银员、理货员。

二、招聘条件

1. 男女不限，18 ～ 35 周岁。

2. 五官端正，身体健康。

3. 中专及以上学历。

4. 工作积极、性格开朗、能吃苦耐劳、服务意识强。

5. 有相关工作经验者优先。

三、工资福利

1. 店长：试用期间 5 000 元/月，转正后 6 000 ～ 10 000 元/月。

2. 收银员、理货员：试用期间 2 500 元/月，转正后 3 000 ～ 6 000 元/月。

试用期为 3 个月。公司为员工缴纳"五险一金"，提供完善的职业培训和发展规划，设有董事长/总经理奖励基金、节日补贴、合理化建议奖、评先评优奖和年终奖等。

四、报名须知

有意者请携带身份证、毕业证的原件及复印件、一寸彩色照片 1 张到××人力资源市场报名登记。

咨询电话：6514××××

🎯 **课堂讨论 1-2**

1. 结合"任务描述"中的要求，如果让你具体负责本次招聘任务，请制订一份详细的招聘方案。

2. 以小组为单位，队长组织大家讨论，教师确定合理时间。

3. 由团队代表轮流上台展示团队成果。

4. 由任课教师和各队队长根据各队展示情况给出评价。

5. 任课教师或学生代表作总结发言。

任务实施

一、任务分解

1. 发布招聘信息

（1）结合"任务描述"中的要求，以团队为单位，为小王的超市设计一份招聘简章。

（2）由团队代表轮流上台发布招聘简章。

（3）由任课教师和各队队长根据各队表现给出评价，并作总结发言。

2. 撰写个人简历

（1）根据招聘简章，应聘者需制作个人求职简历，可上网查找相关资料。

（2）团队代表上台展示团队成果。

（3）由任课教师和各队队长给出评价，并作总结发言。

3. 模拟面试

（1）以小组为单位，分角色扮演应聘人员、部门主管、人力资源部员工、人力资源部经理、面试官、总经理。

（2）应聘者需要制作个人求职简历，注意面试礼仪与着装要求。

（3）招聘方要准备好面试询问的问题。

（4）招聘方要收取应聘者个人简历，要求应聘人员填写应聘人员登记表，招聘方要填写应聘人员面试记录表。

（5）公布录用名单。

（6）由任课教师和各队队长根据各队表现给出评价，并作总结发言。

二、人员招聘详细步骤

（1）用人部门向人力资源部门提出所需人数、岗位、要求，并阐述理由。

（2）人力资源部门复核，由最高管理层审核招聘计划。

（3）人力资源部根据用人部门递交的需求人员申请单，确定招聘的职位名称和所需的名额。

（4）确定对应聘人员的基本要求，比如该职位要求的学历、年龄、所需能力和经验等。

（5）所有招聘职位的基本工资和预算工资的核定。

（6）制订招聘计划，准备通知单或公司宣传资料，申请办理日期。

（7）联系人才市场或张贴招聘通知，安排面试时间、场地和面试方式。

（8）最终确定试用人员，为试用人员办理入职手续。

（9）签订合同并存档。

三、面试流程

通常情况下，面试流程如下：

约定面谈时间与地点→确认评分项目→应聘者报到→应聘者面试→面试表现评估→面试结果通知。

在求职者眼中，关于应聘职位信息的关键字一般包括：工作地点、工作时间、工作内容、工资、个人发展计划、住宿、年终奖金、公司规模等（如图1-4所示）。

图1-4　求职者眼中的职位信息关键字

四、招聘中的六个重要节点

1.对症才能下药——招聘渠道要精选

有这样一个例子：A公司人力资源部经理李先生近来一直困惑不已，每次从人才市场出来都有一种沮丧的感觉，一方面是出口部总监急着要"外贸经理"人选，另一方面是他每次去人才市场都无功而返。对于这种尴尬遭遇，想必很多人力资源从业者并不陌生，因为在企业的招聘活动中，这种情形的发生频率很高，它一方面严重地影响了企业的招聘效率和招聘质量，另一方面也加大了企业招聘的隐性成本和显性成本。对于这样的问题，企业应该如何解决呢？从源头上讲，解决此类问题的关键在于招聘渠道的精选。正如医学上的"对症下药"的道理一样，企业在布局招聘流程时，首先需要考虑的是"我需要什么样的人"，然后才是"怎样才能去找到这样的人"。怎样才能找到这样的人呢？必须将招聘渠道的特性与招聘岗位的特性结合起来考虑。第一，要明晰招聘岗位的特性，不仅要明白"我需要什么样的人"，还要熟知这些人的岗位层次、岗位重要程度、所属类别、招募的紧急程度、薪酬区间、市场供求状况、活动频繁区域等。第二，要分析各种招聘渠道的优点和缺点，如网络招聘的优点和缺点是什么、现场招聘的优点和缺点在哪里、猎头招聘的优点和缺点是什么、员工推荐的优点和缺点是什么等。只有将各种招聘渠道的优点和缺点了然于胸，才能做到科学选择。第三，做好结合工作。拿上述案例来说，该公司以国外出口业务为主，"外贸经理"职位属于公司的重要岗位，招募时间紧急，合适的人选在市场上呈现供不应求状态，这是该职位的关键"特性"，根据这些特性，我们就可以将招聘渠道锁定在猎头招聘。因为猎头招聘具有效率高、人员质量有保证的"特性"。同理，具体到其他职位也是如此，关键是要把握好"知症"与"下药"的关系，力争达到岗位特性与渠道特性最优组合的目标。

2.重点要突出——信息发布要讲技巧

多数"逛"人才市场的人，大都会有这样一个印象：所有招聘海报的样式几乎都是一样的，而且各个职位的招聘要求也没有多大差异。这在某种程度上说明了招聘信息发布工作没有得到重视。那么，企业应该怎样做好招聘信息发布工作呢？具体来讲，在选择了合适的招聘渠道后，企业在信息发布方面要做好以下两点工作：第一，明确招聘重点。在对外发布招聘信息时，企业需要根据不同职位人员需求的轻重缓急来确定本次招聘活动的重点，从而为招聘活动确定一个核心。第二，重点职位要突出显示。一般来讲，在确定了整个招聘活动的重点和核心职位后，企业需要在排版上对这些职位信息进行突出显示，如放大职位需求信息、加"急聘"字样等。总之，要使这些职位信息能够达到突出、个性、差异的效果。当然，仅做到这些还是不够的，企业还需要选择合适的人才服务机构和合适的招聘展位，这些都是保证招聘信息能够大范围传播的关键要素。

3.谁也不愿意等待——选择等待地点要花心思

谁愿意等待？谁也不愿意等待！在招聘实践中，等待是不可避免的，这就需要招聘者在等待地点上多花心思。一是等待地点的选择。有的企业可能会安排在前台，有的企业可能安排在部门会议室，有的企业可能安排在培训室，不管选择哪里作为等待地点，企业始终要把握两个原则：其一，不能将等待地点安排在人员来往较为频繁之处，如前台就不是一个合适之处；其二，要能够彰显出企业"尊重人才"的氛围，因为等待地点的选择直接体现了企业的用人理念。二是等待地点的布置。任何人员都可能是企业的"服务对象"，对等待地点的合理布置不仅有利于提升企业的服务形象，有利于企业文化的对外传播，还有利于增强企业对人才的吸引力，当然也可以有效缓解面试者焦灼的情绪，对此企业可以尝试在等待地点摆放公司的一些文化宣传手册、企业发展史、外界宣传和评价等，以便在构建优良企业形象、缓解面试者情绪的同时，增强企业对人才的吸引力。

4.寒暄，谁都喜欢——面试发问要铺垫

对于寒暄这个基本的礼仪，很多人都比较喜欢，尤其是初次见面时，真挚的寒暄不仅有利于缓解彼此"陌生"的心理环境，更可以营造一种轻松的沟通氛围。将这个观点运用到企业的招聘实践中，就要求企业方提前做好铺垫，通过真挚的寒暄来缩短彼此之间的心理距离。设想一下，在应聘者准备迎接扑面而来的"审问"时，没想到迎来的却是"坐什么车过来的？转车没有？路途辛苦了！"一类的话题，朋友式的开场白能很快缩短双方的心理距离，让整个面试过程在愉快、轻松、开诚布公的氛围中完成。所以说，企业若想在面试中获取应聘者大量潜在的信息，一定要在发问前来点"寒暄"，如谈天气怎么样、对当前比较热门的话题的看法等。一方面，通过寒暄来凸显企业对应聘者的关爱和重视，营造一种轻松的沟通氛围；另一方面，有利于实现企业与应聘者由"博弈者"向"合作者"

转变，达到开诚布公、知己知彼的沟通境界。

5.察言更要观色——面试观察要"两不误"

正如前面所说，面试环节需要解决的主要问题就是最大化地获取应聘者的潜在信息，从而确保后续录用决策的准确性和科学性。那怎样才能最大化地获取应聘者潜在的信息呢？答案是：一察言，二观色。一般来讲，在多数企业开展的面试中，企业方都会采用"STAR"法则与应聘者展开面谈，其实这就是所谓的"察言"，企业方期望通过应聘者讲述过去发生的事件来了解其所具备的能力，但有一点需要注意的是，在"察言"中，企业要把握两方面问题：第一，要注意应聘者的讲述方式。有的应聘者可能会倒着讲述工作经历，有的应聘者可能顺着讲述工作经历，不管采取何种方式讲述，企业需要注意的就是讲述方式的连贯性，是否具体、有核心，如果应聘者一会儿倒着讲述，一会儿又顺着讲述，给人一种很游离和空泛的感觉，那企业就应该重点关注了。第二，要注意应聘者的语气。语气其实就是心理活动的反映，在关注应聘者语气方面，企业需要留意应聘者讲述的语速，如是否有轻重缓急之处、是否有结巴之处、是否给人一种自信和铿锵有力的感觉。"察言"之后，企业还需要"观色"。因为仅仅"察言"还是不够的，尤其是对于那些职场老手来说，即使你再仔细地"察言"，也有可能被忽悠，所以面试中的"观色"也很重要。具体来说，"观色"也要做好两个方面工作：其一，观察面部表情，如脸色是怎样的，眼神是怎样的；其二，观察姿态，如坐姿是否有变化、讲述时的手势是怎样的。总体来说，"察言"与"观色"一方面在于检验应聘者讲述信息的真实性，另一方面在于获取应聘者潜在的信息，当然在做这方面工作时，不要忘记了记录工作。图1-5为某企业面试场景。

图1-5 某企业面试现场

6.策马不忘扬鞭——招聘评估要及时

招聘评估也许是一个很容易被遗忘的角落，因为在通常情况下，企业对招聘关注更多的是原定的招聘目标是否完成，这其实就是一种结果导向式的评估，但熟知绩效管理的从业者都知道，绩效管理不仅需要评估结果，还要评估过程。所以，企业招聘评估的焦点就需要集中在已发生的招聘活动的过程和招聘结果这两个方面。首先，在过程评估方面，企业要关注是否有突发事件、突发事件是否得到了合理解决、计划与实际是否有差异之处、是否存在明显的纰漏之处等几个指标；其次，在招聘结果方面，企业主要是锁定三大关键指标：一是成本核算，二是实际到位人数，三是应聘总数。在开展招聘评估工作时，企业还需要把握的一个关键点就是及时，通常来讲，在完成每个项目或阶段性的招聘活动结束后的一个月内，企业需要开展招聘评估，因为一旦绩效评估与招聘活动的间隔时间过长，绩效评估的激励力度就会呈现出递减之势，所以招聘评估的及时性也是整个招聘流程需要把握的一个重点。

招聘过程是人才选拔的第一关，也是企业对外宣传、树立企业优良形象的良好契机。企业招聘人才时，首先要明确自己到底需要什么样的人才，其次要明确这样的人才在哪儿。企业招聘要遵循人才招聘的基本原则，遵循招聘的基本步骤，选择合适、经济的招聘渠道，最后才可能招到企业真正想要的最适合的人才。

任务二　　员工入职

任务描述

小王的超市发布招聘信息，经过面试，共录用新员工6人，请你为6名新员工办理入职手续。

知识准备

员工入职是指通过明确有序的引导，帮助新员工融入组织，接受企业文化熏陶，熟悉企业规章制度，形成企业认可的工作态度、工作习惯，并为将来有效率地开展工作打下基础。

新员工入职要严格按公司制度和流程办理入职手续。企业对不能入职的人员要做好解释和说明，并进行信息归档处理。

新员工入职流程主要分为七个步骤：入职准备；入职报到；入职手续办理；入职培训；人员异动；转正评估；试用期结束。

一、入职准备

1. 人力资源部向应聘合格者发送入职邀请函。

2. 确认新员工报到日期，通知新员工报到之前需明确的注意事项：所需资料、体检以及其他须知。

3. 通知人事助理新员工的报到日期，让人事助理准备好新员工入职手续办理所需表单并负责落实各项工作。

（1）用人部门负责安排办公位，申领电脑、电话；

（2）人事行政办负责发放办公用品、整理公共群号信息。

二、入职报到

1.人力资源部按入职邀请函及公司常规流程办理新员工入职手续。

2.新员工填写员工入职登记表，并交验各种证件。

（1）所有证件（身份证、学历学位证、职业资格证等）原件；

（2）所有证件（身份证、学历学位证、职业资格证等）复印件；

（3）纸质照片、电子版照片；

（4）原单位离职证明；

（5）银行卡（复印件2份，手写本人姓名及卡号在复印件上）；

（6）户口簿中户主所在页的复印件及本人所在页复印件。

备注：以上资料应于入职当日交齐并保证其真实性，如一周内未能提供完整资料而造成薪资福利延迟发放的责任将由本人承担。已办理过社保的人员只需提供（1）、（2）、（4）、（5）项即可。

3.公司晨会发布加盟信息，欢迎新员工加入。

4.介绍公司情况，引领新员工参观公司、介绍同事。

5.将新员工移交给用人部门。

6.用人部门负责的工作：负责安置座位；介绍并帮助熟悉工作环境；确定专人作为新员工的辅导人员，介绍岗位职责和工作流程。

新员工入职报到场景如图1-6所示。

图1-6　新员工入职报到

三、入职手续办理

1.填写员工入职登记表。

2.确认该员工未提交材料的截止交付时间。

3.介绍工作流程，发放考勤卡。

4.向新员工介绍管理层。

5.带新员工到部门，介绍给部门负责人。

6.向新员工发放介绍公司情况及管理制度的相关文件，让其仔细阅读并签字确认，使其了解公司的相关制度规定，遵守相关管理规定。

7.建立员工档案、更新员工通讯录。

8.与员工签订劳动合同、保密协议、职位说明书。

四、入职培训

1.组织新员工培训：包括公司简介、管理制度、企业文化、晨会制度等。

2.相应职能专业技术培训：由新员工所在部门负责人对其已有的技能与工作岗位所要求的技能进行比较评估，找出差距，以确定该员工培训方向，并指定专人实施培训指导，人力资源部跟踪监控，可采用日常工作指导及一对一辅导形式。

3.不定期举行由公司管理层进行的企业发展历程、企业文化、各部门职能与关系等方面的培训。

新员工入职培训场景如图1-7所示。

图1-7　新员工入职培训

五、人员异动

公司试用期一般为三个月，依据员工在试用期内的工作表现及个人意愿，公司会对新入职人员作出相应的人事变动调整，具体的异动调整方式如下：

1.调动管理

（1）由调入部门填写岗位薪酬变动表，由调出及调入部门负责人双方同意并报人力资源部负责人批准，部门主管以上人员调动由总经理批准。

（2）批准后，人力资源部应提前以书面形式通知本人，并发文通报。

（3）普通员工须在三天之内，部门负责人在七天之内办理好工作交接手续。

（4）员工本人应于指定日期履任新职，人力资源部将相关文件存档备查，并在信息管理系统中进行信息更新。

（5）人力资源部根据该员工在新工作岗位上的工作职责，对其进行人事考核，评价员工的异动结果。

2.辞职管理

（1）公司员工因故辞职时，试用期内本人应提前三天向直接上级提交辞职申请书，提前转正的员工应提前三十天向直接上级提交辞职申请书，经批准后转送人力资源部审核，高级员工、部门负责人以上管理人员辞职必须经总经理批准。

（2）收到员工辞职申请书后，人力资源部负责了解员工辞职的真实原因，并将信息反馈给相关部门，以保证及时进行有针对性的工作改进。

（3）员工填写离职人员工作交接表（见表1-1），办理工作移交和财产清还手续。个人未还清的公司借款将在其应领取薪资中予以扣除。

表1-1

离职人员工作交接表
年　月　日

姓名		部门			职务	
离职原因	1.□ 辞退 2.□ 辞职 3.□ 其他			离职时间：　年 月 日		
会签部门	移交事项	数量	说明		移交人	接收人
原部门	1.工作					
	2.技术文件、文档					
	3.客户资料					
	4.工作进展情况说明					
	备注					
财务部	1.暂借款					
	2.应收款					
	3.其他					
	备注					
人力资源部	行政 1.办公用品					
	2.钥匙					
	3.固定资产					
	4.书籍					
	5.其他					
	人事 1.劳动合同					
	2.社会保险					
	3.制服					
	4.工牌					
	备注					
部门负责人			人力资源部经理			
总经理（主管级以上员工须总经理签字）						
备注						

（4）人力资源部统计辞职员工考勤，计算应领取的薪金，办理社会保险变动。

（5）员工到财务部办理相关手续，领取薪金。

3.辞退管理

（1）部门辞退员工时，由直接上级向人力资源部提交辞职申请书，经审查后报总经理批准。

（2）人力资源部提前通知员工本人，并向员工下发离职通知书。

（3）员工应在离开公司前办理好工作的交接手续和财产的清还手续；员工在约定日期到财务部办理相关手续，领取薪金和离职补偿金。

（4）员工无理取闹，纠缠领导，影响公司正常生产、工作秩序的，公司可提请公安部门按照《中华人民共和国治安管理处罚法》的有关规定处理。

（5）人力资源部在辞退员工后，应及时将相关资料存档备查，并进行员工资料信息更新。

员工离职通知书范本一（见表1-2）：

表1-2　　　　　　　　　　　　　　离职通知书

部门		姓名		职位		编号	

已获准于　　年　　月　　日离职，请依下列所载项目办理离职手续。

序号	应办事项	经办单位	经办人盖章	扣款金额
1	经办工作交接（业务人员应列清单）	部门		
2	退回有关职工证件等			
3	住宿人员办理退宿	行政部		
4	缴回制服、钥匙等			
5	缴回个人领用的文化用具			
6	缴回员工手册，办理退保退会，填写离职人员有关表格	人力资源部		
7	填写停薪单送财务部			
8	填人员变动登记表，取消插条、人员名册等			
9	审查上述事项	人力资源部		
10	有无欠账，有无财务未清事项	财务部		
11	发薪审核	会计主管		

备注：1.上述事项必须完全办理清楚，方可离职。

2.财务部凭本单核发离职人员薪金后转回人力资源部备查。

员工离职通知书范本二：

员工离职通知书

＿＿＿＿＿＿＿先生/女士：

因为本公司的经营方针和业务发生重大的调整和变化，您所学的专业和您的经历、能力均不符合公司的要求，故请您于＿＿＿＿＿年＿＿＿＿＿月＿＿＿＿＿日离开本公司。

谢谢您多年来对本公司的支持和帮助。您的一切待遇均按照国家法律法规、我公司的＿＿＿＿＿规定和劳动合同的约定处理。

×××有限责任公司

年　月　日

六、转正评估

1.转正是对员工的工作进行评估的一次机会，也是公司优化人员配置工作的一个重要方面。

2.转正对员工来说是一种肯定与认可，转正考核流程的良好实施，可以为员工提供一次重新认识自己及工作的机会，帮助员工自我提高。

3.一般员工的转正由用人部门和人力资源部进行审批并办理有关手续。

4.新员工实习期满时，由人力资源部安排进行转正评估。员工填写试用期工作总结、试用期员工转正考核表，对自己在试用期内的工作进行自评，由直接负责人对其进行评估。直接负责人的评估结果将对该员工的转正起到决定性的作用。

新员工试用期转正考核表范本见表1-3。

表1-3 **新员工试用期转正考核表**

姓名		部门	
岗位		试用期时间	

考核记分表：

考核指标：（请直接上级对试用期员工进行评价，并在选项上打"√"；计算总分后在总分栏相应位置打"√"）

1.出勤情况（满分10分）
A.全勤，无病事假迟到情况（10分）
B.良好，有3次以内缺勤或迟到并能提前请假（7分）
C.一般，有3次以上6次以下缺勤或迟到（4分）
D.差，有6次以上缺勤或迟到（1分）

2.适岗程度（满分20分）
A.短时间内适应工作的目标（20分）　B.基本适合工作岗位（15分）
C.不能胜任本职工作（10分）　　D.完全不适合本职工作（0分）

3.工作效率（满分10分）（在规定时间内完成任务，遇到问题反应迅速）
A.效率高（10分）　　　　B.效率良好（7分）
C.效率一般（4分）　　　D.效率低（1分）

4.工作质量（满分10分）（完成的工作符合要求，达到预期效果，无事故、损失）
A.很高（10分）　　　B.高（7分）　　　C.一般（4分）　　　D.差（1分）

5.工作态度（满分15分）（积极推进工作，努力寻求资源，不回避困难）
A.能创造性地完成本职工作（15分）　B.能主动完成本职工作（11分）
C.在指导下能完成工作（7分）　D.反复督促完成工作（3分）

6.团队意识（满分10分）
A.能积极地配合其他部门及人员工作（10分）　B.可以较好地配合（7分）
C.配合程度一般（4分）　　　D.不配合其他部门（1分）

7.客户意识（满分5分）（积极关注客户需求，主动为客户解决问题，无投诉）
A.很好（5分）　　　B.一般（4分）　　　C.差（3分）　　　D.很差（2分）

8.学习能力（满分10分）（善于总结、学习，正确理解工作目标，不出现相同错误）
A.很好（10分）　　　B.一般（7分）　　　C.差（4分）　　　D.很差（1分）

9.参加内部专业培训，参训态度及培训效果（满分5分）
A.很好（5分）　　　B.一般（4分）　　　C.差（2分）　　　D.很差（1分）

10.人员入职证件提供是否完整（满分5分）（如果提前转正，还需要部门提供提前转正说明）
A.很好（5分）　　　B.一般（4分）　　　C.差（2分）　　　D.很差（0分）

总评分：		评价人：			
标准	优 （85～100分）	良 （70～84分）	中 （50～69分）	差 （30～49分）	极差 （0～29分）

直接上级总结（包括对新员工工作的安排及工作表现，以及自身指导的评述）：
　　　提前转正　　　到期转正　　　延迟转正　　　不予转正
　　　　　　　　　　　　　　　　　　　　　签字：　　　年　　月　　日

部门领导意见：	主管领导意见：	人力资源部意见：
签字： 日期：	签字： 日期：	签字： 日期：

七、试用期结束

新员工待转正评估各项工作落实后，于试用期结束时，将试用期工作总结、试用期员工转正考核表签字后，交人力资源部归档。《中华人民共和国劳动合同法》第八条规定："用人单位招用劳动者时，应当如实告知劳动者工作内容、工作条件、工作地点、职业危害、安全生产状况、劳动报酬，以及劳动者要求了解的其他情况；用人单位有权了解劳动者与劳动合同直接相关的基本情况，劳动者应当如实说明。"

实例展示1-2

某单位新员工入职流程，如图1-8所示。

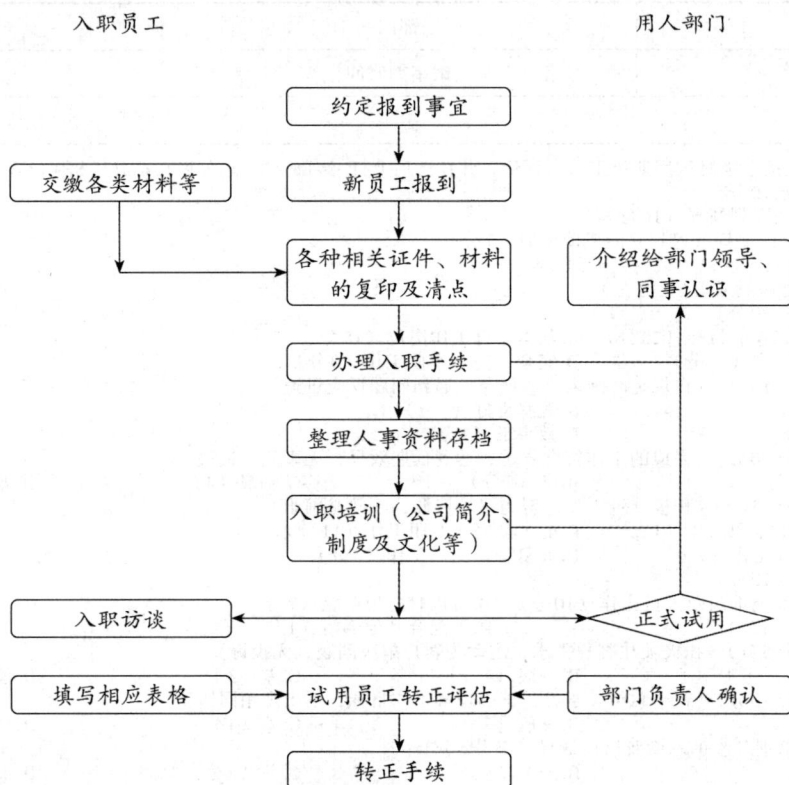

图1-8 某单位新员工入职流程图

任务实施

结合"任务描述"中的要求，请你为小王的超市新录用的6名员工办理入职手续（见表1-4）。

表1-4　　　　　　　　　　　　员工入职登记表

入职日期	工号	姓名	性别	学历	身份证号码	部门	职位

步骤：

（1）根据班级人数，七人为一组，模拟新员工入职步骤，分组分角色进行训练。

（2）可参考以下范本或上网查找相关范本的资料。

（3）参考角色分配：新员工、A部门主管、B部门主管、人力资源部员工、人力资源部经理、财务人员、总经理。

×××公司入职邀请函范本

尊敬的＿＿＿＿＿＿＿先生/女士：

我们很荣幸地通知您，您顺利地通过了×××公司的面试，我们想邀请您担任＿＿＿＿＿＿＿＿＿＿＿＿＿＿＿＿一职。入职时间为：20××年＿＿＿＿＿＿月＿＿＿＿＿＿日。该岗位的薪资为税前＿＿＿＿＿＿元，试用期3个月，试用期间按照薪资的80%发放。

对于×××的入职邀请，是建立在双方互相信任、互相尊重的基础上，但是为了后期管理的要求，您在入职时有责任和义务提供教育背景、专业证书及职业经历等方面的证明，详见下文。

请您在接到本入职邀请后回复该邮件，确认是否能如期到职。

我们非常期待您加盟！

×××公司

年 月 日

需要提交的资料如下：

（1）个人简历；

（2）身份证原件及复印件；

（3）学历证书、职业资格证书原件及复印件；

（4）原单位离职证明；

（5）其他能证明特长、能力的资料；

（6）开户名为本人的××银行深圳/北京本地借记卡卡号；

（7）深圳/北京本地社保卡；

（8）本人近期电子版一寸相片一张，用于办理工牌；

（9）近期体检报告（含肝功和两对半检验，报告由三级甲等医疗机构出具），入职一周之内提供。

任务三 员工培训

任务描述

一家门店在逢年过节前后大量进货，营业人员忙不过来，整个店面堆得简直就像一个仓库，商品没有进行适当的分类，常常出现袜子跟饼干堆在一起，旁边甚至还摆放着杀虫剂或蚊香等现象。进店顾客对此感觉非常别扭或恶心，一些顾客扭头就走，一些耐心好一点的顾客最多忍耐一两次，以后就到别的更整洁的门店去了，并且很可能从此不再光顾该门店，门店因此失去了很多顾客。如果你是该门店的老板，你会怎么做？

人才是企业最基本也是最重要的资源。对于一个企业来说，如何把"人"变成"人才"可以说是培训工作的重中之重，这是关系企业发展的长远问题。引用松下幸之助的一句话：一个天才的企业家总是不失时机地把对职员的培养和训练摆上重要的议事日程。员工培训不仅能够提高员工的技能和知识水平，还能够增强企业的凝聚力和竞争力。由此可见，员工培训给公司未来快速发展所带来的好处是毋庸置疑的。在证券市场上经常会听到"投资"一词，其实员工培训也是一种投资，著名管理学教授沃伦·贝尼斯说："员工培训是企业所冒风险最小、收益最大的战略性投资。"虽然说员工培训并不是提高企业竞争力的唯一途径，但员工培训却是提高企业竞争力的重要途径之一。

一、员工培训的目的

培训就是企业为员工创造一种学习环境，在此环境中，能够使员工的价值观、工作态度和工作行为等得以改变，并在现在或未来的工作岗位上达到企业的要求，为企业创造更多的利益。培训的作用具体表现在以下几个方面：

（1）可以提高员工整体素质；

（2）可以提高销售额和创新的能力；

（3）可以降低损耗；

（4）可以改善工作质量；

（5）可以减少事故的发生；

（6）可以改善管理内容；

（7）可以增强就业能力；

（8）可以获得更多收入的机会；

（9）可以增强职业的稳定性。

现在许多企业都认识到了培训的重要性，都或多或少地进行过培训，但是培训的效果有时却不尽如人意，所以有的企业得出"培训等于零"的结论。其实，培训过程中和培训之后的措施也是很重要的，这里可以引进过程控制。培训的过程控制是为了监控培训活动以保证其按计划进行并纠正培训过程中的偏差，可采用填写培训记录表的方法，通过签到对培训人员进行约束，通过讲师及学员意见对培训过程的好坏进行控制等。另外，还可在每次培训结束时对员工进行考核，对在此期间所培训的内容进行抽样考核，并将考核成绩纳入考评范围。

以上只是对一次培训的过程控制，现实中不仅要对一次培训进行控制，还要对周培训计划、月培训计划等进行控制，这里可以导入PDCA循环进行过程控制。PDCA是英语单词Plan（计划）、Do（执行）、Check（检查）和Action（处理）的第一个字母，PDCA循环就是按照这样的顺序进行质量管理，并且形成封闭循环的科学的过程控制程序。之所以引入PDCA循环，是因为它适用于员工培训的过程控制：P（计划），这个计划不仅包括目标，而且包括实现这个目标需要采取的措施；计划制订之后，就要严格地进行D（执行），同时要按照计划进行C（检查），看是否实现了预期效果，有没有达到预期的目标；通过检查找出问题和原因之后，最后就要进行A（处理），纠正错误，调整方向，重新进入制订程序P（计划）。这样一个循环往复的过程，可以使整个培训过程更加科学，取得更好的培训效果。

最后还要进行效果反馈，其实它也属于过程控制的一部分，这里之所以单独列出来，是因为这是一个经常被忽略但很重要的环节。培训效果反馈就是受训者提出的对培训的满意度、对培训的意见和建议。它可以在培训结束后，通过对受训者采取问卷或面谈的形式完成。

二、培训的条件

一个现代化的门店要有效地开展培训与发展工作，必须在观念和措施上具备以下条件：

（1）培训与发展活动应获得高层决策者的支持；

（2）选择适当规模的培训与发展机构；

（3）选择合格的培训师资；

（4）合理的培训经费预算；

（5）齐备的培训与发展设施；

（6）完整的培训工作记录。

三、培训的误区

常见的培训误区表现为：有什么就培训什么；效益好时无须培训，效益差时无钱培训；忙人无时间去培训，闲人正好去培训；人才不用培训，庸才培训也无用，人多的是，不行就换新人；培训后员工流失不合算。

门店管理者对培训目的存在以下几个误区：

（1）以为新员工自然而然会胜任工作；

（2）没有系统地进行培训，什么弱就培训什么；

（3）高层管理人员不需要培训；

（4）培训是一种成本；

（5）培训时重知识，轻技能，忽视态度。

课堂讨论1-3

企业对基层操作人员和高层管理人员的培训侧重点有何不同？如何针对培训对象正确选择培训形式？

讨论步骤：

（1）以团队为单位，队长要组织好讨论，确定讨论时间，并做好讨论记录。

（2）由团队代表轮流上台发言。

（3）由任课教师和各队队长根据各队发言情况给出实训成绩。

（4）任课教师或学生代表作总结发言。

四、培训前的准备和要求

门店培训部门在组织培训前，必须做好相应的准备工作，具体如下：

（1）全面地了解受训员工现有的信息；

（2）确定员工的知识技能需求；

（3）明确主要的培训内容；

（4）提供培训材料；

（5）了解员工对培训的态度；

（6）获取管理者的支持；

（7）估算培训成本；

（8）培训师做好准备；

（9）准备培训地点和设备。

五、门店员工培训内容

门店员工培训内容主要包括公司理念、职业道德规范的培训和岗位业务技能培训两部分，具体培训内容如下：

（1）门店制度。门店制度一般包括考勤管理制度、门店店员规章制度、薪酬制度和奖罚制度。

（2）岗位要求和工作职责。不同的岗位有不同的要求和工作职责，如店长职责和店员职责，按岗位可细分为：收银员职责、理货员职责、采购员职责、收货员职责、验货员职责、盘点员职责、退货管理职责等。

（3）门店管理系统。门店管理系统应包括入库单查询（流程）、库存查询（流程）、前台销售查询（流程）、调拨单查询（流程）和盘点录入等功能模块。

（4）服务要求和服务标准。如基本的站姿、微笑服务、首问负责制、标准话术和服务流程等。

小知识 1-1

《中国连锁企业培训体系建设标准》（T/CCFAGS 011—2021）培训体系建设摘录

1.领导力培训体系：基于企业管理岗位职级的划分、各级管理人员胜任能力模型，有关领导力发展的相关理论模型、案例及优质学习资源，构建领导力培训体系，明确各层级领导力发展的目标、关键能力、培训内容、培训方式等。

2.专业能力培训体系：根据企业的业务特点和职位体系，建立职能部门（如门店、销售、市场、品类、物流等）关键岗位的培训体系，作为后续制订培训计划、开发学习资源、培养专业人才的指导依据。

3.通用能力培训体系：围绕员工"职业化能力"培养方向，以提升员工行为规范、职业素养、工作效率为目标，建立企业员工通用能力培养模型，该体系应结合行业属性、企业文化、经营范围等因素，设计全员通用能力课程体系。

小提示 1-2

形形色色的企业理念

◇ 今天的事情今天做，能做的事情马上做，困难的事情想办法做。

◇ 不为失败找理由，只为成功找方法。

世上无难事，只怕有心人

◇ 复杂的事，简单做；简单的事，重复做；

◇ 重复的事，耐心做；耐心的事，坚持做；

◇ 坚持的事，努力做；努力的事，用心做。

团队文化：包容、尊重、坦诚、合作

◇ 包容才会营造多元生态；

◇ 尊重才会建立公平友爱；

◇ 坦诚才会带来互信进步；

◇ 合作才会产生巨大力量。

六、培训的形式

门店培训可采用的具体培训形式包括：授课；多媒体学习；自主线上学习和测试；阅读；讨论；答疑；实习；角色扮演（游戏）。

员工培训场景如图1-9所示。

图1-9　员工培训场景

七、培训效果的评价

1.层次、类型、目的

（1）反馈。每次课程后回收学员反馈评价表，可以对培训内容特别是外聘讲师的工作情况进行评价。

（2）知识与技能。学员的知识与技能通过学习之后是否得到提高，可以通过小测验进行考核。

（3）应用。学员能否应用（包括在教学过程中的应用）所学到的知识，可以在工作中得到体现。

（4）经营效果。从培训前后的销售业绩对比看培训效果。

2.评价方法

在对培训效果进行评价时，可以采用的评价方法包括：面谈；在受训的员工中抽取重点团组进行调查；记录；考察。

3.评价内容

培训效果评价的内容主要包括：学员满意度；学习测验结果；制度的执行情况；经营业绩。

实例展示1-3

某连锁企业培训课程

一、员工手册（观念培训、心理培训）

参加人员：全体人员。

培训目的：

1.帮助员工了解公司，培养员工的认同感。

2.了解零售商业。

3.了解员工的责任和义务。

二、超市管理规范

参加人员：全体人员。

培训内容：

1.员工出入超市规定（观念培训）。

2.员工工作原则（观念培训）。具体包括：（1）工作时间规范；（2）仪容仪表规范；（3）行为及服务规范；（4）语言规范；（5）日落原则；（6）保护顾客人身和财产安全的原则；（7）保护公司财产的原则；（8）保护公司商业机密的原则。

3.超市术语及常用设备设施（知识培训）。具体包括：（1）超市专用术语；（2）标识牌；（3）常用设备设施。

三、商品陈列培训

1.食品干货、百货（知识、技能、思维培训）

参加人员：食品/百货经理、主管。

培训内容：

（1）食品干货、百货陈列的基本工具。

（2）货架位置区分。

（3）食品干货、百货陈列的基本要领。具体包括：①显而易见的原则。商品品名和贴有标签的商品面要面向顾客；每一种商品不能被其他商品遮挡住；进口商品应贴有中文标识；商品价目牌应与商品相对应，位置正确；标识中的各项必须填写清楚，产地名称不得用简称，以免顾客不清楚。②打印张贴价格标签注意事项。

（4）商品陈列要点。具体包括：陈列的安全性；陈列的易观看性、易选择性；陈列的关联性；陈列的易取性、易放回性；使顾客感觉良好性（清洁感、鲜度感、新鲜感）；陈列的成本问题。

（5）常用商品陈列的方法。具体包括：①定位陈列。定位陈列方法包括集中陈列、整齐陈列、错位陈列。②变化陈列。变化陈列方法包括纸箱陈列、投入式陈列、突出陈列、翼型陈列、阶梯式陈列、层叠堆积陈列、挂式陈列和墙面陈列。

2.生鲜（知识、技能、思维培训）

（1）蔬果陈列。

参加人员：生鲜经理、主管。

①陈列的形态。具体包括圆积型、圆排型、茎排型、段积型、投入型、并立型、堆积型、植入型、散置型、围绕型、搭配型和阶梯型。

②蔬果陈列七要素。具体包括底面、前面、曲面、顶面、边面、中央面、中间段。

③蔬果陈列技巧。

（2）肉类陈列。

①肉类陈列的原则。

②肉类陈列的注意事项（开店前、营业中、营业后）。

（3）水产类陈列。

①水产品陈列原则。

②水产品陈列形态。具体包括：全体集中陈列法；段、块状鱼陈列法。

（4）日配类陈列。

①日配品陈列的顺序与位置安排。

②日配品陈列时间安排。

四、收货

参加人员：收货部全体人员。

1.收货区域常用器械解释及使用（知识培训）

2.收货流程（技能培训）

（1）单据流程。

（2）食品干货、百货实物收货流程。

（3）生鲜收货流程。

3.收货时的注意事项（技能培训、心理培训）

（1）数量。

（2）品质（品名、条形码、克重、保质期、中文标识、说明书、防伪标记、检验合格证）。

（3）商品拒收原则。

4.收货差异、错误处理方法（思维培训）

（1）收货商品项差异。

（2）收货数量差异。具体分为收货实物数量大于入机数量和收货实物数量小于入机数量两种情况。

5.退换货（技能培训）

（1）退货。①退货原则。②退货权限。③退货流程。④退货差异处理方法。

（2）换货流程。

（3）退换货时的注意事项。

6.赠品收货注意事项（思维培训）

7.库房管理（知识培训）

（1）货物码放原则。

（2）库房安全防范措施。①防火。②防水。③防盗。

8.收货日常工作规范（观念培训）

五、收银员

1.收银员素质培训（观念培训）

2.收银机的展示及使用（知识技能培训）

（1）POS机组成。①电脑收银机。②扫描枪。③POS机使用及指法。

（2）条形码。

（3）自助收银机。

3.收款（技能培训）

（1）现金。①点钞技术。②辨别假钞。

（2）信用卡。

（3）其他付款形式。

4.收银流程（技能培训）

5.操作注意事项（思维培训）

（1）操作步骤。

（2）找零。

（3）商品。①价格。②条形码。

6.总收室工作注意事项（观念培训）

六、客服

1.总服务台（技能培训、观念培训、心理培训）

（1）接听电话。

（2）广播服务。①广播设备的操作。②播报规定。

（3）接待顾客问询。

（4）顾客投诉受理。①顾客投诉主要项目（商品、服务、安全）。②顾客投诉处理原则。

（5）赠品发放。

（6）存包服务。

2.顾客退换货处（技能培训、知识培训）

（1）退换货流程。

（2）退换货审核标准。

（3）消费者权益保护方面法规培训。

七、楼面

参加人员：楼面经理、主管。

1.流程（技能培训）

（1）收货流程。

（2）补货流程。

（3）生鲜补货流程。

（4）店内促销流程。

（5）商品报损流程。

（6）供应商退、换货流程。

（7）物品携出、携入、归还流程。

（8）商品破损、坏包装处理流程。

（9）部门间调货流程。

2.理货员服务培训（思维培训、心理培训）

参加人员：全体理货员。

（1）礼貌用语。

（2）接待顾客问询。

（3）顾客投诉受理。①顾客投诉主要项目（商品、服务、安全）。②处理顾客投诉（倾听顾客的投诉，表示道歉，提供解决方案）。③总结处理顾客投诉要领。

3.补货/理货（知识培训、技能培训）

（1）补货原则。

（2）补货动作（补货前、补货时、补货后）。

（3）理货基本原则。

（4）补货/理货时缺货处理方法。

（5）补货/理货时安全注意事项。

4.库房整理（知识培训、技能培训）

（1）库存区码放的原则。

（2）库存区的安全码放。①库存商品码放原则。②库存单的填写。③库房安全管理规定。

（3）库存区的防火/防盗规定。

5.商品促销（知识培训、技能培训）

参加人员：运营经理、主管。

（1）店内商品促销原则。

（2）促销商品陈列要点（端架、堆头、货架、价签）。

6.损耗控制（技能培训、思维培训）

7.卖场清洁规定及清洁技术（观念培训、技能培训）

八、保卫

1.保卫部人员素质培训（观念培训）

2.典型事件处理（思维培训）

（1）稽核工作要点。

（2）防盗器报警。

（3）偷盗事件的处理。

（4）监控中心发现异常情况的处理。

3.防火/防水/防盗管理制度（观念培训）

4.消防器材的使用（知识培训、技能培训）

沃尔玛的日落原则

日落原则是沃尔玛公司的工作准则，它指的是当日的工作必须在当日日落之前完成，对于顾客的服务要求要在当天予以满足，做到日清日结，绝不延迟，不管要求是来自小乡镇的普通顾客，还是来自繁华商业区的富商。

日落原则起源于公司创始人山姆·沃尔顿的名言："你今天能够完成的工作为什么要把它拖到明天呢？"今天，日落原则已成为沃尔玛公司企业文化的重要组成部分，也是沃尔玛在顾客服务方面广受赞誉的重要原因。

日落原则的核心就是立即服务，这一原则是与尊重个人、注重顾客服务及精益求精的信念一脉相承的。沃尔玛公司认为，顾客生活在一个日益繁忙的世界里，都在为各自的生计忙碌着，日落原则能够体现出沃尔玛公司时刻为顾客着想的经营宗旨。

任务实施

1.调查员工培训需求

（1）以团队为单位，上网搜集 1～2 家企业员工培训的案例，了解员工培训制度及员工培训的重要意义。

（2）通过实地走访调查校内门店或校外门店员工培训的需求，填写员工培训需求调查问卷。

（3）团队代表展示调查成果。

（4）教师和队长根据展示成果作出评价。

（5）教师总结。

2.制订新员工培训计划

（1）结合"任务描述"中的情况，为小王超市的 6 名新员工制订一份为期 3 天的培训计划。

（2）可上网查找相关资料范本。

（3）由团队代表轮流上台展示成果。

（4）由任课教师和各队队长根据各队展示情况给出评价。

（5）由任课教师或学生代表作点评并总结。

实例展示 1-4

某企业内部培训的实施步骤

1.培训需求调查。培训需求可以采取当面沟通及问卷调查的方式确定。

2.培训计划制订。根据培训需求调查的结果并考虑其他因素，首先由相关部门人员提议，经内部讨论后确定培训计划（以周或月为一个单位）。

3.培训安排与实施。确定培训的地点和培训师。

4.培训的过程控制及效果反馈，PDCA循环模式的执行。

5.培训记录的存档工作。

培训部门在培训前一定要做好充分的准备，重视培训前的动员工作，清楚培训的目的，认真分析培训的对象，对培训课程要仔细推敲，对培训时间和地点要细致考虑。培训切忌流于形式，一定要体现效益和效率。要重视培训效果的调查和反思，以保证培训效果越来越好。领导层要对培训工作高度重视，并给予大力支持。

任务四　　　　　　　　员工任免

任务描述

小王的店面临近社区，这为社区居民的生活提供了便利。店内共有6名营业人员，分早、中、晚三个班，三班都是两人一班，刚开始时店员自行轮换，经常出现差错，小王决定为店员做个排班表。现在请你为该店面排出以一个月为一个周期的排班表。

知识准备

一、企业激励员工的方式

1.薪酬与奖金

（1）绩效激励。为更好地调动员工的工作积极性，使员工的工作目标与奖励有效挂钩，并以此来引导员工将个人目标与公司目标进行统一，人力资源部门应在依市场薪资指导及行业水平制定的薪酬体系基础上，根据卖场销售业绩的达成情况设定月度绩效和年度绩效考核奖励办法。根据员工的工作表现及业绩达成情况，对工作表现突出、业绩达成较好的员工实施奖励，并将此作为培训及晋升的重要依据。这样做能够达到肯定员工、激励员工，使之更好地投入工作的目的。切忌"平均主义""做与不做一个样，好与不好一个样"，那只能导致员工的工作积极性越来越差。

（2）技能工资。根据门店中一些管理岗位（如店长、店秘）设立技能考核及薪资评定标准，通过技术培训、技能考核、等级评定发放技能工资，不仅能激励员工的工作热情，也能稳定门店的岗位技术人员，能在一定程度上有效地控制人员的流动率。管理人员的培养时间和成本是远远高于一般员工的，而且管理岗位对保证门店的正常运营意义重大，所以要尽量减少管理人员不必要的流失，确保门店骨干力量的稳定。

（3）带薪休假。在公司服务满一定时限的员工在福利方面可以享受带薪休假，并依服务年限的增加对休假天数进行相应的增加以肯定员工的辛勤工作，以此作为鼓励。这个做法不仅符合国家政策，对员工的吸引力有时候比单纯的薪资激励更强。

（4）服务年限奖励。为了激励长期为公司服务的员工的积极性，根据一定的服务年限设立服务年限奖，为服务满5年、10年、15年、20年的员工召开表彰大会，颁发奖状（牌）及奖金，对员工的奉献给予肯定并以此激励员工安心、放心工作，以便更好地为公司服务，稳定员工队伍，提高其忠诚度。

2.内部培训及晋升

员工是门店各项工作得以顺利开展的有力保证，只有给员工提供足够的培训机会，为员工的职业生涯发展创造机会、提供渠道，才能维护和提高门店的竞争力。

（1）内部培训。加强门店各级主管的内部培训工作，为员工提供全面且多层次的培训课程，在提高员工自身价值的同时增强了门店的竞争力。

（2）内部晋升。为增强员工的归属感和认同感，减少大批"空降兵"对老员工的冲击，人力资源部门应建立完善的干部内部培养机制。结合内部培训的开展制定晋升考核制度，通过系统的培训及严格的晋升考核机制来做好内部各级干部的储备及培养工作，加大内部员工的晋升比例，以产生更大的激励作用，从"伯乐相马"逐步过渡到"赛马中选马"。内部晋升能够增强门店的凝聚力，减少员工的流失，降低因员工过度流失而增加人事招聘、培训费用产生的成本。

3.合理化建议奖励

为真正做到以店为家，提高员工的主动参与意识，门店应建立合理化建议及奖励制度，鼓励员工参与门店管理。通过日常工作中的归纳、总结，为门店的经营管理提出更多、更切合实际的合理化建议，促进门店工作更好地开展，对被采纳的建议应给予相应奖励。一线的员工很多时候能发现更现实的问题，要鼓励更多员工参与公司发展及目标制定，使其更积极地投入工作中。

4.定期开展技能比武、服务竞赛

根据岗位的不同，为激励员工争创最佳业绩及提高服务品质，门店人力资源部门应联合相关部门定期开展以员工技能比武为主要内容的各项服务竞赛活动。

（1）销售服务标兵选拔。针对门店基层员工开展区域性的销售技巧服务大赛，通过比赛选拔区域销售服务标兵，给予一次性经济奖励或晋升优先考虑，安排至各店进行巡回演示并传授销售技艺，激励员工，激发其服务热情。

（2）辩论、专业知识比武。定期开展销售人员技术比武，评选"优秀学员""服务之星"等，张榜表扬并颁发奖状及一次性奖励，通过技术比武提高业务人员的技能及工作热情，减少业务人员的工作误差率和人员流失率。

在门店的员工管理中，只有站在员工的角度去思考，去开发各种经济或非经济的激励手段来激发员工的工作热情，才能更有效地激发员工的工作积极性，使企业发展与员工个人发展得到双赢。

超市开展的员工技能比赛，如图1-10所示。

图1-10　员工技能比赛现场

二、员工任免管理制度

让合适的人在合适的岗位上发挥应有的作用，是员工任免的基本原则。员工任免管理制度作为企业员工任免的标准和依据，无论对管理者还是基层门店员工，都发挥着重要的指导和引导作用。完善的员工任免制度可以提高员工的工作积极性，帮助员工做好个人的职业生涯规划，同时也可以规范管理层的任免活动，做到任免员工时公平公正、规范有序。

实例展示1-5

某公司员工任免管理制度

1.目的

为了提高公司管理人员的综合素质，保证我公司战略目标的实现，保障公司利益，根据公司相关规定，特制定本制度。

2.范围

公司所有管理人员。

3.权限

（1）总经理：负责主管（含）以上人员最终任免权。

（2）总经理助理：负责主管（含）以上人员的建议权、主管级以下人员的任免权。

（3）各部门主管及经理：负责本部门管理人员任免的建议权。

（4）人力资源部：负责主管级以下管理人员的任免审核权。

4.任职要求

（1）任职人员应符合相应岗位的职责和能力素质要求。

（2）人员任用应按照任务需求，以核定的定编人数为限。

5.任免程序

（1）总经理助理、副总经理、营销总监由总经理直接提名并进行任免，人力资源部备案。

（2）各部门经理由总经理助理提名，总经理进行任免，人力资源部备案。

（3）各部门主管由各部门经理提名，总经理助理（副总经理）审核，总经理进行任免，人力资源部备案。

（4）班组长、助理由所在部门主管提名，人力资源部进行审核，总经理助理（副总经理）进行任免，人力资源部备案。

6.选拔

（1）选拔本着"提名竞岗、先内后外、公平竞选、多方位测评"的基本原则。

（2）选拔可通过多种渠道开展，主要渠道有以下两种：

内部招聘：各级用人部门的负责人根据专业经验从公司内部现有的人员中选出适当人选作为空缺职位的候选人，按任用程序进行提交审核。根据审核结果，由任命程序中所规定的相关负责人进行任免。

外部招聘：如果公司内部人员难以满足公司空缺职位的用人需求，可采用外部招聘方式。外部招聘的候选人可有以下几种来源：发布招聘信息；通过公司员工、朋友、相识人员介绍、推荐；网络招聘；人才市场现场招聘等。

7.有下列情况之一者，不得予以任用

（1）违反国家法律法规，被依法追究相关责任者。

（2）在原公司服务，未办结离职手续者。

（3）被其他公司开除者。

（4）身体有缺陷或健康情况欠佳，难以胜任工作者。

（5）其他不符合公司任用条件要求的。

8.任期

根据双方签订的劳动合同及聘用协议而定，一般情况为1年，任期满后可以续聘。

9.离任

（1）本制度所称离任包括适用本制度人员的调任、辞职、解聘。

（2）离任必须按照公司相关程序审批。

（3）在任人员若因公司发展需要等原因调任，应征得其所在部门直接上级同意，按照任免的程序办理调任手续。

（4）被调任人员应在规定时间内完成手续交接工作，方可到新任部门就职。

（5）被调任人员在接任者未到任之前离任的，其职务由其直接上级或直接上级指定的人员代理，并通报公司全体人员。

（6）被调任人员薪资按其到任新职位当月起采用新职位相应的薪资待遇或另议。

（7）公司所有管理人员离任，应在离任之日算起，提前1个月向公司提出离职申请和有关事项说明。在公司未作出决议之前，除非另行通知，当事人应当正常履行其职责，以维持公司的正常经营。

10.有以下情形之一者，公司将对其作出免职和解聘

（1）由于工作能力和其他原因，不能胜任现职者。

（2）聘任期间个人要求辞职的，经公司审批同意。

（3）以权谋私，贪污受贿，经查属实，立即解聘，并追究其经济责任和法律责任。

（4）聘任期间兼职者，或违法乱纪触犯法律者，立即解聘。

（5）因健康原因，1个月以上不能坚持正常工作的，予以解聘或另行安排其他工作。

（6）违反公司章程和有关规章制度，情节严重者。

（7）触犯法律，由司法机关受理者。

员工解聘后，不再享受其原有的工资福利待遇。

11.解聘程序与任命程序相同

12.附则

本制度的修订和补充由公司总经理提出及审批。

本制度由公司人力资源部负责解释。

三、员工考勤管理

员工考勤管理是门店管理的重要内容，它主要包括排班管理、请假管理、补卡管理、加班申请管理、日出勤处理、月出勤汇总等。判断一个员工的工作表现如何，从考勤上便可见一斑。因为这是一种工作态度，态度又往往体现在行为上，而行为又是个人表现的最基本判断指标。公司考勤的根本目的不是罚款，而是提高企业员工工作的自觉

性，进而提高工作效率，提高公司的经济效益，为员工创造更加有前景的发展空间，使所有员工能够在一种公正、公平的环境下工作。罚款不是目的，只是一种手段，更重要的是激励，让员工心中明白激励的成分要比罚款的成分高。"没有规矩，不成方圆"，对于一个企业来说，只有切实贯彻并执行一套合理的制度，才有成功的保障。考勤制度直接关系到员工的工作态度，从出勤情况可以看出，谁在努力工作，谁在寻找理由混日子。

由于门店营业时间比较长，因此员工在工作时一般要轮换班次。门店在排班时，应结合各部门的岗位职责、重点工作内容以及绩效指标，并同主管领导进行沟通，考虑本部门近期阶段性的重点工作及临时性工作安排等因素。各门店在制定排班表时，应充分考虑当期的作息时间是否会影响门店的经营指标或工作目标的实现，所有工作进度应在休息前完成，预留出机动量，以确保工作的衔接和完成。

1.制定排班表的四个要点

（1）排班固定模板不可修改。每月人力资源部会提前将标准排班模板下发到门店各部门排班负责人手中，其中休息天数、格式等均不能变动。

（2）递交时间固定。下个月排班表应在本月的月末固定时间前按照规定格式和要求上交人力资源部。

（3）各门店经理排班统一制定并按时上交。店长和值班店长排班计划在月度开始前3天报至人力资源部备案。

（4）排班表是对员工考勤的重要依据，每月上交一次，不可重复修改。如有换班需要，需提交考勤审批单并经本部门经理签字上交人力资源部备案后方可实施。

2.排班注意事项

店长和部门经理原则上不排在周六周日休息，每日确保有一名值班店长带班。根据人员数量和营业时间，合理安排店铺每时段的上班人数。销售见长的同事不能安排一起休息，保证每班有一个优秀的卖手。新老员工分布均匀，男女搭配合理，负责带教的教员与徒弟需编排在同一班次。排班表每月制定一次，应根据员工的特长、工作状态等情况，对人员进行合理搭配，尽量让员工之间有接触的机会。排班要科学合理，避免每月过多的人员加班，造成公司资源浪费。

3.排班表编排步骤与方法

（1）预估每小时的生意百分比。

（2）确定班次时间及交接衔接。

（3）根据店铺人员总数确定每个班次的人数。

（4）安排员工分班。

（5）把值班店长及带班主管名字写在排班表上。

（6）排休。

（7）检查、调整。

表1-5为某门店排班表。

表1-5　　　　　　　　　　　　　　　店铺排班表

| 店铺名称： | | 月份： | | | | | | | | 排班人： | | | | | | | | | | | | 经理审核： | | | | | | | | | |

姓名	职称	日期 星期	1	2	3	4	5	6	7	8	9	10	11	12	13	14	15	16	17	18	19	20	21	22	23	24	25	26	27	28	29	30	31

实际到岗情况

姓名	职称	日期 星期	1	2	3	4	5	6	7	8	9	10	11	12	13	14	15	16	17	18	19	20	21	22	23	24	25	26	27	28	29	30	31

备注：H－全班：时间为：10:00—22:00；A－早班，时间：10:00—17:00；B－晚班，时间：14:30—22:00。（上班时间有待确认）

说明：排班是否合理将直接影响当店销售业绩，经审核后严格按照排班表执行，不允许随便换班。为了加强对人员的管理，因此对各班次的时间进行固定，以便公司进行监督。

实例展示1-6

幸福超市驻店员出勤、休假管理制度

第一条　目的

为加强驻店员的考勤管理，促进驻店员自觉遵守劳动纪律，确保公司生产经营正常有序，特制定本考勤管理制度。

第二条　适用范围

超市驻店员。

第三条　工作时间

实行5天工作制。具体工作时间及休息时间按照各店面安排时间执行。

第四条　考勤约定

（一）上班时间已到而未签到者，为迟到。

（二）未到下班时间而提前离岗者，为早退。

（三）工作时间未经领导批准离开工作岗位者，为擅离职守。

（四）迟到、早退：30分钟以内视为迟到、早退；30分钟以上视为事假半天。擅离职守或未经准假而不到岗者，视为旷工。

（五）有以下行为视为旷工：当月连续旷工2个工作日或全年累计旷工达5个工作日，视为与公司解除劳动合同或劳动关系；给公司造成损失者，公司保留依法继续追索损失的权利。

1.无合理理由而不到岗者。

2.未请假或请假未获批准而擅自离岗者。

3.请假逾期不归且无合理理由未续假或续假未批准而不到岗者。

4.无合理理由不按公司规定报到或不按公司通知的时间入职、归职、复职、到职者。

合理理由是指国家法律、法规明确规定的原因或有国家发布的不可抗力（洪水、地震等）原因而造成的通信、交通中断而无法与公司取得联系或到公司的情况。

第五条　出勤管理办法

（一）填写公司考勤表，由店内所属部门经理签字确认。

（二）店内考勤记录复印后传真回公司。

（三）全月出勤超过25天需要市场主管签字。

第六条　假期约定

（一）带薪年假：

1.职工累计工作已满1年不满10年的，带薪年休假5天；已满10年不满20年的，带薪年休假10天；已满20年的，带薪年休假15天。

2.带薪年假按4个季度平均划分，新入公司者不享受之前季度的带薪年假；带薪年假的季度起算日为该员工的入职日。

3.带薪年假休假期间发放基本工资，员工带薪年假自该员工转正后方可使用。

4.休带薪年假需要提前1周向市场主管提交请假申请。

（二）事假：员工因私请假为事假，事假期间不发放基本工资和绩效奖金。

（三）病假：员工因病需要治疗和休养的可请病假，病假待遇按国家相关规定执行。请病假需要提交国家医保定点医疗机构开具的诊断书（盖医院章有效），否则按事假相关规定处理。

（四）工伤假、婚假、产假、丧假等国家规定的假期：具体标准按国家规定标准执行，休假期间不发放绩效奖金，发放基本工资。

（五）国家法定年节及纪念日管理办法：

1.国家法定年节及纪念日。

（1）新年，放假1天（1月1日）。

（2）春节，放假4天（农历除夕、正月初一至初三）。

（3）清明节，放假1天（农历清明当日）。

（4）劳动节，放假2天（5月1日、2日）。

（5）端午节，放假1天（农历端午当日）。

（6）中秋节，放假1天（农历中秋当日）。

（7）国庆节，放假3天（10月1日至3日）。

2.国家法定年节及纪念日工资按国家及公司相关规定执行。

（六）其他假期

1.公司因生产季节性变化及国家政策等原因，统一安排的员工休假，包括冬假和其他公司核准的假期，由总经办统一安排并提前公布。

2.假期期间发放基本工资，不发放绩效奖金。

（七）倒休管理办法：当驻店员在当月的工作日超出国家法定出勤日时，记为倒休。倒休须在自加班之日起一个月内休完，逾期视为自动放弃。

（八）驻店员每月因个人原因的休假累计超过5个工作日（不含倒休、年假、公司自行安排假日及国家法定节假日），当月无绩效奖金。

第七条　请假管理办法

任何类别的假期均须事前填写请假申请单，部门经理批准后将请假申请单交考勤记录部门，如遇紧急情况不能事先请假，应在请假当天早8点前电话通知部门经理，并在上班当日补办请假手续（如果请病假需附诊断书），否则按旷工处理。

第八条　制度执行

各部门需严格执行本考勤制度，年终考勤核算作为对部门经理的考核项目之一。

常见的考勤机如图1-11所示。

虹膜考勤机

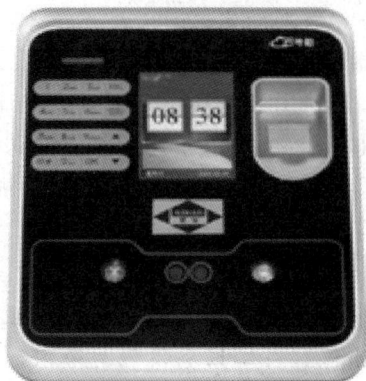
人脸、掌纹考勤机

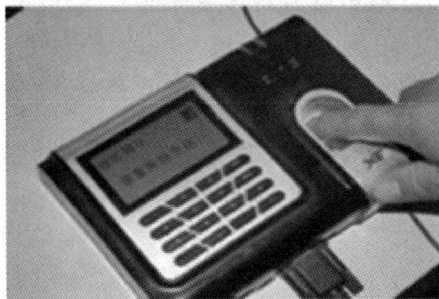
指纹考勤机

刷卡考勤机

图1-11　考勤机

四、员工职业生涯规划

成功的职业生涯规划离不开员工与企业双方的共同努力。它是调动员工工作热情和充分激发员工潜能的重要手段，关系到员工个体发展以及企业未来的发展。

企业能否留住人才，不能仅仅依靠薪酬的提升，能否给员工提供发展的平台，也成为员工选择企业的重要因素。因此，个人和企业都需要对职业生涯进行规划、管理，把个人的愿景与企业的愿景有效融合，达到企业管理与员工职业生涯规划管理的有机结合，这也是现代企业获得竞争优势的有效途径。

1.职业生涯规划的意义

职业生涯规划，是指组织和员工基于员工个人和企业组织两方面的需求共同制定的个人发展目标与发展道路的活动。职业生涯管理是通过提供有针对性的职业生涯信息和升迁机会等方式，完成或改善员工的职业生涯设计的管理活动。

过去，员工和企业的关系建立在彼此信任和固定不变的基础上，而如今员工和企业的关系开始趋向于不固定期限的、灵活的安排，员工流动性加大，固定合同或约定代替了人们之间以前的相互默认。尽管传统的长期固定关系已发生了改变，但企业仍然需要员工的忠诚和稳定，这就需要企业主动介入员工的职业生涯规划和管理，培养员工对企业的归属感和认同感，实现员工和企业的共同发展。当个人职业发展与企业职业需要达到均衡协调时，就能满足企业与员工双方发展的需求，实现员工不断成长、企业不断发展的目的。同时，企业要创造个人职业生涯的发展空间，帮助他们向更高的层次发展。例如，为他们提供具有挑战性的工作，加强员工生涯规划的培训，及时公布企业内部的空缺职位，使企业内部的职业通道畅通起来，帮助员工实现自我发展需要，最终达到员工个人发展与企业长远发展互动互赢的效果。

2.当前企业员工职业生涯管理现状

（1）没有搭建完善的人才流动机制。在大多数企业中，没有一套完善的优进劣退动态管理机制为实现员工职业生涯规划目标创造条件。在企业内部，通过竞争上岗，员工可以自己选择岗位，但是晋升通道及晋升方式单一，公司很少明确指出各类人员的晋升条件、晋升年限和选拔程序，没有建立健全激励和约束机制来有效打通员工职业发展通道，人才没有得到应有的重视和提升，而不合格员工也没有及时淘汰。

（2）人力资源管理体系滞后。很多企业在人力资源体系设计中较多地考虑了薪酬和考核的作用，而忽视了对员工可持续利用的深入探究。在人才的培养上，未能充分重视通过人才选拔培养机制来加强关键岗位专业人才队伍的建设，未能通过最大限度地挖掘现有人才的潜力来培养和稳定优秀人才。由于关键岗位只有一两个核心人员，不注重人力资源积累，人才梯队建设出现断层现象，一旦关键人才流失，核心资源和技术也会被带走，企业的损失必然不小。管理理念和方式不适应"90后"和"00后"员工，出现年轻员工管不了、不服管的问题。

3.职业生涯的设计模式

在员工职业生涯规划的过程中，设计可替换的多通道职业生涯发展路线尤为重要。一般企业的员工职业生涯路线往往是单线条的，即专业通道、技术通道或者是管理通道。在发展通道上，单线条式的职业生涯路线会使得专业技术人员在地位、薪酬、发展机会等诸多方面均不如管理人员。这就需要根据企业的规模和长期发展规划，设计专业、技术和管理通道并行的多种职业生涯发展体系，让员工职业发展的方向更加广阔。通过提供纵向的工作序列和一系列横向的机会，确立员工的纵向职业发展通道和横向职业发展通道。多通道职业生涯发展体系基于某些层次的经验的可替换性，员工可通过公司需要或个人兴趣爱好、专业经验、学历、职称资格、职位职务的提升，在不同的纵向职业发展通道间进行转换，实现自身的职业发展。这比单线条式职业生涯路线更真实地代表了员工在企业中的发展机会均等。

4.企业如何规划员工职业生涯通道

企业要针对员工个人提供相应的支持和帮助，内部各级管理者要承担起协助下属进行职业生涯设计的职责，对于其职业发展给予具体的指导。一是企业要教育员工树立正确的职业生涯观，同时，要提供职业能力测评，以帮助员工正确认识自己，指导员工掌握正确的职业生涯规划方法，使他们的职业生涯设计符合个人特点。二是做好职业工作与培训。公司要建立完善的职业培训体系，包括基本素质及岗位技能提升的培训和与职业生涯设计相关的培训，让员工在日常的工作和学习中获得职业发展。三是建立后备队伍人才库，针对关键岗位的现状及趋势，科学制订培训提升计划，分期分批进行后备人员培养。四是做好职业生涯规划的调整。在具体实施过程中，注意及时反馈有关信息并作出相应调整，既要使得职业生涯规划方案对员工发挥长期、有效的激励作用，又要适合企业未来发展的需要。

实例展示1-7

某企业员工职业生涯通道如图1-12所示。

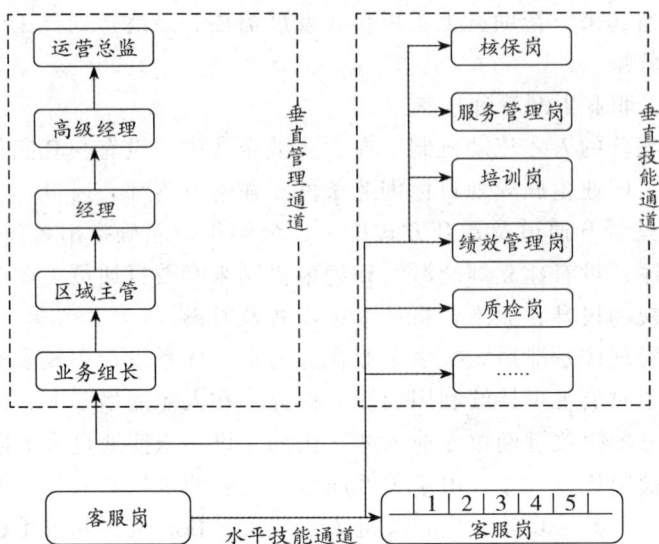

图1-12　某企业员工职业生涯通道

实例展示1-8

随堂测1-1

某酒店员工职业生涯通道如图1-13所示。

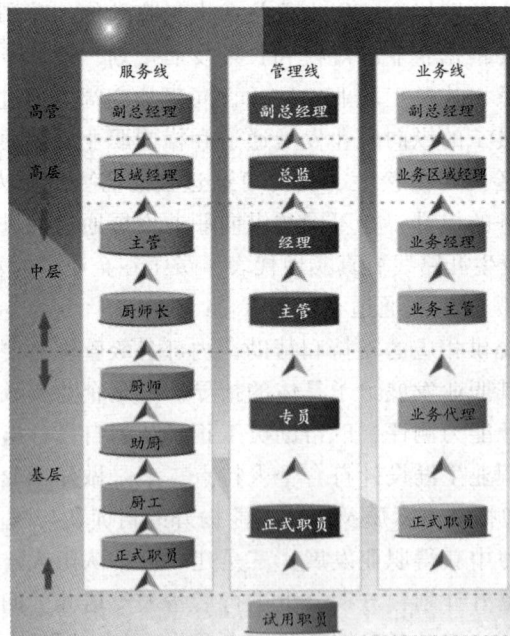

图1-13　某酒店员工职业生涯通道

五、团队管理

门店的经营与管理，不是一个人的事情，而是一群人的事情。一个人再优秀，不可能比一个团队更优秀，如何提高团队的凝聚力和执行力，就成为管理者必须面对的课题。店长面对"市场更加多变"和"管理日趋复杂"两大挑战，必须从具体的事务中抽身出来，专注于计划、实施、沟通、协调、监督、落实、指导、控制、考核和持续改进等工作思路和工作方式的研究，积极搭建提升执行力的平台，不断提升部门和下属的执行力，以推动企业的持续发展。

1.选择明确的执行目标

只有目标明确，团队才有奋斗的方向和明确的计划，团队成员才有动力。

2.确立可操作的执行时间

讨论后决定的事情，一定要知道什么时候开始做。

3.积极参与任务的执行与推进

店长必须要有一种执行的本能，要相信"除非我使这项计划真正转变为效益，否则我就没有必要做这项无意义的工作"。

4.店长要扮演好"导师"的角色

要做好"导师"，店长就要站在团队的最前面，把握一个准确的前进方向，并帮助下属解决问题。在执行过程中，要牢牢地把握好下属的行动方向。这就要求店长运用系统思考的方法来看待全局和解决问题。

5.努力成为一名强有力的中层管理者

要想成为一名强有力的中层管理者，就必须努力培养锻炼自己的设定目标能力、计划能力、领悟能力、指挥能力、判断能力、应变能力、学习能力、压力承受能力和沟通协调能力，在各项管理工作中要切实做到有布置、有检查、有考核、有奖惩，并严格控制过程，确保目标达到、计划落实。

6.身先士卒、动力无穷

"言传不如身教"，对于一项任务的执行，店长应该主动参与。这样做的好处有三个：一是发挥了榜样作用。下属看见上级身体力行，精神备受鼓励，会以更积极的姿态投入执行中。二是具有良好的沟通效果。和下属一起工作，拉近了双方的距离，加深了感情，执行效果也会有明显提高。三是可以及时反馈。由于中层管理者参与了执行，对执行过程中存在的问题能够及时发现，及时向上级反馈，及时解决。

7.培育一个强有力的执行团队

培养店长团队和发挥店长团队的整体优势是努力营造有效的管理执行力的前提。团结协作是一种良好的职业道德，但由于每个人在企业中所追求的目标和自身素质不同，并不一定都能做到，这就需要以店长为核心的领导层不断沟通，达成共识。

8.建立科学的绩效考核运行机制

在企业持续发展阶段缺少"人本管理"并不可怕，缺少行之有效、人人平等、贯彻始终的制度管理却是非常可怕的，它会导致管理流程混乱。科学的绩效考核能够把考核范围、内容、标准、办法、考核结果与部门、岗位、奖惩有机地结合起来，能调动员工的积极性，从而提高工作效率，达到提高执行力的目的。

9.明确执行目标，细化层级责任

店长作为企业各项工作的落实者，必须树立"规范组织行为、提升组织绩效"这一核心执行理念，将管理层所拥有的责、权、利与战略执行的速度、质量、细节和纪律进行有机协调，明确流程，细化责任，严格考核。

10.店长要体恤员工

俗话说"女为悦己者容，士为知己者死"，中层管理者要调动员工的积极性，就要体恤他们，在员工取得成绩时，给予必要的评价、褒奖和激励。在员工出现失误和问题时，要换位思考，多体谅，多鼓励，多指导，要勇于和员工共担责罚。这样，员工就会感激、有责任感，整个团队就具有攻无不克、战无不胜的气势。

任务实施

1.编制员工排班表

（1）根据"任务描述"中的要求，完成一个月为一个周期的排班表。

（2）以团队为单位组织进行，团队代表上台展示成果。

（3）教师和队长根据展示情况给出评价。

（4）教师和队长点评总结。

2.设计一份超市员工的晋升渠道图

拓展阅读1-1

（1）以团队为单位分角色组织训练。

（2）参考角色分配：促销员、门店店长、培训公司经理、人力资源部员工、人力资源部经理、财务人员、总经理。

沃尔玛针对管理人才与基层员工的培训设计

（3）可上网查找相关资料范本。

（4）由团队代表轮流上台展示成果。

（5）由任课教师和各队队长根据各队展示情况给出评价。

（6）任课教师或学生代表作总结发言。

课堂讨论1-4

阅读以下内容，讨论考勤的优点与缺点。

不考勤的公司

考不考勤、如何考勤，大有学问！有的企业处理得好，最终形成了一种基于自我约束的企业文化，比如著名的摩托罗拉公司、萨顿公司，成功地实现了从依靠外部控制向自我约束的转变。"对人的尊重首先是对每一个人的礼遇，上下班不打卡是对员工自觉性的信任"，摩托罗拉的管理者如是说。在萨顿公司，要报告你的工作时间，只需用键盘输入你所工作的时数就可以了，基本约束制度是荣誉体系。正如萨顿公司的一位技术人员所讲的那样，"惩罚就是没有人再信任你。"相反，有的企业天天考勤，可稍有放松马上就反弹回去。他们坚信，只有严格控制才能维持官僚体制的运转，对缺勤的处理方法很简单：每月通报、扣发工资。从表面上看，这种控制要严格得多，经济惩罚也很有效，可是企业存在的意义仅仅就是为了考勤吗？

或许有人会说考勤是工作顺利开展的重要保障。不可否认，在一定条件下，考勤确有其存在的必要性。分工协作是现代经济的基本特征，从协作方式来看，企业的生产方式分为严格同步和非严格同步。顾名思义，严格同步指的是只有各个环节以相同的速度、相同的频率工作才能保证生产的顺利实施，如制造企业的流水作业、麦当劳式的服务流程作业等。非严格同步指的是虽然参与整体计划但对速度并没有严格规定，如企业的管理活动、营销活动、项目管理等。在这种生产方式下，只要保证在规定的时间内完成要求的工作，劳动者实际上可以合理安排自己的工作进度。严格同步的生产方式需要考勤来维持其一致性。即使在非严格同步的生产方式下，由于企业的发展阶段不同，为了保证企业的正常运行，考勤也经常作为一种基于底线的要求。然而从未来的发展方向来看，在非严格同步的生产方式下，考勤将越来越失去其存在的理由。毕竟，企业需要的是员工卓有成效的工作，而不是待在某个地方。

　　在一定条件下，考勤有其存在的必要性，但这并不代表仅仅依靠经济惩罚，考勤就可以做好。通常的情况是，迟到、早退现象减少了，但员工的主观能动性消失了，管理层和普通员工的关系也变得日益尖锐。人力资源是企业发展的决定性资源，但又是极具活力、自由流动的资源。社会进步使得人们对生理、安全的需要日渐弱化，取而代之的是尊重、成长、取得成就的需要，单纯的经济惩罚不仅很难实现基于生理需要和安全需要的负向激励，相反会严重损伤人们对尊重的需要。一旦员工感到自己的尊严受到威胁，怠工、对立、频繁离职也就在所难免。很多企业在经济惩罚之后就以为万事大吉，殊不知真正的工作才刚刚开始。很少有主管就此同他的部属进行沟通，达成承诺，有些主管甚至将考勤作为权力筹码，亲近者熟视无睹，远疏者则明察秋毫。

　　由于缺乏对员工内在需要的深刻理解，国内的很多企业为考勤而考勤，乐此不疲。这些企业普遍采用刻板的官僚式的组织形式，其特征是高度的专门化、广泛的部门化、窄管理跨度、集权、高度正规化、严密控制。世界正在改变，自从20世纪杰克·韦尔奇成功地将通用电气从一个29层的高度机械化的组织转变为只有6层的有机式组织之后，有机式组织即被证明是获取未来竞争优势的组织形式的发展方向。这是一种灵活的具有高度适应能力的结构，其特征是跨职能团队、跨层级团队、宽管理跨度、分权、低度正规化。在这种组织内，员工都经过良好的训练，并被授权开展多种多样的活动和处理问题，经常使用工作团队方式开展工作。有机式组织的员工不需要多少直接监督，他们高水平的技能以及来自其他团队成员的支持，使严密的管理控制失去必要性。

　　人是企业发展的决定性因素，组织形态的转变最直接的表现就是员工的转变，从被动的、依靠外部控制向主动的、依靠自我约束转变。有机式组织抛弃了对员工的控制和不信任，致力于培养高素养、对工作充满热情、依靠自我管理的员工。目前，世界上的很多企业成功实现了组织形态的转变，如通用电气、微软、Google。在Google总部，员工不仅自己决定上班时间，甚至上班时还可以带上宠物。国内也有很多企业也在致力于企业组织形态的转变，全国劳动模范、山西移动原总经理高步文在展望未来管理模式时轻松地说："山西移动下一步将逐步提倡弹性化和人性化工作制。什么时间上下班、什么地点上班，越来越不重要，把活干好与否才是最重要的标准。信息化可以使任何地方都成为办公室，同时也可以使我们的员工选择最适合自己、最舒适的办公方式。"

《劳动合同法》关于试用期辞退员工的相关规定

第二十一条　在试用期中，除劳动者有本法第三十九条和第四十条第一项、第二项规定的情形外，用人单位不得解除劳动合同。用人单位在试用期解除劳动合同的，应当向劳动者说明理由。

第三十九条　劳动者有下列情形之一的，用人单位可以解除劳动合同：

（一）在试用期间被证明不符合录用条件的；

（二）严重违反用人单位的规章制度的；

（三）严重失职，营私舞弊，给用人单位造成重大损害的；

（四）劳动者同时与其他用人单位建立劳动关系，对完成本单位的工作任务造成严重影响，或者经用人单位提出，拒不改正的；

（五）因本法第二十六条第一款第一项规定的情形致使劳动合同无效的；

（六）被依法追究刑事责任的。

第四十条　有下列情形之一的，用人单位提前三十日以书面形式通知劳动者本人或者额外支付劳动者一个月工资后，可以解除劳动合同：

（一）劳动者患病或者非因工负伤，在规定的医疗期满后不能从事原工作，也不能从事由用人单位另行安排的工作的；

（二）劳动者不能胜任工作，经过培训或者调整工作岗位，仍不能胜任工作的。

《劳动合同法》关于试用期的其他相关规定：

第十九条　劳动合同期限三个月以上不满一年的，试用期不得超过一个月；劳动合同期限一年以上不满三年的，试用期不得超过二个月；三年以上固定期限和无固定期限的劳动合同，试用期不得超过六个月。

同一用人单位与同一劳动者只能约定一次试用期。

以完成一定工作任务为期限的劳动合同或者劳动合同期限不满三个月的，不得约定试用期。

试用期包含在劳动合同期限内。劳动合同仅约定试用期的，试用期不成立，该期限为劳动合同期限。

第二十条　劳动者在试用期的工资不得低于本单位相同岗位最低档工资或者劳动合同约定工资的百分之八十，并不得低于用人单位所在地的最低工资标准。

第三十七条　劳动者提前三十日以书面形式通知用人单位，可以解除劳动合同。劳动者在试用期内提前三日通知用人单位，可以解除劳动合同。

思政园地

连接每日生活，服务千家万户

华润万家秉承"连接每日生活，服务千家万户"的愿景，始终把履行社会责任摆在突出位置，坚持安全生产，积极参与关爱儿童成长、抢险救灾等公益活动，同时开展社区共建，陪伴万家共享美好生活。

2020年我们一起度过了最艰难的时刻，经历了温暖与被温暖的时刻，也见证了那些安心、美好、闪亮的时刻。"冰箱怎么又空了！""下周还能吃到新鲜的蔬菜沙拉吗？""也不知道水果吃完了，还能续上不？"有一群万家人，正夜以继日坚守岗位，全力保障门店货品供应，与千家万户携手共渡难关。从南到北，华润万家全国营业门店和物流运营仓库共3 234家，整个疫情防控期间，开工率达98.79%。无数个万家人保障着万家供应，守护着万家餐桌，温暖着人们"特别"的每一天，也将陪伴着人们走过平凡的每一天。新冠疫情发生以来，华润万家积极贯彻落实党中央、国务院的战略部署，快速响应、果断决策，成立应急小组，部署"保供应、稳物价"，保障门店照常运转和员工安全，全力战"疫"，共克时艰。2020年春节期间，为保证消费者基本生活消费不受影响，华润万家全国门店超10万名员工坚守在一线，36个配送中心每天平均发送2 530车次，最高吞吐量达到2 200万箱，有力保障了全国3 000余门店的生鲜充足供应。华润万家始终致力于维护良好的社区环境，坚持开放办企业，与当地民众共创共建，加强与地方基层组织的横向交流与合作，联创"红色驿站"，开展形式多样的共建活动，构建和谐"邻居"关系，打造共建、共治、共享社会治理新格局。华润万家作为粤港澳大湾区零售行业的领头企业，坚持多业态发展，助力湾区打造宜居的生活环境，为建设"充满活力的世界级城市群、具有全球影响力的国际科技创新中心、'一带一路'建设的重要支撑、内地与港澳深度合作示范区、宜居宜业宜游的优质生活圈"贡献力量。华润万家已在粤港澳大湾区开设近200家门店。

2019年，华润万家正式推出精准扶贫项目——"万家焕乡计划"，探索出"万家+政府+合作伙伴"的帮扶模式，全面提升扶贫工作的系统化水平。"万家焕乡计划"综合多种帮扶手段，帮助贫困地区群众解决农产品生产和销售、就业、教育等问题，激发出扶"智"、扶"志"、扶"治"的综合效应，改善贫困群众的生活现状，使其具备内生发展的能力，推动全面脱贫与乡村振兴有效衔接。"万家焕乡计划"被国家发展改革委地区振兴司、城市和小城镇改革发展中心评选为"2020年全国消费扶贫入围典型案例"；"万家焕乡计划"被《南方日报》评选为"深圳扶贫社会帮扶优秀案例"。万家还将继续锐意进取、开拓创新，放大企业社会价值，创造更多美好生活价值！

资料来源　华润万家．2020企业社会责任报告——万般美好为万家［EB/OL］．［2024-10-08］．https://www.crv.com.cn/whyzr/shzr/zrbg/202108/P020210809395810772208.pdf.

分析提示：作为与日常生活息息相关的民生企业，华润万家始终将履行企业社会责任作为重要使命，将责任理念融入企业的发展战略和管理运营，通过实际行动，帮助解决复杂的社会问题，为社会创造价值。面对新冠疫情带来的严峻考验，万家全力推进疫情防控、保供稳价等工作，扎实做好民生保障，助力经济复苏，真正践行了"连接每日生活，服务千家万户"的承诺。华润万家在重视价值创造的同时，加强社会责任管理，也增强了门店员工的责任感和自豪感。

学思践悟：将"零售服务社会"作为思政教育主题，帮助学生树立服务社会的意识，认识到连锁门店营运管理工作是零售服务社会、创造美好生活的重要途径，培养学生作为一名零售人的自豪感和责任感。

项目小结

员工招聘在人力资源管理工作中具有重要的意义。招聘工作直接关系到企业人力资源的形成，有效的招聘工作不仅可以提高员工素质、改善人员结构，也可以为企业注入新的管理思想，增添新的活力，甚至可能给企业带来技术、管理上的重大革新。招聘是企业人力资源管理活动的基础，有效的招聘工作能为以后的培训、考评、工资福利、劳动关系等管理活动打好基础。

员工入职是企业与员工的"第一次亲密接触"，是企业深入了解员工的机会，也是员工对企业文化、管理制度、工作环境了解和适应的阶段。这个阶段无论对企业还是对员工而言都非常重要，让双方有一个互相适应的过程。

企业培训是给员工最好的福利。只有通过培训，才能使员工的素质得到提升；只有通过培训，才能使管理者的意图得到贯彻；只有通过培训，才能使公司的制度得到具体落实；只有通过培训，才能形成可持续发展的优势。所以，员工的培训不仅仅是必需的，还是非常必要的。

员工任免是对员工进行激励的重要手段，是员工进行职业生涯规划的重要节点，直接影响到员工的工作积极性和薪酬收入。一个企业的员工任免制度是否科学合理，直接决定着企业用人、留人的效益，从而影响企业的生存和发展。

项目训练

一、选择题

1.以下（   ）不是招聘的基本原则。

A.公开原则   B.竞争原则

C.平等原则   D.先来先聘原则

2.对招聘工作的评价主要包括（   ）两个方面。

A.对招聘工作的效率评价   B.对录用人员的评价

C.对招聘费用的评价   D.对招聘学校的评价

3.以下（   ）不是外部招聘的渠道。

A.人才招聘会   B.媒体广告

C.猎头公司   D.岗位轮换

4.网上招聘的优点有（   ）。

A.覆盖面广   B.联系快捷方便

B.时间周期长   C.费用低

5.以下属于内部招聘的是（   ）。

A.返聘   B.岗位轮换

C.员工推荐   D.关系单位推荐

6.公司人员异动主要包括（   ）。

A.调动   B.辞职

C.辞退   D.请假

7.以下（　　　）不属于新员工的入职流程。

A.入职报到   B.入职培训

C.开除   D.转正评估

8.门店员工培训的内容主要有（　　　）。

A.门店制度   B.岗位要求

C.工作职责   D.门店管理系统

9.PDCA过程控制步骤有（　　　）。

A.Plan（计划）   B.Do（执行）

C.Check（检查）   D.Action（处理）

10.企业激励员工常用的方式有（　　　）。

A.奖金   B.内部培训及晋升

C.合理建议奖   D.技能竞赛奖

11.员工考勤管理包括（　　　）。

A.请假管理   B.排班管理

C.出勤管理   D.辞退管理

二、判断题

1.转正是一次对员工工作评估的机会，也是公司优化人员配置工作的一个重要方面。
（　　　）

2.培训是一种消费，而不是投资。（　　　）

3.由于应届毕业生普遍缺少实际经验，因此招聘时尽量不要录用应届毕业生。（　　　）

4.一个好员工的标准就是无条件服从上级。（　　　）

5.招聘工作，不一定要最优秀的，而应量才录用，做到人尽其才、用其所长、职得其人。（　　　）

6.企业内部的竞争上岗不利于员工的团结。（　　　）

7.网络招聘由于信息传播范围广、速度快、成本低，且不受时间、空间的限制，因而适合任何员工招聘。（　　　）

8.企业招聘员工时学历越高越好。（　　　）

9.人才不用培训，庸才培训也无用，人多的是，不行就换新人，培训后如果员工流失不合算。（　　　）

10.任何层级的员工都需要培训。（　　　）

三、实训题

1.分组设计门店促销员的岗位说明、晋升通道。

2.分角色模拟招聘门店店长的面试过程。

3.结合自己所学专业，进行模拟求职的自我介绍。

项目评价

本项目考核由考试、教师评定、学生自评三部分构成，考试成绩根据学生对项目训练部分的完成情况给出，教师评定成绩和学生自评成绩分别由教师和学生根据课堂教学、课堂讨论及实训完成情况给出。员工管理项目考核评价表见表1-6。

表 1-6   **员工管理项目考核评价表**

考核项目名称		分值	得分	评语	备注
考试	项目成绩	40			
教师评定	课堂纪律	10		评定人：	
	着装仪表	4			
	语言文明	5			
	课堂发言	5			
	课内作业	8			
	课外作业	8			
	教师评定成绩小计	40			
学生自评	学习态度	4		评定人：	
	尊重他人	4			
	交流合作	4			
	实践能力	4			
	创新精神	4			
	学生评定成绩小计	20			
成绩总评		100			

　　安全责任重于泰山。门店安全管理是指为确保门店以及来店顾客、本店员工的人身和财物在门店范围内不受侵害，门店内部的生活秩序、工作场所秩序和公共场所秩序等保持良好的状态，而采取的各种防范措施和预防机制。俗话说"安全无小事"，门店安全是关系到门店是否正常运营的头等大事。安全就是根本，安全就是效益，唯有安全管理不出差错，门店才能争取更好的效益。祸患常积于忽微，事故多发于侥幸。安全管理，得之于严，失之于宽，安全工作只有起点没有终点。如果稍有懈怠，哪怕安全意识只是一刹那间的疏忽，一切的美好，甚至珍贵的生命都将失去！历史无数次证明，许多安全事故的发生都是由于安全责任心不强、自我防护意识差、麻痹大意、心存侥幸、玩忽职守和违规操作等造成的。所以必须牢记安全责任重于泰山，全员强化安全意识，时刻做到门店安全工作警钟长鸣。

　　本项目主要完成三项任务：环境维护、日常清洁和安全检查。

学习目标

　　知识目标：

　　1.掌握门店卖场环境维护方法。

　　2.掌握门店卖场日常清洁方法。

　　3.掌握门店卖场安全检查方法。

　　能力目标：

　　1.能正确进行卖场环境维护。

　　2.能正确使用卖场环境日常清洁用具和用品进行清洁清扫。

　　3.能正确使用安全检查方法与用具进行安全检查。

　　素养目标：

　　1.具备良好的学习和工作态度。

　　2.具备食品安全意识和危机意识。

　　3.具备创新精神。

　　4.具备团队精神。

食品安全重于泰山

2024 年 8 月 21 日，一名消费者在国内某知名连锁奶茶店内购买并饮用奶茶时，发现杯中漂浮着一条蟑螂腿。消费者将这一触目惊心的画面上传至社交媒体后，迅速引燃了公众的怒火，该事件迅速在网络上发酵。面对舆情风暴，该知名连锁奶茶官方迅速作出回应，表示对此事件高度重视，已启动内部调查程序，并暂停涉事门店运营。品牌方积极配合当地市场监管部门进行现场核查，并承诺如查实确系门店管理疏漏导致的食品安全问题，将严惩相关责任人，并向受影响的消费者诚挚道歉。当地市场监管部门第一时间介入调查，对涉事门店进行突击检查，重点对原料存储、制作环境、员工操作规范等方面进行全面审查。

请各位同学思考一下：食品安全对国家、社会和顾客意味着什么？作为一名门店运营人员，如何从自身做起维护食品安全？

任务一　　　　　　　　　　环境维护

任务描述

大家去超市经常看到这样的现象：有的顾客拿了商品之后，又后悔不想买了，就随手把它放在一边；有的顾客甚至为了好玩或别的动机故意这样做；饼干放在卖饮料的区域里，火腿放在卖毛巾和牙膏牙刷的地方；有些商品被放在很不合适的货位上，比如杀虫剂和饼干放在一起，这怎能不让人怀疑饼干的安全性？还有些商品是要冷冻保存的，拿出冰柜的时间长了会融化、变质。如果你是该门店的营业员，你应该怎么办？

知识准备

门店是消费者用货币表现其偏好的舞台，优秀的门店能够使消费者舒适地购物，并产生一定的忠诚度，进而产生重复购买行为，为门店带来丰厚的利润回报。日本零售专家曾对一个有 5.2 万名顾客的商圈进行了随机调查，其调查结果显示，顾客对门店有关项目的关心程度为：布局和动线设计占 25%；商品丰富占 15%；商品容易拿到（商品陈列）占 15%；购物环境清洁明亮（环境卫生）占 14%；商品标价清楚（商品陈列）占 13%；服务人员的态度（软环境）占 8%；商品价格便宜占 5%；其他占 5%。其中，布局和动线设计、商品陈列、购物环境清洁明亮以及服务人员的态度正是门店运营环境维护的具体内容。

一、商圈

商圈是指商店以其所在地点为中心，沿着一定的方向和距离扩展，吸引顾客的辐射范围，简单地说，也就是来店顾客所居住的区域范围。无论大商场还是小商店，它们的销售总是有一定的地理范围。这个地理范围就是以商场为中心，向四周辐射至可能来店购买的消费者所居住的地点。顾客到达门店的时间和门店所在区域的人口数量是商圈的重要指标。

1.按社区特点区分，商圈可分为住宅区、文教区、商业区、办公区、娱乐区和混合区

住宅区：有1 000户以上的住户，如以一户3人计算，人数在3 000人左右。该区域有稳定的消费习惯，强调便利性、亲切性，家庭用品购买率较高。

文教区：毗邻大中小学校，消费群以学生、教职员工居多，寒暑假生意较差，消费金额普遍不高，休闲食品及文教用品购买率较高。

商业区：辐射面大、流动人口多、店铺林立，是提供购物、休闲、娱乐、餐饮的地方，其消费习惯具有快速、流行、冲动购物及消费金额偏高等特性。

办公区：办公大楼林立，白天生意比晚上好，具有追求便利性、外食人口多、消费水准高等消费习性。

娱乐区：以休闲消费为主，因为受到季节性及气候的影响，生意起伏不定。

混合区：具备多种商圈形态特点和多元化消费特性。

2.按交通工具区分，商圈可分为小型商圈、中型商圈、大型商圈和超大型商圈。

小型商圈：范围在1千米以内，以步行为主，以购买高频率生活必需品为特点。

中型商圈：范围大约为3千米，骑自行车或汽车可及，能够满足购买大宗选购品的需求。

大型商圈：范围为5～10千米，能开车或乘车前往，能够满足周末及假日全家一次性消费的购物需求。

超大型商圈：有高速公路、地铁或高铁可达，主要出售特殊器材。

3.按顾客流量区分，商圈可分为第一商圈、第二商圈和第三商圈。

第一商圈（主要商圈）：顾客密度很高，流动人口很多的商业繁华地段。

第二商圈（次要商圈）：位于主要商圈外围，顾客密度较低。

第三商圈（边缘商圈）：位于商圈的最外围，门店吸引力低，光临的顾客碰巧在店附近，临时起意光临该店，或是对该店忠诚度高的顾客肯花费较多时间惠顾该店。

二、门店环境卫生治理

门店环境卫生治理是确保顾客和员工健康，提升顾客满意度及品牌形象的重要环节。以下是对门店环境卫生治理的详细阐述：

1.门店卫生

（1）日常清洁与消毒

定时清洁：每日定时对门店进行全面清洁，特别是卫生间、桌椅、门把手、灯具、地面等易受污染的区域。使用含氯消毒液或75%的乙醇消毒液进行清洁，确保无死角、无遗漏。

垃圾处理：定时更换垃圾袋，避免垃圾溢出或气味影响店内环境。垃圾桶外侧应保持清洁，垃圾满三分之二时应及时清理，避免外溢。

空气消毒：使用UV灯或空气净化器对店内空气进行消毒，保持空气清新无异味。

（2）员工卫生管理

个人卫生：员工应经常洗手，特别是在处理食品和现金后，要认真洗手，避免细菌交叉感染。员工上岗前需要穿戴好工作服，佩戴好胸牌及工作帽，并保持工作服清洁、无明显污垢。

健康监测：门店应每日为员工量体温，定期检查员工身体健康情况，确保员工无传染病症状。

（3）设施设备清洁管理

设备清洁：各项公司设备如电话机、收银机、电脑等需每天用专业清洁剂擦拭洁净。生产设备应由专人养护、定期定时加油润滑，每日下班后须将设备停电后清理洁净，不得有油污、水珠、面粉、尘土等。

陈列与储存：商品应按区域堆码规律、规范、整齐，确保无灰尘、无污迹。新鲜食物和已经过期的食物应分别存放，并在账本上标明日期和标识。

（4）公共区域与洗手间管理

公共区域：门店公共区域包括地面、展板、公共空间及卫生死角等，应保持整洁卫生、无杂物、无污渍、无痰迹、无脚印。店内所有员工发现卫生问题应及时清理。

洗手间：洗手间应保持地面无杂物、纸屑、烟头、痰迹、污渍、水迹；便池畅通、清洁、无烟头、无异味、无纸屑；洗手台无水迹、无杂物、灰尘；镜面无水渍、斑点；洗手池无杂物、水迹；墙面洁净无污渍、灰尘、痰迹；玻璃器无污迹、水迹、灰尘；气味清爽、无异味。

（5）特殊区域卫生管理

厨房与备餐间：厨房和备餐间应整齐有序、环境清洁。一切用具与物料应整齐归档，确保无油污、无杂物。厨房设备应定期清洗和维护，确保食品安全。

仓库：仓库要每天清理，对货品进行归类陈设，注意是否有易燃易爆物，若有则及时移除。

2.门店废弃物的处理

门店废弃物的类别：

（1）可回收类。有回收价值的废弃物品如废纸箱等，可集中后出售。

（2）代收商品。如门店回收的空瓶，可以依据空瓶与供应商结算。

（3）厨余。厨余是指一些报废的生鲜食品（如便当、包子等）。自2021年4月29日开始施行的《中华人民共和国反食品浪费法》第二十四条规定：产生厨余垃圾的单位、家庭和个人应当依法履行厨余垃圾源头减量义务。因此，必须做好厨余分类回收工作。由于门店类型不同，厨余处置方式也有所不同。

（4）垃圾。垃圾必须依据类型进行分类，如纸类、塑胶类、一般垃圾等，不同垃圾必须分开处理。

小提示2-1

门店废弃物要依据相关环保法规处理。门店较常见的废弃物是厨余、垃圾、废纸等，如果门店垃圾桶已满，应该以十字结打包，放入垃圾车，不可堆放于卖场。

任务实施

一、卖场规划

对于一家成功的门店来说，卖场规划扮演着承前启后的一环。对于卖场的空间规划、店面配置、动线规划、卖场气氛营造，必须随着季节变化、潮流趋势、顾客喜好、企业理念等因素不断调整。门店应该充分地利用有限的空间资源，合理规划和实施店面的总体布局，最大限度地吸引顾客购买和方便顾客购买。

1.卖场布局的磁石点理论

卖场的布局通常有五个磁石点：

（1）第一磁石点。第一磁石点的位置主要是指挨着墙壁的周边，以及对着墙壁的货架，它是顾客走进卖场后首先会关注的地方，是商品展示及销售的最佳位置。

（2）第二磁石点。第二磁石点也是指在墙壁的周边，属于第一磁石点中的一部分。

（3）第三磁石点。第三磁石点是指靠近通道的位置，包括最里面的通道和中间通道两边的货架。

（4）第四磁石点。第四磁石点位于通道内，是位于中间的货架。

（5）第五磁石点。第五磁石点位于收银台的前面。

当然，某些大卖场的磁石点位置可能有所不同，因为在整个布局中，随着卖场面积越大，磁石点可能会越多，但通常门店都有这五个磁石点，如图2-1所示。

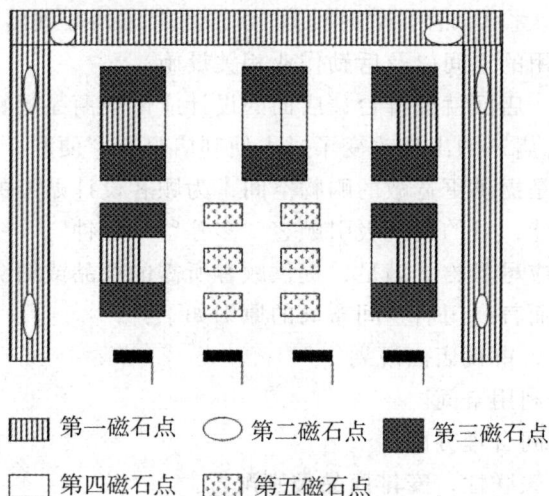

| ▥ 第一磁石点 | ◯ 第二磁石点 | ■ 第三磁石点 |

| ☐ 第四磁石点 | ▦ 第五磁石点 |

图2-1　门店磁石点布局

课堂讨论2-1

每个磁石点应该配置什么样的商品？

第一磁石点配置的商品主要是：

1）＿＿＿＿＿＿＿＿＿＿＿　　2）＿＿＿＿＿＿＿＿＿＿＿

3）＿＿＿＿＿＿＿＿＿＿＿

第二磁石点配置的商品主要是：

1）＿＿＿＿＿＿＿＿＿＿＿　　2＿＿＿＿＿＿＿＿＿＿＿

3）＿＿＿＿＿＿＿＿＿＿＿

第三磁石点配置的商品主要是：

1）＿＿＿＿＿＿＿＿＿＿＿　　2）＿＿＿＿＿＿＿＿＿＿＿

3) _____

第四磁石点配置的商品主要是：

1) _____ 2) _____

3) _____

第五磁石点配置的商品主要是：

1) _____ 2) _____

3) _____

讨论步骤：

（1）以团队为单位，队长要组织好讨论，确定讨论时间，并做好讨论记录。

（2）由团队代表轮流上台展示成果。

（3）由任课教师和各队队长根据各队发言情况给出实训成绩。

（4）任课教师或学生代表作总结发言。

2.门店空间布局

一般而言，顾客喜欢享受舒适的购物环境，气氛越轻松愉快，停留的时间相对越久，增加消费额的可能性越大。店面内部的空间规划，要考虑顾客进出流量、卖场通道配置、商品陈列、门店员工使用的空间以及后勤作业相关设施。

（1）空间布局原则。店面就像舞台，店面的设计应体现商品的特色，关注空间的合理划分。最近几年，"概念店"的出现改变了过去便利店只有"便利"的形象，增加了知性、感性的元素。概念店就是提供更宽敞的购物空间，为顾客设计贴心的休息区、洗手间及停车区，并结合其他的功能，目的就是吸引顾客"多停留一分钟"。

门店对顾客的需求应尽量给予满足，提供顾客所需的商品或服务，并对顾客潜在的需求进行及时开发。一般而言，门店空间布局的原则如下：

◇ 站在顾客的角度，审视店面规划。

◇ 因地制宜，充分利用空间。

◇ 卖场灵活化，空间合理分配。

◇ 考虑商品类别的关联性，安排商品类别配置。

◇ 规划流畅的动线，尽量延伸顾客购物动线，缩短员工服务动线。

课堂讨论2-2

为什么一般超市店面通常都把生鲜品放在进口处，而大型超市和量贩店却把生鲜品放在靠近收银区的末端？

讨论步骤：

（1）以团队为单位，队长要组织好讨论，确定讨论时间，并做好讨论记录。

（2）由团队代表轮流上台发言。

（3）由任课教师和各队队长根据各队发言情况给出实训成绩。

（4）任课教师或学生代表作总结发言。

（2）空间与店面类型。门店空间一般可分为商品空间、店员空间和顾客空间。

◇ 商品空间：规划卖场中的商品陈列空间，包括货架、橱窗、柜台等，便于顾客购物。

门店都希望尽可能扩大此空间，目的在于方便顾客挑选、购买商品，进而有利于商品的销售。

◇ 店员空间：规划门店员工接待顾客与处理相关事务所需的空间，例如收银台、服务台、待客位置等必要的空间。有些店面的店员空间与顾客空间有明显的区分，也有些店面的店员空间和顾客空间相互重叠。

◇ 顾客空间：规划顾客来店时使用、参观、选购商品等活动的空间。有些店面把顾客空间设于店面内，也有的设于店面外或者店面内外都设有顾客空间。

根据上述三种空间的布局差异，可将店面大致分为以下几种类型：

◇ 接触型：将顾客空间设于通道之上，店员隔着商品空间招呼顾客购物。该种类型适合展示销售随身携带的商品，尤其是不需要花费太多时间选购的商品。

◇ 退缩型：在店面内部设置柜台，顾客必须进入店内才能仔细选购商品。该种类型空间布局的目的在于吸引顾客进入店内，以便于商品推销。

◇ 退缩/回游型：在店面前并不展示商品，需要顾客进入店内自由参观选购。有些店面因为需要店员为顾客介绍商品及提供建议，店内大多数没有店员专门空间，因此，店员多半时间必须待在顾客空间，帮助顾客挑选商品。

◇ 接触/退缩/回游型：该种类型店面具备前面各种类型店面的特质，在店面前摆设种类丰富的商品吸引顾客，在顾客进入店内后可随意浏览商品。此外，未设店员空间的店面，由于店员易侵犯顾客空间，因此店员能否表现出吸引顾客的行为，将显著影响店面业绩。

此外，一般空间规划还可分为以下几个部分：

◇ 前场（外场）：指店内商品陈列、展示，提供顾客用餐或服务的区域。

◇ 后场（内场）：指店面办公、仓储、作业或料理区域，主要为店员作业与活动的空间。

◇ 收银：一般以柜台或吧台的形式呈现，提供顾客结账、收银与包装服务的空间。

总而言之，店面不仅是商品交易的场所，还必须契合顾客的心意，提供周到的服务、精致的商品、优良的陈列技巧及商品资讯。店面空间互相配合得宜，店员便可掌握顾客对该店的观感，提供适当的待客行为，进而可提高来客数和客单价，获取最大的利润空间。

（3）店面配置类型。店面配置会影响到店内顾客的流动，恰当的店面配置，不仅使顾客在店内行走自如，接触到更多的商品，而且也大致决定了店面的个性。一般而言，店面配置可区分为以下几种类型：

◇ 自由式（如图2-2所示）。店内商品、设备的摆设呈现不规律的状态，顾客在店内可以自由地走动，采用曲线形动线设计。该种类型适合于强调店面气氛及人员销售的小型专卖店、高价位服饰店、百货商场的专柜等。

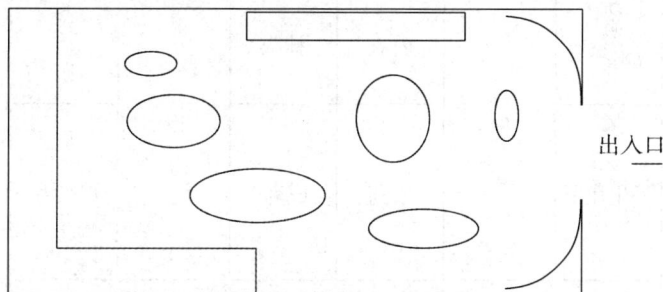

图2-2　自由式布局

◇ 格子式（如图2-3所示）。商品展示的空间及通道应平行设计，展示区域的形状、大小、通道的长度及宽度也要尽量一致。格子式是所有店面配置方式中空间利用最有效的一种，它采用直线式动线设计。顾客在标识清晰的通道上移动，可以轻松方便地选购商品，尤其对于顾客经常性购买或事先已规划购买的商品，能够快速找到，无须店员帮助，店面给顾客留下既干净又有效率的印象。因此，这种格子式的店面配置适合超市、便利店、量贩店、书店等。

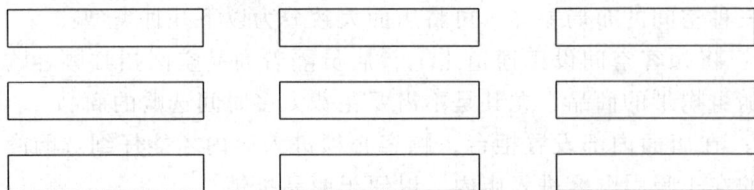

图2-3 格子式布局

◇ 小店：店面的通道形状如同一个回路，并且通道的表面铺设方式可引导顾客的行进路线。在卖场中可创造出许多小店，顾客可自由进出小店。每间小店可以成为一家专卖店。因此，这种小店式的店面配置可创造出自己店面的特色及主题，在整体安排上具有灵活性。

（4）不同业态门店的布局。不同业态门店的布局各有特点，下面分别进行介绍。

◇ 便利店或个人店。由于面积较小，其布局的特点是：进口处和收银处设在一起，货架采取由低到高多层次性展开，让顾客对商品一览无余。

个人店面的布局就像个人从头到脚的穿戴打扮一样。进门处两条通道，前半段经营化妆美容品、清洁保养用品（如洗发水、洁肤乳、唇膏、眉笔等），往里走，中间经营休闲食品（如糖果、饼干、巧克力等），左边经营玩具，右边经营文具。再往里走，后半段经营内衣、袜类、成药，在两边，一边是保健品，一边是卫生用品（如卫生巾、卫生纸、化妆棉等）。最里面是药房。个人店面的布局如图2-4所示。

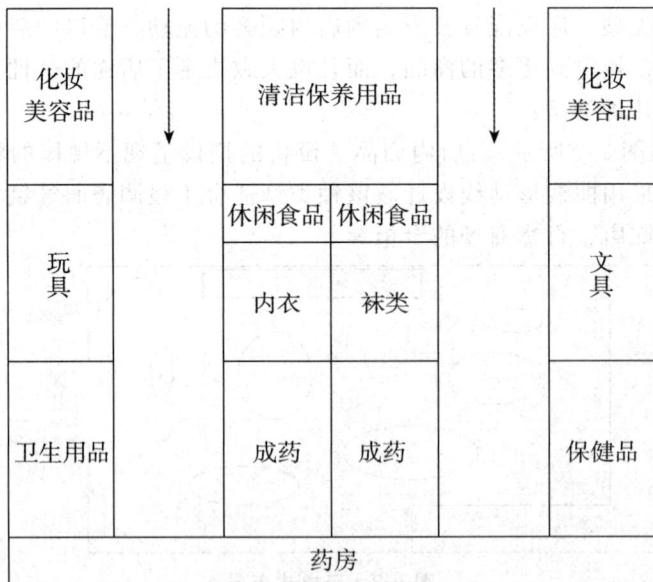

图2-4 个人店面布局

在日本，便利店入口处一般摆放杂志和报纸。周刊每周更换，月刊两周更换，这里常常聚满了喜欢阅读杂志的顾客，其中大部分是回头客。这些客人也给商店带来"顾客喜欢的店"和"好进的店"等印象。

迎门两排货架是日用品、化妆品、文具。为避免日光直射引起变质，这里一般不摆放食品。收银台前摆放着热饮料及日本人喜欢的卤煮菜和热包子，这些是即兴购买的商品，放在旁边更容易拿取。

再往里走，两侧靠墙摆放的是方便食品、点心、便当和包装蔬菜，还会有一台投币式复印机。最里面一般是冷饮柜，有卖酒执照的还可以销售一些冰镇啤酒。由于这些商品是畅销品，顾客会专门买，所以放在里面，顾客往里走走也许会看到别的想要买的商品。

◇一般超市。一般超市的主力商品是生鲜食品。通常把水果、蔬菜、冷冻品和冷藏品放在进口处，并把生鲜食品集中放置在一起。

◇大型超市和量贩店。大型超市和量贩店的卖场面积大，商品非常丰富。其布局思路一般为：食品与非食品区域分开，甚至实行不同楼层、不同通道的分开；主动线两侧配置促销商品，副动线配置一般商品；用较大面积的特别展示区来配合高频率的促销活动；生鲜食品区布局在主通道的末端，以保证与收银区的衔接。

实例展示2-1

某大型超市的门店有上下两层，顾客进入店面后先是乘扶梯上二楼，然后才能走到一楼交款，而不能直接在一楼购物。

二楼主要展示一些非食用商品。从二楼入口进入最右面主要是家电（如电视机、空调、电风扇等）和手机售卖区。二楼中部主要划分为四个区域：图书与音像制品、家居用品（如睡衣、拖鞋等）、日常用品（如电池、水杯、饭盒等）、衣物（如内衣、成衣等）。在二楼最靠后的左手位置摆放着个人卫生用品，如皂类、卫生纸、牙刷等；中间位置是落地货架，主要摆放着洗化用品，如洗发水、洗面奶等；最里面主要是品牌化妆品，悬挂着醒目的品牌标志。

一楼的最里面展示熟食、生鲜、速冻等商品，靠近后场的作业区；果蔬区被安排在肉食品的旁边；奶制品和冷冻品被安排在邻近出口处；烘焙品被安排在靠近入口的地方；杂品部分被安置在中央，采取落地货架方式，布局为纵向陈列；一些丢失率比较高的商品，如口香糖等摆放在收银台前。

◇购物中心。购物中心集合了买卖、休闲、娱乐、餐饮、商务、停车等功能，能够充分满足顾客购物及休闲的多种需求，是一个综合考虑车流、人流、物流的合理的系统，能够提供便利、舒适、休闲的购物环境。

实例展示2-2

某购物中心，经营面积接近14万平方米，地下二层是停车场、汽车美容店；地下一层是大型超市、家用电器专卖区、美食广场、酒吧、台球厅；地上一层是精致尊贵百货区、餐饮区等；二层是图书城、时尚潮流百货区、餐饮区；三层是气质女人区、儿童家居区、家居生活区、羊绒区以及儿童娱乐区；四层是优雅男人区、影城、运动城、健身区、美发区。

◇卖单一商品的小店面。卖单一商品的小店面（如服装店、药店等）的规模小，店面布局与大型商场和超市相比自然要简单得多，可以视具体情况而定。

3.动线设计

动线是指店内人与货品移动的路径与通道。有效的卖场动线设计可以吸引顾客进入店内，有助于顾客在店里顺畅地到达卖场的每个角落，接触所有商品，并能活用卖场面积，避免卖场死角，增加商品售卖机会，提高卖场坪效（卖场中单位面积所创造的效益），减少失窃情形的发生，保障顾客的疏通和安全。

（1）动线种类。店面动线的种类包括以下几种类型：

◇顾客动线。规划顾客参观、选购商品与增加购买商品机会的动线，要方便顾客走动，能够参观到所有商品，增加购买机会。

◇店员动线。规划门店员工为顾客提供服务的活动路线，尽量缩短员工走动的距离，提高服务效率。

◇管理动线。规划门店员工、卖场、仓库之间补货与取货的动线，缩短卖场和仓库距离，提升管理效能及补货、取货的时效，方便工作的开展与配合。

一般而言，动线规划因门店业种或业态、面积与外观、硬件设备、店内设施、楼梯、电梯等因素的不同而有所差异。对于便利店或个人商店而言，店面里只有两条动线；对于大型的店面来说，动线有主动线和副动线之分；对于量贩店和购物中心来说，还有人流动线、物流动线和车流动线之分。

店面里的动线要根据商品的配置位置与陈列的整体布局是否达到了最佳效果来设计，如图2-5所示。

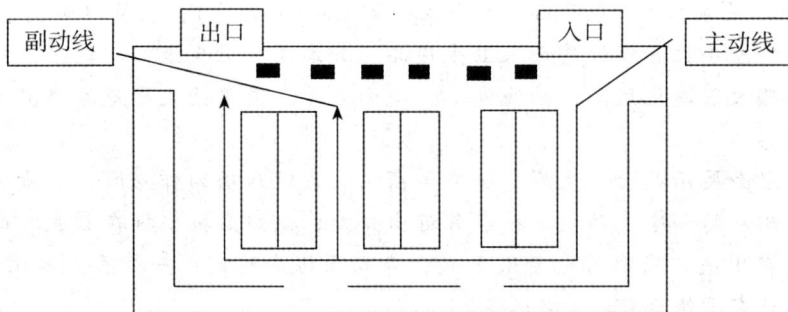

图2-5　门店主、副动线示意图

（2）顾客动线设计原则。在进行顾客动线规划时要把握下列原则：

◇足够宽。顾客动线的宽度应能保证顾客推着购物车顺利地擦肩而过。副动线（中间货架的通路）的宽度以80厘米以上为佳。关于门店动线宽度设定的数值可参见表2-1。

◇笔直。门店中应避免迷宫式通道，尽可能进行笔直的单向式设计。

◇平坦。地面应保持平坦，避免出现"层中层"，令顾客眼花缭乱，不知何去何从。

表2-1　　　　　　　　　　　　　　门店动线宽度设定值一览表

单层门店面积	主动线宽度	副动线宽度
300平方米	1.8米	1.3米
1 000平方米	2.1米	1.4米
1 500平方米	2.7米	1.5米
2 500平方米	3.0米	1.6米
6 000平方米以上	4.0米	3.0米

◇ 少拐角。动线拐弯的方向要少，有时需要借助连续不间断的商品陈列来调节。

◇ 动线上的照明要比卖场明亮。一般情况下，动线上的照明要达到1 000 lx，主动线上客流量较大，是利用率最高的地方，要充分考虑到顾客走动的舒适性，不拥挤。

◇ 没有障碍物。在动线内不能摆放与陈列商品无关的器具或设备，以免阻断动线，损害购物环境的良好形象。

◇ 尽可能拉长顾客动线，让顾客方便地在店内走动，同时尽量使顾客浏览到所有的商品，以增加售卖机会。顾客动线越长，则店面业绩越高，但是店员与管理动线应尽可能缩短，以节省作业时间。

◇ 考虑到店面出入口与收银台区隔的动线，要以流畅的方式设计自动门位置，避免造成进出碰撞。

◇ 顾客动线是采用顺时针方向还是采用逆时针方向设计，应由店面的出入口位置决定。

◇ 主动线必须明确，过于复杂犹如迷宫的设计往往使顾客无所适从，导致顾客寻货困难而感到沮丧，同时也增加了防盗的难度。

◇ 避免收银台在顾客结账时与顾客购物动线发生冲突，收银台与货架距离应保持150厘米以上。

◇ 收银台的设计应避免直接拦阻顾客，给顾客造成"拒绝感"。

一般而言，顾客动线可分成直线形和曲线形两种。直线形是指货架和通道呈现矩形，适合超市、便利店、量贩店、食品店、折扣店、五金店等采用；曲线形动线适合小型专卖店、百货商场的专柜、高级服饰店等采用。

（3）顾客动线规划的效果。一般而言，顾客动线规划为"单向"设计，便于顾客在购物过程中浏览到全部的商品，并且以不重复、不回头的方式逛完所有的货架。因此，合理的顾客动线规划可以获得如下效果：

◇ 吸引顾客自动入店。店面内流畅的动线规划能够吸引逛街者入店，若加上在店外设计有创意的告知牌、音响效果、地板颜色的导引，则会取得意想不到的效果。

◇ 延长留店时间。动线的规划，除了保证维持顾客购物时的顺畅，还要考虑尽可能增加顾客留店的时间，引导顾客多浏览商品，激发顾客潜在的购物需求。

◇ 强化告知功能。在顾客决定购买之前，必须认知商品功能，所以，店面动线规划必须使顾客能充分了解商品资讯并且形成记忆，当顾客有需求时，就会主动地到店购买。有研究显示，顾客对每一项商品告知停留驻足的时间不会超过2秒，因此，必须在2秒钟内将商品功能告知顾客,引导其下决心购买。

◇ 增加销售机会。拉长顾客的动线,就是拉长产品引导线,势必提升顾客购买欲望及增加销售机会。

(4)店面的补货动线。门店每天都要上货,不同的商品有不同的黄金销售时间:生鲜品、水产品一般是在早上上货,日用品早上上货率也很高;一般百货、干货食品午后上货率高;到了傍晚,随着购买高峰的来临,熟食的出货速度很快。

在做店面规划时,必须考虑营业人员的上货动线,在规划中尽量不要和顾客动线穿插,尽量不要在人最多的关键点上穿插,否则会对顾客和营业人员的安全、对机器设备使用和商品陈列造成影响。若无法避免发生交叉,则应以顾客动线为优先考量对象。

在设计补货动线时,要考虑使用工具的大小、规格、数量。对于便利店和个人店,其补货动线基本上跟顾客动线、店员动线重合。由于店面面积有限,大家都共用这一个动线通路。当然,可以通过制度来灵活安排补货时间。不过对于超市和量贩店来说就比较复杂,量贩店的货架有的高达5米,有的高达7米,在这种情况下需要使用叉车,所以在设计门店商业动线时,就要具体考虑叉车回转半径是多少、宽度是多少、载重量大小等具体因素。

小提示2-2

动线规划的目的在于疏通购物人潮,方便顾客购物、门店进补货等。

(5)货架的标准化。业态不同的店面应使用符合各自标准的货架,见表2-2。

表2-2 门店的标准化货架

门店业态	标准货架高度
便利店和个人店	1.3 ~ 1.4米
一般超市	1.6米左右
大型超市	1.8 ~ 2.2米
量贩店和仓储店	6.0 ~ 8.0米

二、店面陈列与商品展示

合理的商品陈列(如图2-6所示)可以起到展示商品、刺激销售、方便购买、节约空间、美化购物环境的作用。据统计,店面如能正确运用商品的配置和陈列技术,销售额可以在原来基础上提高10%左右。

如何通过陈列让门店在激烈的市场竞争中独树一帜,这是非常重要的。

1.商品陈列的基本要求

(1)商品分类要明确。相同类别的商品要陈列在一起,便于顾客一次性购买。

(2)商品要看得见。商品陈列一定要吸引顾客。调查表明,顾客87%的购买决定取决于这一件产品的醒目程度,所以,不应有顾客看不清楚或小商品被大商品挡住的情况发生。

图2-6 某品牌服装店面陈列与商品展示

（3）商品要容易拿取。不能将带有盖子的箱子陈列在货架上，同时要考虑到陈列的高度，便于顾客拿取。把商品放在货架的最上层或放在货架的最下层，很不方便顾客拿取，会直接影响到销售。

（4）货架要丰满。丰满的货架会给顾客以商品很丰富的感觉，也可提高商品的周转速度。

（5）相关商品要陈列在一起。相关商品要陈列在一起，例如把啤酒、开罐器、玻璃杯、杯垫等陈列在一起。这样做既能方便顾客购买，又能刺激顾客的购买欲望。要注意相关商品应陈列在同一动线、同一方向、同一侧的不同货架上，而不应陈列在同一组双面货架的两侧。

（6）抓住顾客的心。门店营业人员要通过多品种、艺术化的陈列手段来刺激顾客的购买欲望，促成顾客的购买行为。

2.商品陈列的AIDCA系统原则

（1）注意（Attention）。突出重点商品；比其他商品先推出；有变化的陈列；引人注意。

（2）兴趣（Interest）。容易观赏，容易触摸；强调商品的特性和卖点；激发兴趣。

（3）欲望（Desire）。商品演示生动；用较大的空间突出展示重点商品；配置关联商品；唤起购买欲望。

（4）确信（Conviction）。用POP广告明示商品说明和价格；活用演示小道具；充分表述出商品的魅力所在；让人信服。

（5）行动（Action）。让顾客下购买决心；让顾客把购买的意思说出来。

3.四种陈列类型

（1）大型的陈列。大型超市在举办促销活动时，可以采用落地陈列或堆头陈列方式

（如图2-7所示）。调查表明，采用堆头陈列能够增加50%的销量，采用明显价格标记的堆头陈列能够增加200%的销量。

图2-7　堆头陈列

适合做堆头陈列的产品：店面最主要、最畅销、重点的产品。

做堆头陈列的原则：远离主货架的其他位置。

堆头陈列的形状：圆形、方形、梯形等。

做堆头陈列还要有POP广告的配合，包括海报、吊牌、自制POP海报和价格标识。

（2）中型的陈列。便利店没有大型超市店面那么大的活动场地，可以设计中型的陈列，在货架的前端或者货架的两端以端架式陈列呈现（如图2-8所示）。再比如个人开的服装店，新的产品上市或应季服装上市，可以根据当前服装的流行款式、颜色、材质，设计一个服装的中型展示。

图2-8　端架式陈列

（3）小型的陈列。小型的陈列适用于具体的货架（如货架层板）上的陈列（如图2-9所示）。

图2-9　小型陈列

（4）活动性陈列。以服装店面为例，营业人员把当季的服装穿在身上来展示，可以起到良好的宣传效果。

陈列的方式有很多种，要想在激烈的商业竞争中胜出，就要有异于大众的宣传手段和独特而大胆的创意。

实例展示2-3

有这样一个故事。一位女高中生在7-11门店打工，由于自己粗心大意，在进行酸奶订货时多输入了一个"0"，结果使原本每天清晨只需3瓶酸奶变成了30瓶。按照规定，所造成的损失应由她自己承担，她一周的打工收入将付之东流，这就逼着她只能想方设法地争取将这些酸奶赶快卖出去。

冥思苦想之后，她把装酸奶的冷饮柜移到盒饭销售柜旁边，并制作了一个POP海报，上面写上"酸奶有助于健康"。令她喜出望外的是，第二天早晨，30瓶酸奶不仅全部销售一空，还出现了断货。谁也没有想到，这个女孩戏剧性的实践带来了7-11新的销售增长点。

从此，7-11门店中酸奶的冷藏柜便同盒饭销售柜摆放在一起。

三、店面灯光与重点照明

陈列需要有照明，不同业态的门店采用不同的照明方式。百货商场、购物中心、量贩店、批发仓储店、便利店、个人店、专卖店都有适合自己的照明方式。目前市场上商业店面常用的灯光照明大致可以分为以下两种：

1.点状灯光分布

点状灯光分布是指对某些区域进行集中的高强度照明，其他区域的强度相对低一些。比如食品区域要用高强度的灯光，而床上用品区域的灯光就要朦胧些，以营造出温馨的气氛。在欧洲国家，店面的点状灯光分布使用得比较广泛。

点状灯光分布的优点在于使店面里看起来具有层次感，利用明暗差异，可以成功地塑造多层次的店面形象；其缺点是整体的亮度较低，从外面看起来店面里比较黑暗。

2.面状灯光分布

面状灯光分布使店面所有地方看起来亮度都相同。量贩店、超市、便利店、商场等大部分店面都采用该照明方式。

该照明方式能营造一种窗明几净的明亮感，不足之处就是因为亮度一样，缺乏层次感。

四、店面气氛的活泼化

要充分运用各种手段和方法，使店面的气氛活泼化，这样既可以提高营业人员的工作积极性，又可以充分调动顾客的购买欲望，增加销售额。有调查研究显示，消费者在零食店的花费比他们事先计划的多出11.4%，这些就属于冲动性支出，即环境氛围带来的销售效果。

课堂讨论2-3

参观一家大型超市，分析这家店面带给你什么样的感觉，如何才能营造出这样的氛围？分组讨论，每组提交一份讨论报告。

讨论步骤：

（1）以团队为单位，队长要组织好讨论，并做好记录。

（2）由团队代表轮流上台发言。

（3）由任课教师和各队队长根据各队发言情况给出实训成绩。

（4）任课教师或学生代表作总结发言。

门店活泼气氛有五种途径：配置醒目化、陈列活泼化、商品多样化、服务亲切化和促销情景化。

1.配置醒目化

在商品特别是促销品的上方悬挂一个广告牌，上面标着大大的阿拉伯数字，能够告诉顾客这个商品就卖这个价钱，是多么便宜。这就是配置的醒目化。

2.陈列活泼化

同样的商品有多种摆放方式，恰当的方式可以让它的优点充分地展现出来。比如水果就可以摆放出生动活泼的造型。

3.商品多样化

商品的多样化也会刺激顾客的购买欲，这是门店营业人员经常要做的事情，也是提高营业额的方式之一。

4.服务亲切化

营业人员热情诚恳的微笑、彬彬有礼的一言一行，会给顾客留下亲切感，让顾客有一种宾至如归的感觉。服务的亲切化会影响顾客作出购买决定。

5.促销情景化

促销情景化就是人为地在店内创设一个有利于销售的活动情景，吸引顾客加入购买行列。

一家工艺品店要销售一批体现埃及文化特色的工艺品，于是举办了一次埃及文化节，为此专门搜集了大量有关埃及的资料，在店里面摆设了缩小版的金字塔和狮身人面像，并准备了关于埃及的杂志和光盘。通过这些准备，工艺品店塑造了一个情景，这就是店面情景戏剧化，让顾客一进入那个情景，就不自觉地产生消费愿望，门店促销的目的也就达到了。

门店营业人员不仅要知道这五种途径，更重要的是要勇于实践。门店的工作千头万绪，有了好的系统和好的管理制度还需要靠门店员工去贯彻执行。门店员工在工作中如果遇到困难，既要向领导反映，更要克服这个困难，不要做事拖拉。重要的一点就是，作为一个现代化的门店，一定要求新求变求创意，这样才能在激烈的商业竞争中生存下来。

五、店面的色彩运用

如果把店面比喻成舞台，让顾客走上舞台，走到情景中来，就需要店面塑造一个良好的购物环境，让顾客在这个环境中身不由己地参与到"演出"中来。比如，一个顾客看见别人蜂拥买什么东西，他也会上前一探究竟。要达到这种效果，就需要运用色彩、照明等道具。

1.色彩能够产生的效果

色彩的效果和作用是门店营业人员应具备的常识，它对于营业人员展开销售以及使用销售工具都有很好的促进作用。从视觉上来讲，彩色比黑色更能刺激视觉神经，因而更能引起消费者的注意。不同的色彩及色彩组合会使人们产生不同的心理感受。

◇红色：以红色为基调布置，会给人一种热烈、温暖的感觉，给人一种强烈的心理刺激。红色一般用于传统节日、庆典布置，创造出一种吉祥、欢乐的气氛，但是，如果红色过于突出，也会使人产生紧张的心理感受，一般应避免大面积、单一地采用。

◇绿色：以绿色为基调布置，会给人一种充满活力的感觉。绿色又被称为生命之色，表现为生机勃勃的大自然。在购物环境里，采用绿色，象征着树木、花草。

◇黄色：以黄色为基调布置，会给人一种柔和明快的感觉，使人充满希望。食品中很多是黄色的，如面包、糕点等，故黄色常作为食品销售区域的主色调。但是，如果黄色面积比例过大，会给人一种病态的、食品变脏的心理感受，使用时应注意以明黄、浅黄为主，同时避免大面积使用。

◇紫色：以紫色为基调布置，会给人一种庄严、高贵、典雅的感觉。紫色调使人产生一种敬畏感，常用于销售高档贵重的商品，如销售珠宝首饰、钟表玉器等场所。

◇黑色：黑色给人一种沉重压抑的心理感受，一般不单独使用，但与其他颜色适当搭配，也会产生一定的视觉冲击力。

◇蓝色：蓝色会使人联想到辽阔的海洋、广阔的天空，给人一种深邃、开阔的心理感受。

色彩组合的效果：

温暖感——暖色和红与黄橙的配色；

重量感——明亮度低的色彩组合；

摩登感——灰色和最鲜艳的颜色组合；

积极感——红与黄、黄与黑的配色；

稳重感——茶色与橘色的配色；

年轻感——白与艳红的搭配；

华丽感——色彩度高、色环距离较远的色彩组合；

朴素感——色彩度低、色环距离较近的色彩组合；

清凉感——冷色与暖色的组合；

轻量感——明亮度高的色彩组合；

理智感——白与青绿等的配色；

开朗感——黄与亮绿的组合；

平凡感——绿与橙的组合。

突出色与后褪色：有些色彩有突出感，仿佛很接近人，比如红色、橙色、黄色；有些色彩有后退感，仿佛离人很远，比如青色、紫色。

各年龄段色彩对照：门店要想运用好色彩，先要了解顾客喜好及顾客的性别、年龄、文化状况等。这些都与店面内部环境的色彩有着密切的关系，可归纳如下：

幼儿期：偏好红色、黄色（纯色）；

儿童期：偏好红色、蓝色、绿色、黄色（纯色）；

青年期：偏好蓝色、红色、绿色；

中年期：偏好紫色、茶色、蓝色、绿色；

老年期：偏好深灰色、暗紫色、茶色。

2.色彩的运用

巧妙运用色彩，可以起到刺激视觉、提升店面层次的良好效果。色彩的运用应该是灵活的，经常变化的。广告、图片、海报用的颜色，文字的颜色都要和季节或具体的时期相符合。

小提示2-3

门店在春夏秋冬可以分别采用不同的主色调。春天用绿色，代表春天生机盎然的气息；夏天用水蓝色，给顾客以清凉的感觉；秋天用金黄色，象征丰收的喜悦；冬天用火红色，给顾客以温暖的感觉。

主色调和辅助色调：在选定某一个主色调以后，可以适当地再加上一些适量的辅助色，以达到区分不同商品和表达更生动的效果。

小提示2-4

在过春节的时候，门店可以选用大红色作为店面主色调，向顾客传达春节喜气洋洋的节日气息。果蔬区使用绿色作为辅助色，带给顾客新鲜的感觉；百货区使用黄色作为辅助色，带给顾客积极的心理感受；收银台使用金色作为辅助色，可营造财源广进的氛围。

3.指示系统

指示系统可以为顾客提供信息，帮助顾客找到自己想要的东西。目前，很多店面里的指示系统被弄得乱糟糟的，说明不清楚，摆放的位置也不对。指示系统首先要靠颜色，比如：指示生鲜蔬果，使用绿色；指示牛肉、猪肉，用红色；指示水产，用蓝色。这样，顾客一看到就会明白，按照颜色的方向就能找到要去的地方。

从生动形象的角度出发，指示系统首先应选用颜色，然后选用图形，最后选用文字。

六、音乐运用

1.音乐的作用

音乐是营造店面气氛的一项有效手段，它时刻影响着顾客的情绪和员工的工作态度。轻松欢快的音乐不仅能为店面创造一种良好的气氛，而且直接影响着顾客的购物情绪和员工的工作状态。恰当的背景音乐可以吸引和指导顾客选购商品，激发顾客的购物兴趣，为顾客带来轻松愉快的感受。

如果一家店面在入口处播放悦耳的音乐，不管是否有商品采购需要，顾客一般都会不由自主地进入店内看一看。一项调查研究显示，在美国有70%的人喜欢在播放音乐的店面购物，但是并非所有的音乐都能达到此效果。

2.音乐达到的效果

适当运用音乐，可以达到以下效果：

（1）吸引顾客对商品的注意力。

（2）指导顾客选购商品。店面向顾客播放商品促销信息，可引导顾客选购，并能够对员工的现场工作起到辅助配合效果。

（3）营造特殊氛围，促进商品销售。店面定时播放不同的背景音乐，不仅能够带给顾客以轻松、愉快的感受，还会刺激顾客的购物兴趣。

（4）抵消或掩盖不想要的声音。

3.店面音乐使用标准

（1）背景音乐以旋律轻柔舒缓的为佳，以营造温馨的氛围。有调查显示，在店面播放柔和、节拍慢的音乐，会使销售额增加40%左右。

（2）因季节、节假日、时间的不同而播放不同的背景音乐，能够实现营造差异性购物环境氛围的效果，同时也能对所销售的节日性或季节性商品起到一定的促销作用。

（3）选择合理的音乐播放强度和音量。音量过高会令顾客反感，音量过低则起不到什么作用。因此，店面音乐的播放强度和音量大小一定要与店面力求营造的氛围相适应。

（4）音乐的种类要与店面定位吻合。对音乐的品位、格调要严格把关，如中高端百货店面，背景音乐应尽量选择高雅乐曲。

（5）遵守公司规定。注意公司是否规定只能播放特定的音乐，不可依个人喜好而播放。

（6）应避免违法。勿播放未授权于公共场所播放的音乐，以免违反《著作权法》的相关规定，音乐音量大小要在合理范围内，避免引起周边居民投诉。

4.背景音乐的具体运用

（1）早晨刚开始营业，播放欢快一点的迎宾乐曲。

（2）临打烊时，播放轻缓的送别曲。像某些店面播放《回家》，顾客听到后自然而然就会想到店面要打烊了。

（3）气候变化时，播放音乐提示，为顾客提供生活资讯类服务。

（4）店面如果有一些噪声，可以使用背景音乐掩盖噪声。

（5）对于某些品牌店面，可以播放具有自身品牌风格且优美动听的音乐吸引顾客对商品的注意力。

七、气味

店面的气味对于店面运营来说也是至关重要的。如果店面气味异常，就会影响到商品的销售；如果气味正常，就会吸引顾客购买。人们的嗅觉会对气味作出反应，甚至可以凭借嗅觉得知某些商品的滋味，像巧克力、新鲜面包、橘子和咖啡等。

气味对于增进顾客的购物心情很有帮助。像花店里的花卉的气味，化妆品柜台的香味，面包店里的饼干味、糖果味，蜜饯店里的奶糖味和坚果味，礼品部散发香气的蜡烛，皮革部制品的皮革味，烟草部的烟草味，均是与这些商品相协调的，对促进顾客的购买是有很大帮助的。

实例展示 2-5

美国国际香料公司采用高科技人工合成了许多令人向往的香味，像巧克力饼干香味、热苹果派味、新鲜的披萨饼味、烤火腿的香味、不油腻的薯条香味等。美国国际香料公司将各种人工香料装在精美的罐子中用来销售，通过定时装置，香料罐子每隔一段时间会将香味释放出来。这种香料罐子在美国的销路非常好，许多店面都用它们来吸引顾客，平均下来每天的花费只有几十美分。

正如有令人不愉快的声音一样，也有令人不愉悦的气味。这种气味会把顾客赶走。令人不愉快的气味包括发霉味、烟味、强烈的染料味、残留的尚未完全熄灭的燃烧物的气味、汽油味、油漆味和保管不善的清洁用品的气味，以及洗手间的气味、装修遗留的甲醛的气味等。如果不能很好地处理这些味道，就会影响到顾客的购物心情，最终影响商品的销售。

任务二　　　　　　　　　　　　　　　**日常清洁**

任务描述

小王是一名满怀创业激情的应届毕业生，刚毕业就加盟了一家连锁零食折扣店。近两天小王特别烦恼，因为他刚加盟不久的门店被公司督导员检查出卫生环境维护方面存在一些问题，如：门店对员工日常清洁的要求不明确、地板墙壁窗户玻璃有污渍、店内有异味、垃圾清理不及时……

督导员对小王门店的日常清洁提出了整改要求。小王当务之急是根据总部的要求，为门店拟定一份《门店卫生环境维护细则》，以便员工能照章执行，为顾客创造一个清洁明亮的购物环境。

为了便于顾客愉快地购物消费，打造"一尘不染"的购物环境是极为重要的。门店清洁虽然是一项基础性工作，但是对门店而言也最重要，千万不可大意。像地板、天花板、墙壁、陈列货架、标示板、灯饰等，都应该避免有垃圾、纸屑、灰尘、口香糖污渍等。

一个舒适的购物环境能有效地吸引并留住顾客，一个杂乱无章、卫生条件很差的购物环境是很难吸引顾客前来光顾的。

一、门店清洁范围

门店基本上可分为内场、外场、前场与仓库，在进行门店清洁时，门店人员往往会将店里面（内场、外场）打扫得干干净净，却忽略前场的清洁，如走廊上的天花板，以及乱停乱放的电动车、自行车，或者地板上有口香糖污渍、乱丢的垃圾等，这些会直接影响顾客对门店的观感与印象。

二、门店清洁时机

一般来说，门店的夜班或当日结束营业前后、换季汰换商品或新开幕时，都是彻底清洁门店的最佳时机，这样能够营造舒适的购物环境。

清洁时不仅要对店外环境特别用心，还必须特别注意社区环境。良好的社区邻里关系，可以使社区民众增强对门店的认同感，进而乐于到门店消费。

三、各项清洁作业

对于门店清洁工作，千万不可因为追求速度或图方便而使用不合适的清洁工具。例如，某些机器的金属表面通常会使用百洁布加清洁剂清洗，或使用强酸、强碱去除污渍，或是使用硬物刮除，如此不仅不能达到清洁的目的，反而会造成金属表面的损伤，正确的做法是以适量清洁剂软化污垢，然后进行擦拭。

1.清洁卖场环境

一般而言，门店清洁工作内容及重点如下：

（1）清洁柜台。柜台四周、电脑、收银机、电话机、打印机等以抹布擦拭干净，并将柜台内所有物品摆放整齐，然后清扫、拖地。

（2）清洁地板、楼梯。为给顾客留下良好的印象，店面地板清洁应做到光洁卫生的程度，因此，店面所有地面及楼梯（包括桌椅下方及四周死角）都必须认真清理，若地板上有水渍，要立即用拖把拖干。具体要求如下：

◇ 清扫。当没有顾客结账，或者有突发事件发生（如散装大米洒落）时，必须立即清扫，如果顾客脚下有垃圾，必须蹲下捡起。清扫时需以不影响顾客购物为原则，采取重点式打扫。在没有顾客结账时，可以进行全面清扫。

地板以光洁干净为主，打扫的时候不要太用力，不然会使灰尘扬起，同时应避免拖拽清洁箱造成地板磨损。入口处使用除尘垫，地板积水时，立即将水清除。

◇ 拖地。地板不可以使用碱性的清洁剂擦洗，以免损伤地板。下雨天时要注意地板是否湿滑，地板潮湿需立即拖干。如果客人不慎打翻饮料，应立即处理，不可拖延。门店地板在交接班之前也要事先清理，拖地时不可太湿，且应避免在顾客较多的时候拖地。

◇ 刷地。下雨或拖地时，必须放置"小心地滑"的黄色警告牌，且必须放置于动线前方，以免碰触到顾客或店内人员。刷洗地板时，必须分区刷洗并快速拖干地面。

（3）清洁陈列架。在清洁整理陈列架的过程中，可以将相关的商品先放置在手推车或购物篮上。不得将食品类商品直接放在地上，这样做会违反食品安全管理制度的规定。

◇ 在进行货架清理的时候，用湿毛巾由上而下擦拭，太脏的地方以合适的清洁剂擦拭，并且以干抹布擦拭商品，同时应注意商品下架时不要阻塞通道。

◇ 将隔板、挂钩取下清洗。

◇ 清洁完毕之后，依商品陈列原则及位置归位，最后检查商品品质。

（4）清洁杂志书报架。具体要求如下：

◇ 在进行杂志书报架的清洁时，可以将杂志书报放在购物车或购物篮里，注意商品下架时不要阻塞通道。

◇ 用干净的湿布及中性清洁剂擦拭。

◇ 挂钩或钢架以拆除方式清洗。

◇ 污垢严重的部位应先喷清洁剂稍微溶解污垢后再清理。

（5）擦拭玻璃。玻璃或镜面的清洁要求：

◇ 利用湿抹布擦拭边框、边角的灰尘。

◇ 镜面喷洒玻璃清洁剂，再以湿布擦拭干净至无任何污渍。

◇ 最后以清水泼湿，利用长型刮刀将水刮除干净，剩余水纹以干抹布擦拭干净为止。

（6）清洗空调过滤网。每周至少一次，将冷气过滤网拆卸下来，拿到室外用水冲洗，并用抹布擦干后装回原位，用抹布擦拭空调开关及外表面。注意：清洗空调过滤网时，也必须以不妨碍顾客购物为原则。

（7）倒垃圾。垃圾可分为一般垃圾、资源回收类垃圾和厨余三大类。一般垃圾如果满了，将垃圾袋以十字结打包、换装，先放在仓库中，不要放在卖场上，以免有碍观瞻。

处理资源回收类垃圾（如铝罐、塑胶头、纸类、玻璃瓶等）时，要注意不要将其当作一般垃圾丢弃。

一些报废的生鲜食品如便当、包子等，将其放入厨余回收桶，拆掉包装后再行回收。

（8）清理墙壁。不可胡乱张贴，如果张贴过海报或相关宣传品，就要妥善处理墙面上的双面胶，且需避免墙壁有脚印或手印。

（9）清理除尘垫。每天勤于拍打，定期清洁，一有脏污立即清理。

（10）清洁消防器材。利用湿抹布擦拭，并清除蜘蛛网。另外要检查设备是否有过期问题，如有要立即更换。

（11）清洁洗手间。厕所内的抹布或各种清洁剂、水桶、垃圾袋、洗刷工具都要存放在储物柜内，置放整齐以便取用。平日厕所的整洁维护要排定值班人员巡视并加以整理。

◇ 马桶、小便池：使用稀释的清洁剂喷淋静待2分钟后，以手柄刷彻底刷除污物，再用清水冲刷，须看不到黄色污垢痕迹；坐式马桶要用抹布擦干坐垫。

◇ 洗手台：百洁布蘸少许洗手液，将台面、洗脸盆内、水龙头全部擦拭一次并用清水冲刷。最后用抹布将水擦干，应保持干燥，不可残留水分。

◇ 手纸架、洗手液机：用湿抹布擦拭，如有短缺应补齐或更换。

◇ 垃圾桶：将外边擦拭干净或刷洗到无污迹，当垃圾已达到容量的三分之二时，应更换垃圾袋，不要使其溢满在外而有碍观瞻。

◇ 墙面、地面：用稀释的清洁剂喷淋后，用长杆地板刷去除污垢，再用清水冲洗干净，并用拖把拖干，直到没有多余水分残留为止。

◇ 门、装饰物：用湿抹布擦拭干净。

2.清理电器

（1）清洁加工设备。关掉电源开关，拔掉机器的插头，并根据说明书提示拆卸的步骤，逐一拆开机器进行清洁。清洁完毕之后，装回相关组件，确定无误。插上插头，打开电源开关。

（2）清理日光灯。确认日光灯是否会闪烁，灯管的使用期限是否过期，店内采光是否够明亮，店内投射灯照射商品的位置是否准确。将灯管卸下之后，使用浸有清洁剂的抹布擦净，然后用干抹布拭去水分。灯管要使用喷雾式清洁剂去除污渍。

（3）清洁灯罩。用干抹布将外围和内罩擦拭干净，并清除蜘蛛网。

（4）清洁冷藏柜。当客人打开冷藏柜取用饮料而不小心打翻时，会造成冷藏柜底部积水，时间一长会产生恶臭气味，所以必须尽快进行清洁擦拭。

四、店面清洁措施

店面清洁需把握以下几点：设置并分配卫生责任区，建立完整的店面自检记录；卫生清洁工作要有专人负责，定时打扫；废旧包装物要及时清理回收。

五、门店6S管理

6S管理起源于日本，其含义是整理、整顿、清扫、清洁、素养、自检六种行为。门店推行6S管理为顾客和员工提供了一个整洁、高效、舒适的购物与工作环境，6S管理能够提升团队精神、服务水准及品牌形象，从而赢得顾客信赖。

1.整理

首先，对门店的各种物品进行分类，区分哪些是门店需要的，哪些是不需要的。然后，将门店不需要的物品，如废弃物、用剩的材料、多余的工具、报废的设备、员工的个人生活用品等清理出店面，作为改善店面的第一步。

2.整顿

对现场需要留下的物品进行科学合理地布置和摆放，以便用最快的速度取得所需之物，在最有效的规章制度和最简便的流程下完成作业。

3.清扫

清扫的目的在于清除垃圾，将工作场所打扫干净，使物件保持在随时可用的状态，使人与环境有更密切的接触。具体注意以下几点：

（1）建立清扫责任区，包括地面、墙面、天花板、设备、工具、道具等。

（2）店面设备必须每天擦拭、定期保养。

（3）进行店面巡视检查，主动防范和整治不安全因素与脏乱现象，减少有碍观瞻现象与意外事件发生。

4.清洁

经过整理、整顿、清扫之后，必须认真维护现场，使现场保持整洁状态。

清洁是对前三项工作的坚持与深入，进而消灭发生安全事故的隐患，创造一个良好的店面环境，使员工能身心愉快地工作。

5.素养

素养即教养。努力提高门店营业人员的素养，养成良好习惯和作风，严格遵守门店制度，提高门店营业人员文明礼貌水准，打造优良的团队精神。人员素质如无法提高，各项活动就不能顺利持续地开展。

6.自检

每日下班前反思当天所做工作，翻阅记录，对重点细节及关键环节进行检讨，制定改进措施。

小提示2-5

成功推进6S管理的关键如下：

（1）通过加强员工教育使全体员工产生执行共识，形成全员推动模式。

（2）各级主管应率先以身作则，从而带动全体自下而上地参与进来。

（3）提升店面环境品质要始终贯彻"顾客至上，以客为尊"的理念。

（4）公开执行绩效，由总部表彰先进门店。

任务实施

做好日常清洁工作，为顾客和员工提供一个优质舒适的购物消费和工作环境，是门店营业人员日常的工作内容之一。在清洁过程中，门店员工必须仔细阅读清洁工作说明书，不可随意清理，否则可能造成营运设备与清洁工具的损坏。如果有新的清洁方法，必须提交资深人员与专业维修人员研究，在营运设备与清洁工具不会受到损坏，并且提高清洁效率的前提下，方可使用创新的方法进行清洁工作。

一、拟订《门店卫生环境维护细则》

（1）结合"任务描述"中的要求，帮助小王拟订一份《门店卫生环境维护细则》。

（2）以团队为单位，队长要组织好讨论，确定讨论时间，并做好讨论记录。

（3）由团队代表轮流上台展示成果。

（4）由任课教师和各队队长根据各队发言情况给出实训成绩。

（5）任课教师或学生代表作点评并总结。

二、日常清洁作业模拟训练要求及注意事项

1.地板清洁

任课教师要事前精心设置好场景（规划出一块教室地板），如图2-10所示。

图2-10 地板清洁场景

准备好清洁工具：有机土、废报纸、专用刮刀、扫把、簸箕、地板清洁剂、垃圾桶、拖把、清洁手套、口罩等。

（1）准备工作。注意礼貌及服装仪容；清洁手套、口罩及用具的选择要正确；东西要一次拿齐，不可以分次拿。

（2）扫拖地作业。先扫地后拖地，注意地板刮刀的使用方法，注意扫地与拖地的方式：重点除污，湿有机土污秽先清除，顺序要正确；干湿分离，干净抹布、拖把与水分开放置；抹布换面、拖布更换；整洁无水痕、无残留，中间拖拭不留污水。

（3）离岗检查。拖把、抹布、水桶未留污秽，点收归位依序排放。

（4）实训评分标准。

时间：25分钟。

准备工作：站姿及安全注意（5分）；清洁用具选用是否标准（10分）。

扫拖地作业：先扫后拖地（15分）；重点除污（15分）；干湿分离（15分）；整体无水痕（15分）；工具正确使用及清理（5分）；脏水更换（5分）。

离岗检查：边角清洁及后续检查（5分）；清理现场及用具归位（10分）。

2.玻璃清洁

任课教师要事前精心设置好场景，如图2-11所示。

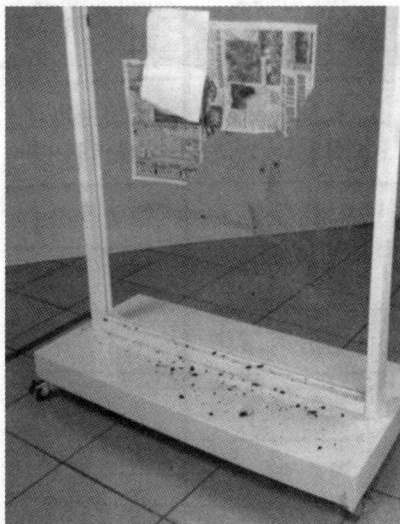

图2-11 玻璃清洁场景

准备好清洁工具：玻璃刮刀、水桶、玻璃座（不锈钢制，底有滑轮）、玻璃框（钢化玻璃，8毫米厚度）、掸子、抹布、一次性口罩、一次性清洁手套、玻璃清洁剂、漂白剂、厨房用清洁剂、洗手液、马桶清洁剂等。

（1）准备工作。注意服装仪容，注意礼貌；戴好手套、口罩，把应该拿的物品拿好；东西要一次拿齐，不可以分次拿。

（2）玻璃清洁。

灰尘清洁：使用玻璃刮刀清除标签，用簸箕收集垃圾。注意，先把玻璃上双面胶等杂物清理干净，用掸子扫除灰尘。

边框、边角清洁：玻璃及边框角清洁，注意后续检视。注意：用带清洁剂的水把框擦干净。

胶条及局部清洁：净水更换，抹布及用具清理方式、工具选用正确。注意：把玻璃用水擦干净；整洁无水痕；以干净抹布擦拭；用玻璃刮刀将玻璃刮干净，不要留下水渍。

（3）离岗检查。清理现场及用具归位，依序排放。

（4）实训评分标准。

准备工作：站姿及安全注意（5分）；清洁用具选用是否标准（10分）。

玻璃清洁：灰尘清洁（15分）；边框边角清洁（15分）；胶条及局部清洁（15分）。

清洁效果：整体无水痕（15分）；工具正确使用及清理（5分）；脏水更换（5分）。

离岗检查：边角清洁及后续检查（5分）；清理现场及用具归位（10分）。

三、日常清洁作业场景模拟演练

场景模拟步骤：

（1）教师要事先设计好模拟场景，准备好工具。

（2）以团队为单位进行场景模拟。

（3）当某团队上场时，其他团队在旁观摩，不得喧哗。

（4）由任课教师和各队队长根据评分标准给每一位同学评出成绩。

（5）任课教师或学生代表作点评。

1.模拟场景一：地板清洁（作业流程如图2-12所示）

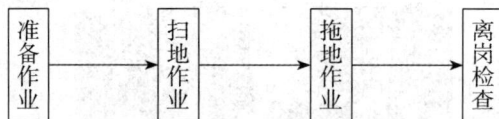

准备作业 → 扫地作业 → 拖地作业 → 离岗检查

图2-12　地板清洁作业操作流程图

（1）准备作业操作流程。

◇ 调整心情，整理自己的服装仪容。

◇ 戴上口罩与手套（如图2-13所示）。

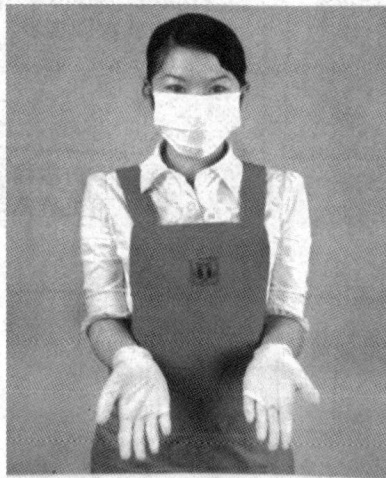

图2-13　服装仪容

◇将工具拿好，一次到位。相关物品如下：扫把、簸箕、地板刮刀、地板清洁剂、干拖把、湿拖把头、拖把拧干器（如图2-14所示）。

（2）扫地作业流程（如图2-15所示）。

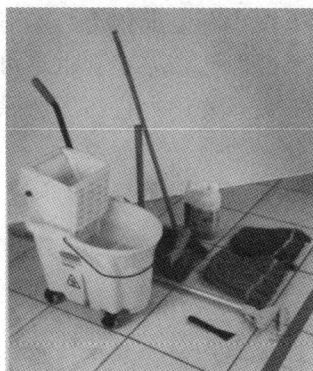

图2-14 清洁工具

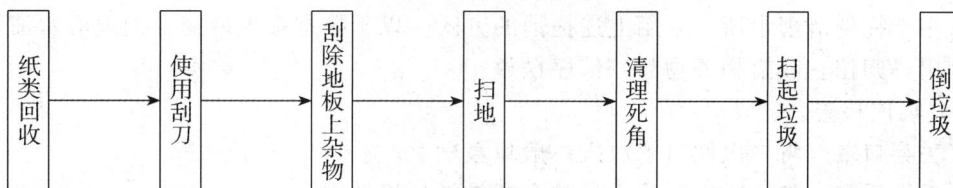

图2-15 扫地作业流程

具体说明如下：

◇ 纸类回收。将报纸等纸类垃圾拿起，放到纸类回收桶。

◇ 使用刮刀。拿起刮刀，用食指顶住刮刀中心，以拇指、中指、无名指与小指紧紧握住柄，注意刮刀的正确使用方法。

◇ 刮除地板上杂物。将地板上的胶带、双面胶清除。

◇ 扫地。保持正确姿势，不要弯腰或以家里扫地的方式扫地；扫地由外往里面扫。

◇ 清理死角。需注意的是，底座之下一定要清理到。

◇ 扫起垃圾。垃圾集中后，将垃圾扫入簸箕中，之后将扫把等工具放置一旁，整齐摆放。

◇ 倒垃圾。将簸箕中的垃圾倒入垃圾桶。

（3）拖地作业流程（如图2-16所示）。

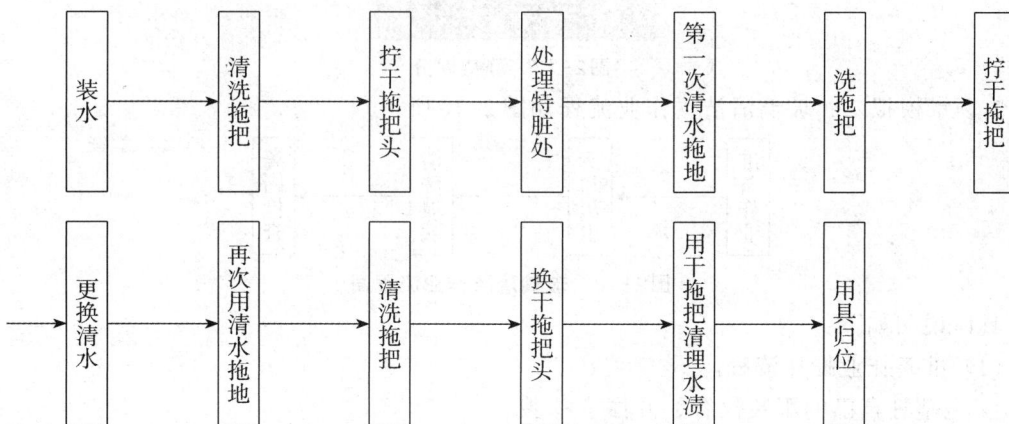

图2-16 拖地作业流程图

具体说明如下：

◇ 装水。将拖把拧干器装入水后，倒入适量的地板清洁剂。

◇ 清洗拖把。把拖把放入拧干器，不要太用力，不要把水弄到地板上。

◇ 拧干拖把头。注意不要用手，即使戴着手套也不可以。

◇ 处理特脏处。用脚踩住拖把头，并用力将污垢清除。

◇ 第一次清水拖地。由最远处开始拖，由远及近。

◇ 洗拖把。把拖把放入拧干器中，吸饱肥皂水。

◇ 拧干拖把。用拧干器拧干拖把头。

◇ 更换清水。

◇ 再次用清水拖地。

◇ 清洗拖把。清洗拖把并用拧干器拧干，并把湿拖把头取下。

◇ 换干拖把头。

◇ 用干拖把清理水渍。采用上述拖地的方式，以干拖把拖地两遍，把地面水渍拖干。

◇ 用具归位。收拾相关物品，依序摆放。

（4）离岗检查。

◇ 丢弃口罩。将一次性口罩放入一般垃圾桶。

◇ 丢弃手套。将一次性塑胶手套放入塑胶类垃圾桶内。

◇ 静待评分。将相关用具归位，保持微笑，等候任课教师和学生代表评分（如图2-17所示）。

图2-17　静待评分

2.场景模拟二：玻璃清洁（作业流程如图2-18所示）

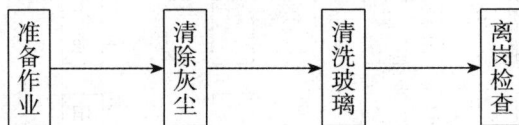

准备作业 → 清除灰尘 → 清洗玻璃 → 离岗检查

图2-18　玻璃清洁作业流程图

具体说明如下：

（1）准备作业操作流程。

◇ 先整理自己的服装仪容，并注意礼貌。

◇ 在放置用品处戴口罩与手套，不戴口罩和手套要扣分。

◇ 准备相关物品。专用刮刀、玻璃清洁剂、清洁掸子、抹布（两条）、水桶、玻璃刮刀。要一次拿齐，不可以分次拿。

（2）玻璃框窗作业——清除灰尘。

◇ **撕下旧海报**。先将旧海报撕下来，然后打开平放在地板上，以便于等一下用旧海报将玻璃框架上的泥土收集好。

◇ **喷清洁剂**。在玻璃上遗留的双面胶或胶带上喷少许清洁剂，这样比较容易清除。

◇ **使用玻璃刮刀**。拿起玻璃刮刀，用食指压住刮刀中心，平贴玻璃面并向前用力推以清除污渍。

◇ **清除玻璃上的杂物**。用专用刮刀平贴玻璃面，轻轻刮除玻璃上的灰尘与杂物，放在旧海报上。

◇ **清除上边框灰尘**。从玻璃框上边框开始清理，自上而下，由左往右。

◇ **清洁边框两侧灰尘**。框架左右两边的泥土和灰尘都要清理。

◇ **清洁边框中间灰尘**。

◇ **清除窗台灰尘**。

◇ **垃圾扫至旧海报上**。将灰尘、泥土、杂物扫到旧海报上。

◇ **垃圾分类**。将灰尘、泥土、杂物丢到一般垃圾桶，将旧海报放入纸类回收垃圾桶。

（3）玻璃框窗作业——清洗玻璃。

◇ **装水**。将水桶装至六成满，倒入适量的清洁剂。

◇ **拧干抹布**。将抹布拧干到不滴水即可。

◇ **擦拭上边框**。

◇ **擦拭边框两侧**。需要注意的是，抹布脏了要翻面或清洗抹布。

◇ **擦拭下边框与窗台**。

◇ **喷清洁剂**。在玻璃上喷玻璃清洁剂，要注意以S形喷洒，清洁剂不要喷太多。

◇ **清洗抹布**。抹布再次清洗并拧干，以不滴水为准。

◇ **擦拭玻璃面上方**。以顺时针圆弧方向擦拭，擦到玻璃最上面。

◇ **擦拭玻璃面左方**。以顺时针圆弧方向擦拭，擦到玻璃最左面。

◇ **擦拭玻璃面中间与右方**。以顺时针圆弧方向擦拭，擦拭玻璃面中间，一直擦拭到最右面。

◇ **擦拭玻璃下边框及窗台**。以顺时针圆弧方向擦拭，擦到玻璃框底和窗台。

◇ **准备玻璃刮刀**。擦拭完玻璃后，拿起刮刀与抹布，刮刀与玻璃呈90度角。

玻璃刮刀清理区块与方向如图2-19所示。

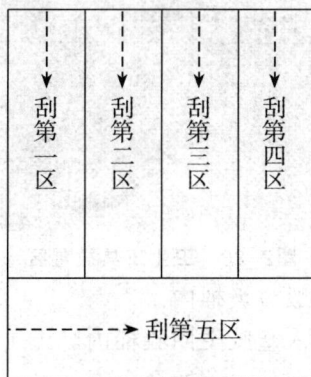

图2-19　玻璃刮刀清理区块与方向

◇ 刮除第一区水渍。由上到下刮除水渍，并留下约1/5的位置，最后做出收尾的动作；用干抹布擦刮刀，擦拭黑色刮刀橡皮部分。

◇ 刮除第二区水渍。由上到下刮除水渍，并留下约1/5的位置，最后做出收尾的动作；用干抹布擦刮刀，擦拭黑色刮刀橡皮部分。

◇ 刮除第三区水渍。由上到下刮除水渍，并留下约1/5的位置，最后做出收尾的动作；用干抹布擦刮刀，擦拭黑色刮刀橡皮部分。

◇ 刮除第四区水渍。由上到下刮除水渍，并留下约1/5的位置，最后做出收尾的动作；用干抹布擦刮刀，擦拭黑色刮刀橡皮部分。

◇ 刮除第五区水渍。由左到右刮除水渍，做出收尾的动作；用干抹布擦刮刀，擦拭黑色刮刀橡皮部分。

◇ 检查玻璃窗是否有污垢，擦完之后不可以有水痕留下来，留意四边的边框是否干净，不要管玻璃的外面。

◇ 最后检视。检视整体清洁状况。

（4）离岗检查。

◇ 清理抹布。将干抹布与湿抹布清洗干净，拧干放置在一旁；将水桶里的污水倒掉，并清洗水桶；将旧海报上的清洁用具，如玻璃清洁剂、专用刮刀、玻璃刮刀、清洁掸子、抹布（两条），放到水桶中，并放回"用品放置处"，如图2-20所示。

图2-20　卫生工具放置区

◇ 丢弃口罩。将口罩放在一般垃圾桶内。

◇ 丢弃手套。将塑胶手套放入塑胶类回收桶内。

◇ 保持微笑，静待评分。

门店清洁必须遵守食品安全法规的相关规定。例如，门店不得使用漂白水清洗机器，这是因为，使用漂白水清洁的速度虽然较快，却容易使门店中散发漂白水的气味，甚至可能导致食物受污染产生毒素。门店也必须注意HACCP的安全卫生管制重点，这样可以有效控制污染，比较容易掌控门店整体的卫生与清洁工作。

任务三　　安全检查

任务描述

假设小王的便利店与你所在教室的面积大体相当，现在请你和你的团队一起为小王的便利店设计一份《门店消防逃生示意图》，并为该店编写一份《门店火灾应急预案》。

知识准备

卖场是人流密集的公共场所，任何人都可自由进出，因此卖场安全的保障无论是对店长还是对员工而言都是责无旁贷的。零售卖场一般还陈列有高价值商品，如高档服饰、黄金珠宝饰品、手表等，其价值少则几千元，多则数万元，甚至数十万元，因此，安全管理的重要性不言而喻。

卖场除了要确保顾客购物的安全，还要为员工提供安全的工作环境，减少公共财物的损失，维护良好的社区关系与企业形象。

安全工作的原则是"预防为主"，要将各种不安全的隐患消灭在萌芽阶段，必须依靠平日的检查巡视，督促各项制度的执行，及早消除事故隐患，减少门店损失。

一、安全检查的重要性

1.预防事故与灾害

安全检查的首要目的是预防事故和灾害的发生。通过定期检查设备、设施、工作环境以及员工操作是否符合安全标准，可以及时发现安全隐患，并采取措施加以消除，从而避免事故的发生。

2.保障人身安全

人是企业和社会最宝贵的资源，保障人身安全是安全检查的核心任务。通过安全检查，可以确保员工、顾客以及其他相关人员的生命和身体健康不受威胁，维护社会和谐稳定。

3.保护财产安全

除了人身安全外，安全检查还关注财产安全。通过对设备、设施、仓库等进行检查，可以确保这些财产免受火灾、盗窃、损坏等风险的影响，保障企业的正常运营和资产的安全。

4.提升企业形象与信誉

一个注重安全检查的企业，往往能够给外界留下负责任、专业、可信赖的印象。这不仅有助于提升企业的品牌形象和知名度，还能够增强顾客和合作伙伴的信任感和忠诚度。

5.符合法律法规要求

许多国家和地区都制定了相关的安全生产法律法规，要求企业必须定期进行安全检查，确保生产过程中的安全。因此，安全检查也是企业履行法定义务、避免法律风险的重要手段。

6.促进持续改进与创新

安全检查不仅是对现状的评估，更是对未来工作的指导和改进。通过安全检查发现的问题和不足，可以为企业持续改进和创新提供方向和动力，推动企业不断提升安全管理水平和生产效率。

综上所述，安全检查在保障人身安全、保护财产安全、提升企业形象与信誉、符合法律法规要求以及促进持续改进与创新等方面都具有不可替代的重要性。因此，企业应高度重视安全检查工作，建立健全的安全检查制度和流程，确保安全检查的全面性和有效性。因此，门店要做好每日的安全巡视和定期的安全检查工作。

二、安全检查作业基本态度

在防患于未然的前提下，加强对员工的教育培训，必须注意以下几点：

（1）对门店隐藏的危机有基本的认知。

（2）养成敏锐的警觉性与危机意识。

（3）面对问题采用积极的态度应对。

（4）门店员工要有良好的应对危机的训练。

（5）发生问题，要有快速回应与完善的防灾应对策略。

（6）模拟危机案例与应对方案。

如果遇到意外情况，应临危不乱，按平时演练步骤处置，保护现场，保障顾客与自身的安全，并将整体状况呈报主管。

三、安全检查原则

许多门店发生意外突发事件往往不是意外，而是由人为疏忽造成的，常常是因设备老化、员工基本常识不足、缺乏警觉性引起的。为了有效应对突发事件，应遵循以下几个原则：

（1）事前预防。制订安全与危机处理应变计划，构建指挥控制系统，授予不同层级决策者足够的权力，并推动定期教育、定期演练、定期检查，培养警觉性与协作能力。

（2）事中控制。发生突发事件时要沉着冷静，将重要信息立即传达到相关部门，并迅速作出恰当的处理。

（3）事后追查，追究补救。追查原因，追究责任，实施补救措施等。

四、卖场安全检查管控重点

在门店安全运营的过程中，必须注意加强员工的安全意识教育。因为门店可能位于商业区、市中心区、住宅区，所以面临的问题也会有所不同。

1. 卖场安全重点

（1）顾客安全：顾客来店后的无过失安全责任。

（2）员工安全：门店员工工作安全。

（3）卖场安全：包含商品安全、设备使用安全与消防安全等。

2. 安全管理范畴

（1）内部管理安全：包括开/关店安全、钥匙安全，门店员工业务侵占防范、金库安全，应对偷窃、抢劫、顾客骚扰、专柜安全、恐吓、诈骗，应对停水、停电等问题。

（2）公共安全：包括消防安全、店面安全、员工作业安全，预防自然灾害、群体性事件等问题。

任务实施

门店通过安全检查，可以控制各种不安全因素，避免发生意外事故，既确保给顾客创造一个安全无虞的购物环境，也确保员工安心工作，同时能够减少公司财物损失及维护良好的社区关系与企业形象。如有意外，门店除了必须面对因意外导致的损失，还必须面对赔偿及商誉受损等问题。

一、设计《门店消防逃生示意图》

（1）根据"任务描述"中的要求，以团队为单位，队长要组织好讨论，确定讨论时间，并做好讨论记录。

（2）由团队代表轮流上台发言。

（3）由任课教师和各队队长根据各队发言情况给出实训成绩。

（4）任课教师或学生代表作总结发言。

二、行政管理安全检查

1. 开店安全检查

（1）由店长或主管陪同，由两人（含两人）以上共同开门。

（2）检查安保系统是否有异状，查看店外门窗，留意是否有人隐藏在门店里面。

（3）查看店面是否正常，由当班主管清点金库。

2. 关店安全检查

店内一般应准备两套以上的钥匙，由不同主管保管，以防由于特殊原因不能开店的情况发生。另外，需妥善保管门店钥匙，以防被别有用心的人窃取复制。

3. 保险柜安全检查

（1）保险柜使用完毕，必须立即关闭，并且打乱密码，仅店长与责任人知道密码，不可向其他店员透露。

（2）入库清点现金，并将清点结果记录于交接单上。

4. 收银安全检查

（1）收银员工必须具备良好的思想品质和职业道德，具有较强的工作责任心，反应灵敏，具备基本的动手操作能力，严格遵守财务保密制度。

（2）检查报表是否一致，并且检查收银员是否有记录不实的情况。

收银员不可随意开启收银机抽屉查看票据和清点现金。随意打开抽屉既可能造成不安全因素，也会使人对收银员产生营私舞弊的疑虑。

三、卖场安全检查

1.店面安全检查

（1）货品陈列安全。陈列高度过高不方便拿取；摆放不整齐、摆放位置不合理，一旦地震或人为碰撞时容易使顾客或员工受到意外伤害。

（2）货架陈列安全。货架必须力求牢固，通道要方便顾客购物，否则容易造成安全隐患。

门店货架摆设的位置不当、不稳或产生凸角，都可能使顾客在购物时发生意外事故。

（3）地板、通道安全。地板随时要保持平整和干净，如有水渍、油渍或掉落物，应立即清除；通道不要堆放货品、纸箱等，要保持宽阔通畅。

（4）安全设施。装潢、灯光、电梯、后勤作业系统、机房、员工休息区等也要符合安全要求。例如，装潢材料是否易碎、灯光是否明亮、灯具是否牢靠、铝梯是否牢固、机器设备是否定期保养检查、仓库货品是否堆放整齐、机房温度是否过高、电梯是否定期保养检查等都是相当重要的，任何疏忽都会造成意外事故发生。

2.员工安全检查

（1）预防意外事故。意外事故往往会造成人员受伤的情况发生，为此必须要做好意外事故的预防工作。

◇ 柜台区不要放置尖锐物品，避免人员划伤。

◇ 避免通道湿滑，以防人员跌倒。

◇ 杂物堆放不要过高，以免物品从高处掉落，造成人身伤害。

◇ 避免将货品堆放于通道上，以防人员绊倒。

◇ 搬抬物品时，注意搬抬姿势，避免腰部受伤。

◇ 高处取物、高处清洁、悬挂POP广告或吊牌时，应使用铝梯，不要站在纸箱、物流箱或椅子上。

◇ 避免在顾客平视高度突出陈列物和品牌。

◇ 双手潮湿时，不可触摸电器开关或插头，遇到插座漏电时应立即将电源切断并通知维修人员。

◇ 避免携带太多现金或贵重物品到店面。

（2）员工工伤事故处理。员工发生工伤事故必须尽快处理，主要流程如下：

◇ 发生事故：发生员工受伤事故。

◇ 通知管理层：通知门店负责人到达现场，查看伤势。

◇ 医院就医：受伤严重的呼叫120送医，轻伤就近治疗。

◇ 事故报告：在半天时间内完成事故陈述报告，包括受伤时间、地点、原因、种类、部位以及就医情况等内容。

◇ 事故通报：将事故原因和损失在会议上通报。

课堂讨论2-4

某店长在巡视店面时，发现柜台前有积水，就叫来相关人员进行清洁，然后就去巡视其他地方了，但那位员工正忙于补货，未能及时清理。结果，一位老人路过时正好踩到积水，不慎滑倒造成了骨折。

讨论：遇到这样的事件，你应该如何处理？从中应该吸取什么样的教训？

讨论步骤：

（1）以团队为单位，队长要组织好讨论，确定讨论时间，并做好讨论记录。

（2）由团队代表轮流上台发言。

（3）由任课教师和各队队长根据各队发言情况给出实训成绩。

（4）任课教师或学生代表作总结发言。

3.顾客意外事件

顾客意外事件主要指顾客意外受伤和顾客财物失窃。

（1）因门店的直接原因导致顾客受伤的处理程序：

◇ 顾客受伤：顾客在门店内受伤。

◇ 通知管理层：立即通知门店负责人到现场，查看伤势，救助顾客。

◇ 医院就医：重大伤害由门店员工陪同呼叫120送医，轻伤就近治疗，分清责任代其支付医疗费。

◇ 事故报告：在半天时间内完成事故陈述报告，包括受伤时间、地点、原因、种类、部位以及就医情况等内容。

◇ 善后处理：在顾客送医12小时之内，必须跟进顾客就医情况，并根据具体情况做好赔偿事宜的准备。

◇ 事故通报：将事故原因和损失在会议上通报。

课堂讨论2-5

当顾客被烫伤时，应在第一时间内针对烫伤部位进行正确的处置，可将伤害降到最低。请大家讨论，当顾客在店里出现该意外时，处理程序是什么？

讨论步骤：

（1）以团队为单位，队长要组织好讨论，确定讨论时间，并做好讨论记录。

（2）可上网查找相关资料。

（3）由团队代表轮流上台汇报讨论结果。

（4）由任课教师和各队队长根据各队发言情况给出实训成绩。

（5）任课教师或学生代表作总结发言。

（2）顾客纠纷的处理。

◇ 产生纠纷的原因大致有：商品发生问题；价格标示错误；营业员服务态度恶劣；顾客遗失财物要求赔偿；顾客在现场受到伤害要求赔偿；顾客被认为有偷窃之嫌。

◇ 处理原则：设法使顾客了解纠纷的原因可能在于顾客自身；门店赔偿损失以最少为原则；最初应避免由公司高管出面，应由中低层主管先行处理；事先规划、考虑周详处理顾客纠纷的技巧；最好的处理结果是使顾客欣然离去。

◇ 处理程序：了解现场纠纷原因；将顾客带离现场；与顾客进行理性沟通，若无效则请上级处理；金额不大可考虑当场将事情解决，若对方要求不合理，则请上级主管处理。

课堂讨论2-6

1.当顾客不小心损坏店内商品时，你应采取何种应对的态度？

2.当顾客在店内打翻饮料时，你会如何处理？

讨论步骤：

（1）以团队为单位，队长要组织好讨论，确定讨论时间，并做好讨论记录。

（2）由团队代表轮流上台发言。

（3）由任课教师和各队队长根据各队发言情况给出实训成绩。

（4）任课教师或学生代表作总结发言。

（3）顾客损坏商品的处理。

一般情况下，顾客不会故意损坏商品，当发生此类事情时，门店营业人员要关心顾客是否受伤，并迅速将顾客带离现场。在关心顾客是否受伤之际，也要了解商品被损坏的原因，不要急于要求顾客赔偿。

在正常情况下，若由于顾客的疏忽导致，顾客会主动提出赔偿，在不为难顾客的情况下，赔偿金额以高于商品成本为佳。若顾客不愿赔偿，在公司授权范围内也可接受，因为门店虽损失一件商品，却可能因处理得当而赢得一位忠实的顾客。

顾客带着一家人前往店面购物的情形比比皆是，门店应特别注意儿童安全。儿童是造成商品损坏概率最高的一个群体，其破坏虽然是无意，但店面营业人员应适时提醒，以免遭受不必要的损失。

四、预防抢劫

随着商品经济的快速发展，连锁门店越来越多，由于每天的营业额数目庞大，容易成为歹徒窥视的目标。

1.预防抢劫的措施

大多数抢劫者的目标是门店的现金或高单价的商品，因此，对于现金或高单价的商品应加以特别防范。关于抢劫的事前防范要点大致如下：

（1）当顾客来到面前3米之内的时候，注意打招呼时要注视着顾客的眼睛，温柔亲切地说出"欢迎光临"的问候语，除了对顾客表示欢迎外，还可提醒其他营业人员留意顾客的举止，更可让顾客知道，营业人员已经留意他的到来，如此可避免不必要的事件发生。

（2）收银台的现金、零用钱不能存放太多，达到一定额度时应转到保险柜或转放到比较安全的地方。

（3）高单价的商品陈列量不要太多。在不影响卖场气氛或不影响销售的情况下，高单价商品可考虑陈列在有锁的柜台内。

（4）门店营业人员应时刻保持警惕，随时注意闲逛者的眼神与举动。对于戴墨镜、口罩、帽子等顾客进门时，要特别提高警觉。

（5）勿长时间停留在现金存放处，无顾客结账时可协助商品陈列、清洁、设备维护等工作，以免引起歹徒的注意。

（6）保持店内干净、整洁、明亮，柜台区橱窗透光度必须良好。

（7）留意门店外游荡人员或可疑车辆。

（8）确保门店职员不知晓保险柜密码。

（9）严格遵守现金管理规定。

（10）不要穿戴贵重服饰上班，以免歹徒窥伺。

（11）平时维护好与顾客的关系，若有意外状况发生，顾客多会及时施以援手。

（12）设立保全措施，并在门口放置防抢身高量尺，以便估算歹徒身高。

（13）非24小时营业的门店，打烊时应注意店外的动静。

课堂讨论2-7

请举出三种门店防抢对策？当店员当班时遭到抢劫应如何处置？

讨论步骤：

（1）以团队为单位，队长组织大家讨论，明确讨论时间，并做好讨论记录。

（2）由团队代表轮流上台发言。

（3）由任课教师和各队队长根据各队发言情况给出各队成绩。

（4）任课教师或学生代表作总结发言。

2.遇到抢劫

若发生抢劫事件，店员必须保持冷静并进行最恰当的反应及保护措施，大致注意下列重点：

（1）设法保持冷静。

（2）不做无谓抵抗，以确保自身安全。

（3）劫匪抢劫时，切记不要帮助劫匪从收银机抽屉中拿钱。

（4）设法记下劫匪的特征，如长相特征、身高、体重、大致年龄、口音、服装、武器等，以作为警方办案的参考。

（5）抢劫发生时不要接电话，以防激怒劫匪。

（6）劫匪离开时不要追逐劫匪，注意劫匪使用的交通工具及离去方向，尽可能记下车牌号，并观察是否有同党。

（7）劫匪离去后，应迅速拨打110报警并封锁现场，保持现场完整，门店可暂时停止营业。

（8）清点现金及商品，将损失核算后上报公司，并协助警方调查。

五、预防偷窃

1.预防偷窃概述

凡是店面都会遇到偷窃的问题，全世界皆然。据统计，门店的盘点损失率通常会达到 2%~2.5%，其中很大一部分是偷窃造成的。对于偷窃要以预防为主，预防比发现更重要。

课堂讨论2-8

1.有两家门店都受到偷窃的困扰，分别采取了不同的措施：第一家门店安装了监视系统，发现偷窃的行为实行偷一罚十；第二家门店致力于建立透明的购物环境，减少偷窃动机的产生。一段时间过后，两家门店的失窃状况都得到了控制，然而第二家门店的营业额总是高于第一家。

讨论：你能通过分析这两家门店的防窃措施找出两者营业额存在差距的原因吗？

2.当发现顾客未结账或有顺手牵羊行为时，一位门店营业人员在顾客心虚结账时晓以利害关系，使其不会再犯。

（1）讨论：该门店营业人员的做法是否妥当？换成你的话，你应该如何去做？

（2）情景模拟。以团队为单位，轮流上台，两位成员搭档，一位扮演门店营业人员，另一位扮演顾客，情景模拟完要互换角色；由任课教师和各队队长根据各队准备及展现情况给予评分；由任课教师或学生代表作点评。

3.顾客空手走出门店时，引起报警。

讨论：应采取怎样的处理措施？门店营业人员的动作及语言有哪些注意事项？

（1）容易失窃的场所：监控死角，看不见的地方；照明不足的场所；通道狭小的场所；管理较乱及商品陈列较乱的场所；无营业人员的地方；上下电梯的地方；试衣间。

（2）发生失窃严重的类别/区域：化妆品；护理洗发；剃须刀；营养品；内衣；袜子；高档雨伞；小家电；小食品；高档烟；收银区。

（3）易发生偷窃的时间和季节：节假日顾客较多的时间；中午、下午营业人员就餐的时间及现场无管理人员的时间；晚上营业结束前的一段时间；收银台等候结账人员较多的一段时间；天气变冷进入冬季的月份。

（4）预防偷窃的措施。

◇安装门店防盗系统，如防盗安全门、监控系统等。

◇门店内张贴各种警示标语和安全标签，加强门店关于购物安全的广播频率。如每天不定时进行防损安全广播，特别是在高峰期，提醒顾客应注意的购物安全和规定。以此在卖场营造一种气氛，无形之中可终止一些有不良企图的人的偷窃行为。

◇员工防盗意识的教育。在店面组织的工作会议上，负责人应将平时工作中发现的一些偷窃方面的新情况、新问题提出来进行讨论，与员工达成共识，以此提高广大员工的防盗意识，被盗的频率会大大降低。

◇商品陈列。卖场前部的陈列不应挡住收银员投向卖场及顾客流动区域的视线；口香糖、巧克力及其他体积小、价值高且吸引人的商品，必须放在收银员看得到或者偷窃者不便于行动的地方；由于季节的变化而易失窃的商品，其摆放位置通常是商店货架的端头附近，也可考虑收银台和入口位置；价格昂贵的物品最好放在玻璃柜内，以免遭顺手夹带；尽量降低商品陈列高度并留出充分的空间，减少视觉死角。

◇ 巡视检查。加强对店面的巡视检查与管理，特别是营业高峰期对收银台的巡视，有相当一部分顾客就是利用在收银台等候结账时将商品偷吃、隐藏，以及将商品不放在收银台结账而蒙混过关；不定时地对垃圾箱、卫生间以及盲点区域进行检查，看有无丢弃的空包装、价格标签；对商品进行防盗处理，如对针织品、包装盒食品可用胶带进行加固，并提示"请勿拆开包装"。

◇ 加强各通道的管理。特别是对员工通道和收货口，要求当班防损员坚持原则，对进出的人员和商品包括废弃物实施严格的检查。凡禁止顾客进出的地方应有明显的标志。

◇ 在门口或柜台旁设置寄存箱，为顾客提供存放物品的便利。

◇ 店员应经常演练突发事件的处理。

◇ 应注意店员的品行、操守，以免发生监守自盗的情形。

◇ 明确标示出入口处，让顾客依序由出口处结账离去。

◇ 特别关注监控死角、光线比较昏暗、通路狭小的地方或发生混乱的场面等。

◇ 有经验的店员能通过察言观色判断出某些人具有偷窃动机，对这类人要多加注意，可以有效防止偷窃行为的发生。

（5）小偷在偷窃前一般有以下几种表现：

◇ 眼睛环视四周。此类顾客在店里走动时会不停地东张西望寻找比较隐蔽的角落。

◇ 不自然地拿着大袋子闲逛。袋子是用于偷窃最好的工具，若发现此类顾客漫无目的地在店里逛来逛去，必须加以注意。

◇ 几个人同时聚集在贵重商品柜台，向同一店员咨询或购买商品。

◇ 将背包放在商品货架上。

◇ 在门店开门或闭门时，频繁光顾贵重商品区域。

◇ 购买的商品明显不符合顾客的身份或经济实力。

◇ 两人以上结伙入店，一人接近店员故意问东问西，缠住店员不放，其他人则在店里鬼鬼祟祟、神色异常地随处走动。

◇ 拆商品的包装，往大包装的商品中放商品。

◇ 打开商品包装盒，将内物取走。

◇ 扮成孕妇。

◇ 不将小商品放进购物篮（或购物车）内。

◇ 走路不自然，体态略显臃肿。

◇ 衣着宽大不合适。

◇ 折叠商品、压缩商品体积。

◇ 在卖场内逛了几圈又回到原来位置。

◇ 同时进入卖场又分开。

◇ 将体积较小的商品用钱包或报纸覆盖。

◇ 称完散货后将封口撕掉。

◇ 将随身携带的包打开。

◇ 往身上、衣兜、提包中放商品。

（6）易被偷窃的物品如下：

◇ 食品类（以休闲食品为主）：巧克力、口香糖、奶粉、散装食品等。

◇ 非食品类（日用品）：内衣、袜子、香皂、卫生巾、洗发水等。

（7）偷窃行为成立的两个要素：

◇ 拿了本门店的商品并隐藏，或者私换标签和商品。

◇ 出收银台未付款或者未按商品实际价格付款。

2.偷窃揭发

何时是揭发偷窃行为的最佳时机？对门店营业人员来说，把握揭发时机是非常重要的，下列原则供参考：

（1）当警觉顾客将商品放入口袋、手提袋、挎包内或其他地方隐藏，但无法完全确认时，不要轻易揭发，应以技巧性方式查证或使其知难而退。

（2）如果发现顾客将商品放入口袋、手提袋、挎包内或其他地方隐藏，且完全确认顾客有偷窃行为时，千万不能直接搜身，窃贼会反驳先放口袋里等一下再结账，反而没有构成犯罪的必要条件，也会惊动其他顾客，必须要等偷窃者出了收银台或出了安检处之后揭发，并由当班主管处置。

（3）顾客携带未结账商品，走出柜台离去时。此时，偷窃的意图已经很明显，应立即在出口处予以揭发。

（4）确定顾客偷窃，应提醒"先生（小姐），您有商品要结账吗？"提醒顾客你已发现他（她）偷东西了。

（5）若门店营业人员无法在店门口阻拦偷窃嫌犯，应避免追逐，以免对方狗急跳墙作出伤害行为。

（6）若发现顾客将未结账商品在店内直接食用或使用时，可直接前往告知门店规定，请其先行结账，并就实际情况判断其意图。

3.窃案处理

偷窃事件发生后应由店长负责处理，顾客离开门店前不构成偷窃，不可要求数倍赔偿或请其书写门店偷盗和解书。

课堂讨论2-9

当店内抓到小学生偷窃时，你该如何处理？

讨论步骤：

（1）以团队为单位，队长要组织好讨论，确定讨论时，并做好讨论记录。

（2）由团队代表轮流上台发言。

（3）由任课教师和各队队长根据各队发言情况给出实训成绩。

（4）任课教师或学生代表作总结发言。

（1）由当班主管告知嫌疑者："对不起，麻烦你到办公室一趟，有件事情需要请你澄清！"

（2）不可使用暴力殴打偷窃嫌疑者，不可对偷盗嫌疑者进行触摸或搜身。

（3）注意是否还有同伙。

（4）对于未成年人，应通知其家长，要求归还商品或照原价购买。

（5）对于成年人，应填写"和解书"进行民事和解，偷窃物品归还门店或照原价购买。如果一切陈述属实，必须亲自签名确认，并且留下电话、姓名、地址，不可代为书写，最好请当地派出所协同处理，交谈过程中录音录像存证。

（6）询问时应注意的问题：要注意礼貌，态度要诚恳；要避免跟顾客在出口处发生争吵；要善于察言观色；千万不要出现类似"我亲眼看见你……"等字眼。

（7）不能限制偷窃者的自由，不能扣留其证件、物品。

（8）处理偷窃事件，应力求和平圆满，不可趁机要求对方赔偿加倍金额，态度上避免过于强硬，以免对方心存报复，影响门店日后的经营安全。

小提示2-9

店面在处理疑似偷窃事件时，应请对方配合自行检查，不可强行搜查，且位于备有录音录像的地方进行，亦不能采取强制拦截或口头威胁顾客的行为，以免遭到顾客以限制人身自由或恐吓谋财的投诉。

六、预防诈骗

某些顾客到店内购物会利用机会向门店营业人员诈骗钱财，尤其是新员工对商品认识欠缺、经验不足，往往成为其得逞的主因。

课堂讨论2-10

1.当顾客购物结账时，店员发现其百元钞票为假钞，应如何处置？

2.诈骗事件层出不穷，如果你是店长，应如何教育店员才能避免同样事件再次发生？

讨论步骤：

（1）以团队为单位，队长要组织好讨论，确定讨论时间，并做好讨论记录。

（2）由团队代表轮流上台发言。

（3）由任课教师和各队队长根据各队发言情况给出实训成绩。

（4）任课教师或学生代表作总结发言。

1.顾客的诈骗手段

（1）使用伪钞购物。

（2）调虎离山、唱"空城计"制造诈骗机会。

（3）以少骗多。

（4）商品未结账，采用"半抢"的方法。

2.防范以伪钞购物的重点

（1）鉴别钞票的真伪。可以通过"眼观、手摸、耳听"三种方法来直观地鉴别钞票真伪。"眼观"，即观察票面的外观颜色、水印、安全线、胶印缩微文字、有色纤维、隐形面额数字、对印图案、冠字号码；"手摸"，即用手触摸凹印人像、行名、大面额数字、盲文面额标记、凹印手感线等；"耳听"，即用手甩、弹、抖钞票使其发出声音，钞票专用纸张发出的声音清脆，与伪钞使用的非专用纸张明显不同。

（2）若发现有伪钞嫌疑，收银员应再仔细检查一遍后告知顾客，但须注意表达方式，不要直言顾客持有的是伪钞。可先告知此张可能是伪钞，再告知检查方法，最后请顾客换新的钞票结账。

（3）若在将现金转存银行时才发现收到伪钞，应设法取得该机构的证明，作为出纳现金盘损的依据。

3.其他诈骗手段的防范

除使用伪钞外，不法人员还常利用门店营业人员的疏忽而达到诈骗目的。例如，利用员工在仓库里找商品的时机将店里收银机内的现金或店内商品偷走；利用结账时的混乱场面偷梁换柱，以低价结账，带走高价商品；未付账却谎称已结账。为应对以上诈骗，需注意以下几点：

（1）结账收银后方可让顾客将商品带走。

（2）转身或离开，随手将收银机抽屉关上。

（3）遇顾客大量购买商品结账时，不要在没有他人值守的情况下离开柜台进入仓库取货。

（4）夜班遇顾客大量购买商品，切勿过于惊喜，更应小心谨慎应对。

七、预防恐吓勒索

（1）应避免言语冲突，说明自己的立场，表明自己只是一个职员，不能动用任何金钱，否则必须赔偿。

（2）设法留下对方的姓名、地址、电话等资料，要立即设法呈报上级，请求必要的协助。

（3）要有耐心并坚定自己的立场决不能妥协，表明自己也是工薪阶层，请给予同情。

（4）若情况严重，应采取拖延办法并设法拨打110报警。

（5）若勒索者系采用打电话方式勒索，则必须录音。

（6）若对方以人身安全为恐吓手段，那么个人安全及门店内部各项安全防范工作必须加强。

八、预防群体性活动

当门店附近有团体举办活动，其活动内容已危及治安并可能破坏本店店面时，必须立即呈报上级。若情况危急，已明显破坏到本店的各项设备或店里商品遭抢夺时，应立即关闭店面，以防暴徒利用机会进行破坏，待事件结束后再恢复营业。若群体性活动过于激烈，已破坏店面或群众已在店内滋事，应立即拨打110报警。

九、消防安全检查

门店发生火灾是最可怕的，也是最为严重的事件，任何门店都不能容许人为疏忽而酿成火灾，因此，消防安全对于门店运营管理而言是非常重要的工作。消防工作的重要原则是预防为主，因此日常的消防检查是最基本、最有效的工作方法。消防检查要形成一种制度，坚持贯彻实施。消防检查是每一位门店员工在工作中应时刻注意的方面，对于已经发现的隐患，任何人员都有责任立即通知相关部门进行整改。

当火灾发生时，店员个人要冷静下来，确保自身与顾客安全。火势不大，适时使用灭火器；火势较大，应拨打119报火警，并启动警报装置，报告主管；火势太大无法控制，应迅速撤离现场。

课堂讨论2-11

你认为以下叙述是否正确？

火灾发生时，产生的烟雾将遍及地面，因此上方空气较新鲜。

讨论步骤：

（1）以团队为单位，队长要组织好讨论，确定讨论时间，并做好讨论记录。

（2）由团队代表轮流上台发言。

（3）由任课教师和各队队长根据各队发言情况给出实训成绩。

（4）任课教师或学生代表作总结发言。

1.火灾的种类

依据火源，火灾可分为一般类火灾、油脂类火灾、电气类火灾和金属类火灾，见表2-3。

表2-3　　　　　　　　　　　　　　火灾分类及说明

类别	说明
A类（一般类火灾）	建筑物、家具等棉制品、化纤产品、木材、纸张、橡胶等固体可燃火灾
B类（油脂类火灾）	石油类、有机溶剂、油漆类、动植物油类等可燃性液体及液化石油气、天然气、乙烯、乙炔等气体火灾
C类（电气类火灾）	泛指通电的电气设备火灾
D类（金属类火灾）	泛指可燃性金属以及禁水性化学物质火灾，如镁、钠、钾、生石灰、磷酸等

小提示2-10

为保障店面消防安全设施配套齐全，门店人员发现消防安全设施发生损坏要及时报告相关部门。

2.火灾预防

通常情况下，火灾预防措施包括：正确使用电气设备；店面仓库禁止吸烟；禁止将海报贴在灯具上；每天下班前要巡查电源开关安全；教育员工如何使用灭火器，并注意灭火器的有效期限；禁止使用非公司规定的电器用品；插头不可以都插在同一组插座上，避免短路漏电。相关安全重点如下：

（1）防火器材与设备警报。符合安全使用规范，逃生口不堆放杂物；火灾警报器、喷淋系统、消防栓、防火卷闸门、内部火警电话确保可以使用；相关安全指示运行正常，如疏散出口指示灯、安全出口指示标志、楼层平面图等。

（2）消防编组。设置总指挥、副总指挥、灭火组、通报组、避难引导组、抢救组、机动组等组别与负责人。

（3）消防检查。消防安全设备定期检修；定期实施防灾教育与演习；用火用电设施定期检修；每半年要举办一次消防演习。

随堂测2-1

讨论灭火器的使用方法。

工具准备：失效干粉灭火器一只。

（1）教师讲解灭火器的使用方法，并做演示。

（2）以团队为单位，轮流上台模拟操作，其他同学观摩（每人限时1分钟）。

（3）由任课教师和各队队长根据各队准备及演示情况给予评分。

（4）由任课教师或学生代表作点评。

（4）灭火器使用。灭火器因种类不同，其适用范围及使用方法各异（请参考小知识2-2栏目）。

小提示2-11

营业场所必须依规定设置消防安全设施，虽然平时备而不用，一旦发生火灾则能发挥最大作用，所以，平时要加强对消防设施的检查与维护。

3.电气设备灭火

对于电气设备起火，切不可使用水来灭火，以防止触电。门店电气设备灭火注意事项如下：

（1）及时切断电源。若因个别短路起火，可立即关闭电源开关，切断电源。若整个电路起火，则必须拉下总开关，切断总电源。如果离总开关太远，来不及切断电源，则应采取果断措施将远离燃烧处的电线用正确方法切断。需要注意的是，切勿用手或金属工具直接拉扯或剪切，而应站在木凳上用有绝缘柄的钢丝钳、斜口钳等工具剪断电线。切断电源后方可用常规的方法灭火，没有灭火器时可用水浇灭。

（2）电气设备着火后，不能直接用水灭火。因为水有导电性，进入带电设备后易引起触电，会降低设备绝缘性能，甚至引起设备爆炸，危及人身安全。

（3）使用安全的灭火器具。电气设备运行中着火时，必须先切断电源，再行扑灭。如果不能迅速断电，可使用二氧化碳灭火器或干粉灭火器等器材灭火。使用时，必须保持足够的安全距离，对10kV及以下的设备，安全距离不应小于40厘米。需要注意的是，绝对不能用泡沫灭火器，因其灭火液体有导电性，手持灭火器的人员有触电危险。另外，这种液体会强烈腐蚀设备，并且事后不易清除。

4.同一栋建筑物发生火灾的处理方法

同一栋建筑物有火灾发生，应立即拨打119火警电话并报告直属店长，将现金与贵重物品收好。除电灯外，应将所有设备关闭，引导店里人员离场，不可使用电梯。关掉总开关，离开现场，等消防人员确认安全后才可以再度进入店里。

5.火灾善后

火势扑灭后要确认已经完全灭火，并于火场鉴定完毕后协助门店灾后重建，检查财产、设备损失情况，清洗恢复店面，由店长召集相关人员进行灾后反思。

灭火器的分类和使用方法

灭火器是一种可用人力移动的轻便灭火器具，它由筒体、筒盖、瓶胆、瓶夹器头、喷嘴等部件组成，其结构简单，操作方便，使用面广，是扑救初起火灾必备的灭火器材。灭火器的分类如下：

（1）化学泡沫灭火器。适用于石油制品、油脂等火灾，不能扑救水溶性可燃、易燃液体火灾，也不能扑救用电设备的火灾。其使用方法为：提起灭火器，拔下保险销，用力压下手柄，对准火苗根部扫射。使用化学泡沫灭火器时需注意：①在及时赶赴火场时不得将灭火器倾斜，更不可横向或颠倒。②当距离着火点有10m左右时，即可将筒体颠倒过来，一只手紧握提环，另一只手抓住筒体底，将泡沫射准燃烧物。③如果可燃液体已呈流淌状燃烧，则应将泡沫由远而近喷射；如果在容器内燃烧，应将泡沫喷射到容器的内壁，切忌直接对准液体面喷射。④扑救固体火灾时，应将泡沫对准燃烧最猛烈处。⑤使用灭火器时应始终保持倒置状态。

（2）二氧化碳灭火器。一般适用于扑救600 V以下的带电电器、贵重设备、图书资料及可燃液体的初起火灾。使用方法如下：①灭火时要将灭火器提出防火场，在距离燃烧点5m左右放下灭火器。②拉出保险销，一手握住喇叭筒根部的手柄，另一只手握紧启闭阀的压把。③对没有喷射软臂的二氧化碳灭火器，应把喇叭口往下压呈70°~90°角。④使用时不能直接用手抓住喇叭筒体外壁和金属连接管，防止手被冻伤。⑤灭火时，当可燃物呈流淌状燃烧时，应将二氧化碳灭火器的喷流由近而远向火焰喷射。⑥如果可燃液体在容器内燃烧，应将喇叭筒提起，从容器的一侧上部向燃烧的容器中喷射，但不能使二氧化碳喷流直接冲到可燃液体面上。⑦在室外使用二氧化碳灭火器时，应选择上风方向喷射；在窄小的空间使用时，操作者使用后应迅速离开，以防窒息、中毒。

（3）干粉灭火器。干粉灭火器以高压二氧化碳为动力，利用喷射筒内的干粉进行灭火。它适用于扑救石油及石油制品、可燃气体、易燃液体、电器设备等初起火灾，广泛用于工厂、矿山、船舶、油库等场所。其使用方法如下：

灭火时，快速将灭火器扛到火场，在距燃烧场5m处放下灭火器，然后拉开保险销，按下压把，对准火场根部由近而远左右扫射。

（4）1211灭火器。适用于任何可燃物引起的初起火灾，其使用方法与干粉灭火器的使用方法相同。

十、意外灾害的处理

1.停电

停电会给门店经营造成相当大的困扰，若停电时间较长，将造成生鲜、冷藏、冷冻商品的报废。另外，无预警的停电除了会造成营业损失，还容易引起火灾，所以必须特别小心。

课堂讨论2-13

当店铺突然停电时，作为店员应采取怎样的应对措施？

讨论步骤：

（1）以团队为单位，队长要组织好讨论，确定讨论时间，并做好讨论记录。

（2）由团队代表轮流上台发言。

（3）由任课教师和各队队长根据各队发言情况给出实训成绩。

（4）任课教师或学生代表作总结发言。

一般而言，停电的处理原则如下：

（1）保持冷静并暂停补货，随时注意顾客行为以防有人趁机偷窃。

（2）店长应确认停电原因，查看楼上或隔壁店铺是否停电，确认停电是单店还是整个社区的问题。

（3）若是供电公司停电，应立即联系供电公司，询问停电原因及时间。

（4）店长应安抚顾客，解释停电原因，取得顾客谅解，依序请未结账的顾客先行离开，务必保证顾客安全。

（5）停电时应将电源开关关闭，以免在恢复供电时所有电源同时启动造成负荷激增而损坏设备。

2.停水

如果门店使用水冷式冷风机制冷，应立即关机，以防机器空转发生故障。同时，店内的开水机、咖啡机等也要关机。

3.地震

发生地震会危及门店人员和顾客安全，也会造成门店设备及商品的损失。可采取的预防措施及处理原则如下：

（1）门店预防地震的措施如下：

◇货架的顶端不要堆放过多货物，避免货物掉落损坏或伤人。

◇平时注意货架、设备及货品是否平稳牢靠。

（2）地震时的应对措施如下：

◇遇上地震时切记不能慌张，及时关闭总电源。若在电源总开关附近，应迅速关闭电源总开关，以免引起火灾，造成更大的灾害。

◇护住头部，如门店外有空旷地，且时间允许，则到门店外空旷地避难。

◇如在门店内，立即寻找掩蔽物，如低矮柜台下、墙角下、梁柱旁等，并以坐垫、厚外套或双手保护头部，避免被掉落的物品砸伤。切记要背对窗户，以避免被碎玻璃刺伤，远离容易倒塌的货架。

◇如在建筑物内，应先打开门窗确保逃生出口通畅，避免因强震造成门窗变形无法开启，阻碍逃生出口。如不能顺利逃生，切勿盲目行动或冒险从高楼跳下，应先设法了解周围环境，等待救援。

◇地震还没有停止时千万不要跑到外面，避免被掉落的招牌、花盆等重物砸伤。

◇及时扑灭因地震引起的火苗，保障个人的生命和财产安全。

◇一般建筑物内部的间隔墙，即使是轻微的余震都可能将其轻易震垮，因此在地震发生时，应马上远离间隔墙，另外寻找坚固的掩蔽物以确保自身的安全。

◇小心碎玻璃。经过地震的强烈摇晃之后，玻璃门窗及玻璃制品极易被震碎，散落在地面上的碎玻璃对撤离造成了危险，所以要时刻注意安全。

◇ 熟悉简易护理技巧。平时多找机会学习简单的伤口消毒、包扎等护理技巧，并加强练习，一旦不慎受到伤害，便能加以施救。

◇ 随时注意收看、收听媒体报道，掌握最新的防灾减灾信息。

◇ 守望互助，互通消息，设法查看邻居的安全情况，以防止次生灾害发生。

◇ 如果地震对员工或顾客造成伤害，必须紧急送医。

4.台风

台风会造成巨大灾害。因此，做好完善的防范准备，以便在台风来袭时将门店受到的损失降到最低，并且避免顾客和员工遭受伤害，是店长应尽的职责。

课堂讨论2-14

作为一名店长，在台风季节来临前，你会采取哪些检查及预防措施？

讨论步骤：

（1）以团队为单位，队长要组织好讨论，确定讨论时间，并做好讨论记录。

（2）由团队代表轮流上台发言。

（3）由任课教师和各队队长根据各队发言情况给出实训成绩。

（4）任课教师或学生代表作总结发言。

小提示2-12

台风的应对过程包括事前的防范、来袭时及复建的处理。

（1）台风来临前，店长应检查门店招牌、卷帘门、门窗、自动照明设备等是否完好，若有损坏情形应立即申请维修。

（2）了解门店所在地区是否有水淹记录或是否处于地势低洼处，事先做好预防工作。

（3）收银台平时备有手电筒与蜡烛，在台风来临前更应检查确认以备急需。

（4）依据历史资料或研判数据预估台风登陆期间的订货量。

（5）台风来袭时，若有灾害发生（包括发生停电、停水、水淹，招牌或设备损坏等状况），应立即报告主管。

（6）台风天是否上班、营业，应依据气象预报由公司最高主管在事前或视台风强弱进行决定，同时亦告知顾客。

（7）门店人员若因风力过大、水淹或其他原因无法上班时，须与门店取得联系，并预先做好人员安排。

拓展阅读2-1

（8）台风过后，依公司规定报告商品及设施设备的损失等灾情统计数据。

某家居卖场突发火灾应急预案

思政园地

超市、餐饮、电商平台：春节期间加强食品安全和防疫保障

金秋九月，丹桂飘香，2024年全国食品安全宣传周如期而至。主场活动的现场，"诚信尚俭 共享食安"的主题标语引人注目。

9月25日上午10时，2024年全国食品安全宣传周主场活动正式开始，基于对食品安全的共同关切，监管部门、企业主体和新闻媒体齐聚于此，共同见证这场食品安全领域的重要盛会。

农产品质量安全一头连着农业生产和农民，一头连着消费市场和居民。绿色优质农产品对于食品安全具有极其重要的意义。农业农村部发言人在主场活动上表示，农业农村部高度重视绿色优质农产品生产供给工作，坚持"产出来""管出来"一起抓，保安全提品质同步推，全国农产品监测总体合格率达到98%，绿色优质农产品供给能力不断增强，进一步满足人民美好生活需要。

近年来，我国食品安全水平不断提升。国家卫生健康委在"防风险、保健康、促发展"方面取得积极进展，充分发挥食品安全标准体系作用，有效防范系统性风险；针对性开展食品安全与营养健康宣传，维护保障人民群众饮食健康；持续优化"三新食品"审查和食药物质管理，助力行业产业高质量发展。

在全球化背景下，进口食品丰富了百姓的餐桌，促进了文化的交流，同时带来了食品安全的新议题。确保进口食品符合标准，保护消费者的健康和权益，海关总署也在积极推进进口食品"国门守护"行动，筑牢境外、口岸、境内三道防线，加强事前、事中、事后三段管理，有力保障了进口食品安全。

勤俭节约是中华民族的传统美德，在强调食品安全的同时，防止餐饮浪费的问题也正在被全社会高度重视。

把控食品安全与防止餐饮浪费二者相辅相成，共同构成了健康、可持续的饮食文化。制止餐饮浪费是一项长期和系统性的工作，需要大家的共同努力。

近年来，我国食品安全工作力度逐年加大。这份力度，不仅是对违法行为的坚决打击和零容忍，更体现了各地区各部门坚持以人民为中心的发展思想，让"安全"成为老百姓餐桌上最坚实的保障。而"你点我检 服务惠民生"活动，就是其中生动的写照。

今年是市场监管系统开展"你点我检 服务惠民生"活动的第5个年头，市场监管系统聚焦"一老一小"食品、校园食品、大宗食品、节令食品等重点食品，开展"进校园、进市场、进社区、进乡村"活动，广泛征集群众意见建议，"老百姓关心什么就检什么"，让人民群众对食品安全工作可感知、可参与，由消费者变身为食品安全的参与者、见证者和监督者。

构建良好的食品安全大环境，离不开监管部门的强力执法和持续监督。而食品企业落实主体责任、保障食品质量安全，更是责无旁贷。食品企业应始终把"食品安全"作为企业的生命线、作为一切工作的基础，并通过技术创新筑牢食品安全防线，用匠心和良心，履行对消费者的承诺。

资料来源　马欣. 2024年全国食品安全宣传周主场活动侧记：齐心守护"舌尖上的安全"［EB/OL］.［2024-10-10］. http://www.ce.cn/cysc/sp/bwzg/202409/25/t20240925_39151364.shtml.

分析提示：食品安全着眼于以人为本，关注民生，保障权利，切实解决人民群众最关心、最直接、最现实的利益问题，促进社会的和谐稳定，是贯彻科学发展观的要求，是维护广大人民群众根本利益的需要。食品安全涉及农民、食品行业从业者等众多群体的利益，保障食品安全有利于保障农民、食品行业从业者等群体的合法权益，有利于促进社会公平。

连锁零售企业严格地规范食品生产经营行为，促使食品生产者依据法律、法规和食品安全标准从事生产经营活动，在食品生产经营活动中重质量、重服务、重信誉、重自律，对社会和公众负责，以良好的质量、可靠的信誉推动食品产业规模不断扩大，市场不断发展，从而极大地促进我国食品行业的发展。

学思践悟：将"门店安全无小事"作为思政教育主题，帮助学生树立企业安全责任意识，认识到严格落实国家市场监督管理的有关法律、法规、公告等要求是保障人民消费安全的重要途径，培养学生作为一名零售人的自律性和责任感。

项目小结

顾客喜欢令人愉悦的购物环境，轻松愉快的气氛势必会延长顾客停留的时间，增加店面销售机会。合理规划店面内部空间，必须考虑顾客的进出流量、店面通道配置、商品陈列、门店员工的空间以及后勤作业相关设施等因素。

店面配置直接影响店内人潮的流动、店面气氛或环境。一个合理的店面配置，不仅使顾客在店内走动自如，接触到更多的商品，也大致决定了店面的风格。

动线是指店里人与货品移动的路径与通道。有效的动线规划能够增强对顾客的吸引力，使顾客在店里顺畅地购物，进而活用店面面积，避免店面死角，增加商品售卖机会，提高店面坪效，并减少偷窃情形发生。

每一个业态、业种都有其特殊的气氛，善加利用即可唤起顾客的消费欲望及购买行动。

为了让顾客愉快地购物，打造一尘不染的门店尤其重要。门店日常清洁虽然是基础性工作，但也是最重要的项目，千万不可大意。

门店规模越大，对于店面安全与危机处理的要求越高，危机处理的成败关系到一个企业的存亡，绝对不能疏忽。

项目训练

一、选择题

1.动线是指店内（　　）的路径与通道。

A.顾客购物　　　　　　　　　　B.人与货品

C.上下架商品　　　　　　　　　D.顾客与员工移动

2.连锁店商圈规划以（　　）为中心点。

A.门店所在地点　　　　　　　　B.主要商业区

C.市中心　　　　　　　　　　　D.住宅区

3.门店安全运营应先建立员工的（　　）。

A.问题意识　　　　　　　　　　B.服务意识

C.防灾意识　　　　　　　　　　D.报告制度

4.问题意识是提醒门店营业人员必须要有（　　）。

A.敏感性　　　　　　　　　　　B.警觉性

C.直觉性　　　　　　　　　　　D.思考性

5.中等商圈的范围是指（　　）。

A.步行圈
B.自行车圈

C.汽车圈
D.交通主动脉圈

6.商圈经营规划可以避免（　　）。

A.自相竞争
B.过度竞争

C.不当竞争
D.高度竞争

7.一般适合开放加盟的店属于（　　）。

A.小商圈店
B.中型商圈店

C.超大商圈店
D.大商圈店

8.门店的偷窃事件多为临时起意，故防范方式有（　　）。

A.百元大钞放入收银机
B.设置监视器

C.把顾客都当成小偷
D.在后台监看

9.当大型卖场火警警铃鸣响时应立即（　　）。

A.打119报警

B.通知消防安全检查人员查看是否失火或警铃误响，并同时广播安抚顾客暂留原地等候进一步通知

C.立即通知消防安全检查人员疏散顾客，并同时进行初期灭火

D.打119报警并同时疏散顾客

10.下列（　　）不是遭受抢劫时正确的处理方式。

A.人员安全优先
B.避免刺激歹徒

C.贵重财物保全第一
D.立即报警

二、判断题

1.门店安全管理就是对表单做安全措施的管理。（　　）

2.门店清洁工作的主要目的是创造舒适的购物环境。（　　）

3.门店清洁容易被忽视的藏垢处是冷藏柜玻璃门上的手印。（　　）

4.门店清洁工作最重要的注意事项是不得干扰顾客。（　　）

5.抢劫是门店可能面临的天灾状况。（　　）

6.建筑安全是属于门店安全管理的内容。（　　）

7.如遇火灾，门店人员应控制火情。（　　）

8.商圈经营规划可避免自相竞争。（　　）

9.一般适合开放加盟经营的商店属于小商圈店。（　　）

10.防止抢、窃、骗是动线规划的目的。（　　）

三、实训题

1.所谓卖场气氛活泼化，就是指门店通过各种感官的刺激，进而引起顾客的注意，以增加卖场商品的销售机会。请你以一家连锁店为例，说明如何通过卖场管理方式传达给顾客视觉、听觉、嗅觉、触觉、味觉等不同感官的刺激。

（1）建议任课教师组织学生到各连锁店去观察卖场环境。

（2）分组进行讨论。

（3）讨论结束，由各组代表上台展示讨论结果。

（4）由任课教师或学生代表作总结发言。

2.昨日值店员工处理了一件顾客偷窃事件，以要求赔偿为由，向顾客索取该商品20倍的等值罚金并留下该顾客资料。当你获知此事时，应如何处理？

（1）以团队为单位，队长组织讨论，并做好记录。

（2）讨论结束，由各组代表上台展示讨论结果。

（3）由任课教师或学生代表作总结发言。

3.雨天时，你如何保持店内整洁？

（1）以团队为单位，队长组织讨论，并做好记录。

（2）讨论结束，由各组代表上台展示讨论结果。

（3）由任课教师或学生代表作总结发言。

项目评价

本项目考核由考试、教师评定、学生自评三部分构成，考试成绩根据学生对项目训练部分的完成情况给出，教师评定成绩和学生自评成绩分别由教师和学生根据课堂教学、课堂讨论及实训完成情况给出，填写表2-4。

表2-4 安全管理项目考核评价表

考核项目名称		分值	得分	评语	备注
考试	项目成绩	40			
教师评定	课堂纪律	10		评定人：	
	着装仪表	4			
	语言文明	5			
	课堂发言	5			
	课内作业	8			
	课外作业	8			
	教师评定成绩小计	40			
学生自评	学习态度	4		评定人：	
	尊重他人	4			
	交流合作	4			
	实践能力	4			
	创新精神	4			
	学生评定成绩小计	20			
成绩总评		100			

项目三 商品管理

商品的进销存循环犹如人体的新陈代谢，新陈代谢循环正常，身体就健康，同样，商品的进销存循环顺畅，门店的生意自然兴旺。其中，进货与存货是门店销售的基础，这两项工作直接影响门店的经营绩效。要使门店的进货与存货作业达到规范化和高效化，门店必须与总部密切配合，按照作业程序操作，合理进货并妥善管理。

每天面对琳琅满目的商品和进进出出的顾客，员工忙里忙外无非是要达到顾客满意、企业兴旺昌盛的目标。然而，要知道是盈还是亏，只靠每天的报表是无法准确掌控的，还需要开展盘点工作，通过盘点能够确保账、卡、物相符。

本项目主要完成两项任务：存货管理和商品盘点。

学习目标

知识目标：

1. 了解进退货的意义和程序。
2. 了解理货与报废的意义和报废处理程序。
3. 了解补货流程的意义。
4. 了解商品配置的原则与执行作业程序。
5. 掌握针对负库存、虚库存等库存异常的特殊盘点方法和核查方法。

能力目标：

1. 能正确认识商品分类及品质。
2. 能正确执行进退货程序、理货与报废程序、补货程序。
3. 能根据商品配置的原则来完成商品陈列作业。
4. 能正确执行针对负库存、虚库存等库存异常的处理作业。

素养目标：

1. 培养认真、严谨的职业精神。
2. 培养与人沟通、积极合作的意识。
3. 培养质量、效率和服务意识。
4. 培养关注行业发展、持续学习的意识和能力。

盒马商品智能订货

　　盒马是以数据和技术驱动的新零售平台。盒马鲜生门店经营品类包含水果蔬菜、肉禽蛋品、海鲜水产、熟食料理、食品酒饮、粮油调味、日化百货等，能满足消费者日常生活一站式购物需求。门店有超过 5 000 个 SKU，其中超过 50% 为生鲜品类。盒马的生鲜类商品大部分采用源头直采，从源头基地直接到门店。例如，上海盒马鲜生店的本地菜中常见的青菜、鸡毛菜、生菜、韭菜等，每天从崇明、奉贤等地的蔬菜基地直采直供，经过全程冷链运输并精细包装后，直接进入盒马鲜生超市冷柜售卖，卖不完的商品当晚销毁。门店订货采用商品智能订货系统，基于全品类做精选，缩小全品类的 SKU 数。根据自己的历史数据和阿里的大数据进行智能订货和库存分配，可以达到库存周转、销售和顾客需求满足的最大化。根据每个门店周边盒马会员的需求，进行智能化的商品选品和库存分配（理论上，盒马 App 可以做到千店千面），进一步提升库存周转率和商品动销率。

　　请各位同学思考一下：在新零售模式下，门店的存货管理和盘点管理有哪些新变化？

任务一　　　　　　　　　　存货管理

任务描述

　　临近节日，小王的门店进货量比较大，加上库房太小，导致通道堵塞。现在请你帮助该门店的库房重新规划并绘制存货布局图，同时帮助该门店进行货物验收、入库操作、商品整理、码放、搬运以及残损品的处理等工作。

知识准备

　　存货管理就是对门店的存货进行管理，主要包括存货的信息管理和在此基础上的决策分析，最后进行有效的控制，以提高经济效益。

　　存货是门店营运的根本，存货量的多寡影响商品的周转率、新鲜度、资金占用等，甚至影响门店整体运作的效率，因此要特别重视存货管理。

一、存货管理指标

在存货管理中，有以下几个指标可以作为衡量库存是否正常合理的标准。

1.存货天数

存货天数指的是现有库存按照前三个月的销售情况来推算，可以维持的天数。简单来说，存货天数就是指现在的存货在不进货的情况下还可以销售多少天。存货天数既不可以太高，也不可以太低。维持门店正常运转，不缺货、不断货，也不积压库存的天数称为安全存货天数。

2.存货周转率

存货周转率指的是一个销售周期内（比如一个月），销售量和平均库存量周转的比值。它代表平均库存周转的次数，存货周转率越高表示库存周转越快，占用的运营资金越少，企业的现金流状况越好。

3.存货投资回报率

存货投资回报率指的是一个销售周期内利润额和平均库存量的比值。存货投资回报率越高表示库存投资的收益率越高，也表示利用合理的库存实现了利润最大化。

二、订货物流模式

合理的订货直接影响门店存货量的大小，目前常用的订货方法包括以下三种：

1.直送

各门店下单后供应商凭订单直接将商品送至门店收货处，由门店收货处收货，这是目前大多数公司采用的订货模式。

2.直通

各门店下单后供应商按订单将货送至配送中心，配送中心再将货物原封不动地调运至下单门店。

3.配送

总部采购下单，货存配送中心，门店根据销售需要直接下调拨单即可。

三、商品分类

现代社会的商品种类非常丰富，对其进行合理的分类，可以实现商品管理科学化、规范化。

商品分类可以根据不同目的，按不同标准来进行。一般来说，采用综合分类标准，将所有商品划分为大分类、中分类、小分类和单品四个不同的层次（见表3-1）。

表3-1　　　　　　　　　　　　　　　　商品分类表

基本构成	含义	划分标准	重点
大分类	卖场零售商品构成中的最粗线条划分	商品特征	为便于管理，卖场的大分类一般以不超过10个为宜
中分类	大分类商品中细分出来的类别	功能用途 制造方法 商品产地	关联性不高，是商品间的一个分水岭
小分类	中分类商品中进一步细分出来的类别	功能用途 规格包装 商品成分 商品口味	
单品	商品分类中不能进一步细分的、完整独立的商品品项		属于最基本的层面

商品的大分类、中分类、小分类、单品还可以进一步细分，见表3-2。

表3-2   商品的细分类

大分类	中分类		小分类		单品
畜产	功能用途	鸡肉、猪肉、牛肉……	功能用途	鸡腿、鸡翅膀、鸡胸脯	正大鸡全腿1kg袋装
	制造方法	熟肉制品……	功能用途	咸肉、熏肉、火腿肠……	得利斯圆火腿500g
果菜	商品产地	国产水果 进口水果			
日配 加工食品	功能用途	牛奶、冰品 豆制品、冷冻食品……			光明纯牛奶250ml盒装
一般食品	功能用途	饮料……	包装规格	盒装饮料、听装饮料、瓶装饮料……	北冰洋橙汁300ml瓶装
糖果、饼干	功能用途	饼干……	商品口味	甜味饼干、咸味饼干、奶味饼干、果味饼干……	
日用、百货	功能用途	鞋……	商品成分	皮鞋、人造革鞋、布鞋、塑料鞋……	

商品分类没有一个统一、固定的标准，每个门店都可以根据市场和自身的实际情况来进行分类，但应以卓有成效地实现方便顾客购物、商品组合、管理等各方面的目标为准则。

小知识3-1

日配品：保质期30天以内的食品，主要包括面包、牛奶、豆浆、火腿肠、包装熟食、低温储存的小菜、豆制品、冷冻面点、冷冻蔬菜、冰品、冷冻水产等。

四、商品条形码

条形码是指将商品的编码数字以平行线条的符号表示，由装有扫描器的机器阅读，再将电脑条码解读为数字信息。其主要作用是作为商品从制造、批发到销售作业过程自动化管理的符号及编号。便利店和大卖场里销售的每一件商品都贴有条形码，每一本书的封底也都有国际标准书号条形码，这些黑白相间的条形码早已融入我们的生活中。

1.条形码的分类

根据商品条形码的应用范围，可分为原印条形码与店内条形码两种类型。

（1）原印条形码。原印条形码是指产品在生产阶段已印在包装上的商品条形码，通常由供应商申请，在产品出厂前就已印好，适合于大量生产的商品（如图3-1所示）。

（2）店内条形码。店内条形码是一种仅供店内自行印贴的条形码，是在店内使用、无法对外流通的条形码（如图3-2所示）。

2.门店应用条形码的好处

门店应用条形码可产生以下效益：

（1）提高结账效率及服务品质。

图3-1　原印条形码示例

图3-2　店内条形码示例

（2）降低作业成本，防止输入错误，提高工作效率。

（3）在销售的同时搜集商品信息，了解消费趋势以便及时调整。

（4）库存管理精确化，防止不当存货，减少资金占用。

（5）准确掌握商情，拟订采购计划，增强竞争力，创造高利润。

五、单品管理

单品管理是指对某一单品的毛利额、进货量、退货量、库存量等进行销售信息和销售趋势分析，把握某一单品有关订货、进货的管理方法。因此，单品管理是一种以顾客为中心的零售管理方法，即显示顾客需要的商品，以提升门店销售机会与提升经营效益。

实例展示3-1

国际知名连锁便利店7-11凭借单品管理，关注每一个单一的商品品项，迅速掌握顾客动向，提高顾客价值，从而建立稳定的客户关系。

六、商品理货

商品理货是指商品订购后，门店所进行的进货、点收、移库、陈列、退货等处理工作。在门店每项商品进货的数量中，有一部分是需要马上陈列上架，另一部分则是当成备货储存在仓库里。

门店在进货、点收工作完成后，除了陈列商品外，必须对备货进行分门别类整理，并妥善地存放在仓库中，当货架上商品短缺时，门店员工便可取出仓库中的备货迅速补货。

七、商品排面的陈列与整理

商品的排面是指商品摆放在货架上的组合与排列，通常为该货架所有商品的门面。所以，在排面位置上的商品陈列必须要考虑其商品包装颜色，在摆放时力求整齐划一、色彩鲜明，以引起顾客的购买欲望，带动商品销售量的提升。排面由上到下的陈列原则是依据商品体积由小到大陈列，排面由左到右的陈列原则是依据商品颜色由浅到深陈列。

此外，由于顾客在购物时会拿走排面上的商品，所以，门店员工必须在销售一段时间后将排面上空洞的商品往前拉，通常把这一动作叫作"拉排面"。

因为商品畅销导致货架上的商品数量较少时，门店员工必须将同类或同形状的商品横向摆放，使得货架上的商品数量看起来较为充足，不会显得货架上空无一物，我们将这一动作叫作"扩排面"。

任务实施

一、商品进货与订货作业

课堂讨论3-1

秋季服装刚上市，一位常客在A门店选中了一款衣服，可是没有合适的尺码。在店员的推荐下，她又看中了另一款衣服，可是非常遗憾，这款衣服的枣红色店内没有，而枣红色正是客户喜欢的颜色。在店员的再次推荐下，顾客看中了一件衬衫，可是整个卖场却没能找到和衬衫搭配的外套，因为顾客比较着急，调货已经来不及了，最后顾客失望而去。顾客去了隔壁的店铺，抱着试试看的心态选购了自己看中的衣服，在穿着过程中，她发现这件衣服的质量、面料好像也不比A门店的差，从此她成了隔壁店的常客。

因为不能合理订货、及时补货导致A门店失去了销售机会和老客户，由此可见，合理的订货数量和存货对店面经营至关重要。请讨论门店订货时需要考虑哪些因素来确保商品能够满足客户特定的需求。

讨论步骤：

（1）以团队为单位，队长要组织好讨论，确定讨论时间，并做好讨论记录。

（2）由团队代表轮流上台发言，以列表的形式向大家展示本团队讨论的成果。

（3）由任课教师和各队队长根据各队发言情况给出实训成绩。

（4）任课教师或学生代表作总结发言。

1.订货时需考虑的因素

（1）销售因素。如畅滞销程度、日销售和周销售预估。

（2）库存因素。现有库存量和库存货物具体情况。

（3）促销因素。公司或供应商是否有相应的促销活动（买赠、抽奖、换购等）。

（4）变价因素。是否有特价促销或促销结束后价格回调，是否有价格调低或调高等。

（5）陈列因素。是否有堆头端架陈列，是否有其他特殊陈列（挂网、展示架等），是否有陈列面的扩大或缩小等。

（6）节假日因素。如元旦、春节、劳动节、端午节、国庆节、中秋节等。

（7）季节、气候因素。四个季度中商品的畅滞销转化、下一季度的天气趋势等。

（8）仓储成本。库存量越大，所投入的人力成本及租金成本越高，而且损耗也越大。

2.订货流程

为树立门店形象，提高销售量，杜绝商品缺品、缺货、漏订、多订等现象的发生，使门店、采购、配送中心与供应商之间能够通力协作，缩短到货周期，让各门店店长、门店所有员工及采购人员有更多时间与精力投入商品结构、商品销售与库存的管理中，超市门店就必须制定合理的订货流程（如图3-3所示）。

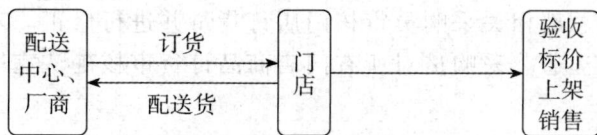

图3-3　商品订货流程图

（1）订货类型。

商品订货类型分为四种：日常商品订货、促销商品订货、团购及突发销售商品订货、新品订货。

商品订单类型分为五种：日常订单、紧急订单、永续订单、促销订单、新品订单。

商品订单的下单人及审核人：直配商品的下单人为各门店店长（仅限直配的日配类商品），总配商品的下单人为商品采购员，审核人为采购总监。

（2）直配商品订货流程。

直配商品由门店根据系统内设定的可订货日期及到货周期进行商品订货及收货。

直配的日配商品由门店直接向供应商下单订货（"订货量+库存量"的可销天数不得超过7天，且供应商送货时店长需负责将临期商品与供应商进行调换）。如在连续一个月内合计订货量小于7天可销天数，则采购员需将此商品进行商品状态关闭。

对于供应商直配商品及总部配送的商品，各门店及商品采购员需要求供应商在收到订单后的3天内货到门店，凡供应商未能按要求及时到货的，门店班长需及时催促供应商到货并通知店长。门店店长于每周五上午9：00前将整理好的门店本周未按要求到货的供应商的订单以书面形式上报相关采购员及营运部相关负责人，采购员需对门店上报的情况予以核实并在每周五17：00前以书面形式回复门店及营运部相关负责人。总部配送商品凡供应商未能按要求及时到货的，商品相关的采购员需及时催促供应商到货，同时通知采购总监处理，并需同时用书面形式告知营运部相关负责人。

课堂讨论3-2

请仔细阅读如下文字，试绘制出总配订货模式下日常商品订货流程图、促销商品的订货流程图、新品订货流程图和团购及突发销售商品订货流程图。

讨论步骤：

（1）以团队为单位，队长要组织好讨论，并做好讨论记录，讨论时间为10～15分钟。

（2）由团队代表轮流上台发言，向大家展示本队讨论的成果。

（3）由任课教师和各队队长根据各队发言情况给出实训成绩。

（4）任课教师或学生代表作总结发言。

（3）总配商品订货流程。

①日常商品订货流程。门店店长通过系统进行缺货商品订货并审核，审核完毕后通过系统发送至总部信息部，信息部首先确认是否所有门店已在要求时间内订货，如有门店未订货，通知营运部门相关负责人催促门店及时订货。如经催促后门店仍未在要求时间内订货的，则此门店本周订货由营运部相关负责人进行，并由营运部门追究相关店长责任。信息部确认所有门店上报订货量后进行门店订货数量合并，合并完毕后把相关数

据发送至采购部门，总部相关采购员审核门店订货量并进行修正。对于订货量异常的商品需与门店店长进行沟通。采购员对所有门店商品订货审核确认完毕后根据门店订货量进行订货。

生成订单后由采购员将订单发送给相关供应商并跟踪供应商到货，订单缺货商品需及时补货。

②促销商品订货。所有促销商品皆由商品采购员进行订货（包含供应商直配商品），采购员应在促销商品确认后的第一时间订货（每期促销商品开档前一周），并要求供应商在收到订单后按订单要求的订货品种、订货量、送货时间及送货地点进行送货。凡供应商未能按要求及时到货的，相关的采购员需及时催促供应商到货并通知采购总监处理。

采购员在每期促销商品开档前一周下发促销清单至各门店。所有促销商品在促销开档前3天货未到门店的，各门店店长需要书面告知相关采购员、采购总监、营运部相关负责人。

促销开档后门店及商品采购员需密切关注促销商品的销售情况。如促销商品动销较快，所备库存不足或已经缺货的，门店应及时通知采购员进行补货。如采购员发现门店促销商品即将缺货或已经缺货而门店未订货的，需及时主动给门店补货，以免影响门店销售及门店形象。促销商品缺货的主要责任人为门店店长、商品采购员。

③新品订货。所有新进商品皆由商品采购员进行订货（包含供应商直配商品），采购员应在新进商品录入信息系统后的第一时间订货，并要求供应商在收到订单后按订单要求的订货品种、订货量、送货时间及送货地点进行送货。凡供应商未能按要求及时送货的，采购员需要及时催促供应商送货并通知采购总监处理。

凡由配送中心送货的新进商品，且该商品在系统内有库存的，在采购员下达配送指令后3天内不能货到门店的，需要追究配送中心相关人员责任。

④团购及突发销售商品订货。各门店在接到顾客团购后，门店库存不足的需及时订货。如果此商品为供应商直配的商品，门店店长需在第一时间下订单给供应商，确认送货时间及送货量，并同时通知商品采购员协助催货。如果此商品为总部配送，门店店长需书面通知相关采购员，并告知所要求的数量及到货时间，采购员在收到门店通知后检查配送中心库存，如有库存，需在第一时间要求配送中心及时配送商品至门店；如无库存，采购员需在第一时间下订单给供应商。凡团购及突发销售的商品的供应商未能按要求及时送货的，门店店长需要书面通知相关的采购员及采购总监，并同时书面通知营运部相关负责人。

各类型商品所适用的商品订货类型及订单类型见表3-3。

表3-3　　　　　　　　各类型商品所适用的商品订货类型及订单类型表

商品订货类型	适用的商品类型	下单人	审核人	适用的商品订单类型	订货时间
日常商品订货	食品、百货	店长、采购员	店长、采购总监	日常订单	每周一上午
	日配、生鲜	店长、采购员	店长、采购总监	永续订单	每天13：00前订货

商品订货类型	适用的商品类型	下单人	审核人	适用的商品订单类型	订货时间
促销商品订货	所有促销商品（首单采购订货）	店长、采购员	店长、采购总监	促销订单	促销商品确认后的第一时间
新品订货	新进商品	店长、采购员	采购总监	新品订单	新品录入系统后的第一时间
团购及突发销售商品订货	团购及突发销售商品	店长、采购员	店长、采购总监	紧急订单	接到团购或有突发销售后的第一时间

小提示3-1

传统的订货工作通过电话或单据完成，经常发生误听情况，所以难免发生误送，而电子订货系统通常结合POS系统、EDI系统、会计信息系统，为门店订货带来很大便利。一般门店的存货管理系统由店员每天查看货架，了解所售出的商品后，再向总部或供应商订货，相当费时费力。然而，在导入POS系统后，可依据商品的销售特性来决定适当的订货方式，维持商品库存在最适当的数量范围内。

二、收货补货作业

课堂讨论3-3

某门店自采蔬菜收货流程如下：

1.蔬菜办自采蔬菜必须在上午7：00之前配送到各门店。门店收货时由指定收货人员（6：00前为当班夜勤防损，6：00后为理货员与收货员）与蔬菜办进行大包装（箱/件）数量的交接，交接无误后门店收货人员及送货司机在"门店自采蔬菜大包装数量交接单"上签字确认，一联交给门店留存，另一联由司机带回蔬菜办。

2.门店应加快收货速度，蔬菜配送金额在3 000元以上的，门店收货时间应控制在30分钟以内，蔬菜配送金额在3 000元以下的，收货时间应控制在25分钟以内，否则对门店予以通报批评。

以小组为单位讨论门店收货的原则及注意事项，指出需要哪些相关单据以及出现配送差异时如何处理。

讨论步骤：

（1）以团队为单位，队长要组织好讨论，并做好讨论记录，讨论时间为10～15分钟。

（2）由团队代表轮流上台发言，以列表的形式向大家展示本组讨论的成果。

（3）由任课教师和各队队长根据各队发言情况给出实训成绩。

（4）任课教师或学生代表作总结发言。

1.收货补货作业流程

（1）门店验收作业。订货后，厂商或配送中心依据订单送货，而门店在此阶段最主要的工作就是商品的验收作业。验收作业没有做好便会产生订货数量、品项等不符问题，从而造成成本增加与商品缺货的情况发生，影响门店营运绩效。因此，门店在厂商或配送中心送货到店时，一定要执行好验收作业程序。

门店收货人员按单收货，禁止无单验收，直送商品凭订单验收，配送商品凭"配送返配出库单"验收。验收项目包括商品名称、商品品质、商品数量及商品保质期等，验收的同时需在系统中进行验收操作。

门店收货部根据订单验收商品，在订单的实收栏填写清楚实收数量，如实收数需要更改的，不能直接用"+"或"-"来表示，必须用"/"将错误的数字划去，填上正确的收货数量，同时收货员和供应商送货员必须在旁边签名，对专人专管和联营专柜的商品需营业员签字验收。

如收货时发现供应商未送的单品，收货员必须在订单上此单品的"实收数"一栏用"/"划去，并在备注栏注明无货，供应商签字确认。

若收货时出现多货的情况，核实无误按订单数量验收，少货按实收数量验收，供应商签字确认。

防损抽查，直送收货整件商品抽查30%、散件商品100%清点（生鲜商品除外），抽查人要签名并记录备查。

验收完毕，供货、收货双方在"订单"和"配送返配出库单"上签字确认，如有数量更改，供货方须在更改处签字。门店收货人员不得在直送供应商的任何单据上签字。

销售赠品验收视同正常商品验收，在"赠品验收单"中录单；顾客赠品不用验收，通过手工单据管理。

（2）制单作业。

录入验收单时，必须对电脑订单上的数量、进价金额等进行核对，确认无误方可输入。

送货数量不允许大于订单数量。

送货的商品进价不允许高于订单上的进价，如送货进价小于系统进价，录入人员需按送货进价修改验收单的进价。

电脑操作员在系统制单审核后，必须在原订单上加盖"已制单"印章。

（3）单据复核作业。

电脑操作员将打印出来的正式电脑验收单与收货原始订单进行核对，将验收单移交给店长或店长助理审核并盖章确认。

打印出来的正式电脑验收单中的"管理人员"与"收货员"签名不允许是同一人。

门店防损员进行单据复核后，在正式的电脑结算单"防损员"一栏签名确认。

（4）配送差异作业。

如发现差错，店长和防损员要对有差异的商品进行复点，确有差异的需填制"配送差异表"，在3小时内报配送中心（生鲜除外），配送中心在一个工作日内将"配送差异表"中的"差异原因"填完后返回门店。如还有差异，门店要报配送中心负责人查实，配送中心负责人查实无果上报公司防损总监，防损工作在1个工作日内完成。

对发货方承认确实存在配送/返配差异的，发货方应采取补单或补货的形式进行差异化处理。

如每月配送差异总额在月配送额的万分之三以内，由采购部和供应商协商补齐，超出部分，由分店和配送中心各承担50%的差异金额损耗。单笔差异超过50元的由公司防损部介入调查。

2.收货补货作业流程涉及的相关单据

（1）商品补货申请单（见表3-4）。

表3-4

商品补货申请单

柜组：　　　　　　　　　　　　　　　　　　　　补货日期：

商品编号	商品名称	商品规格	补货申请数量

理货员：　　　　主管（组长）：　　　　店长：　　　　录入员：

（2）商品送货清单（见表3-5）。

表3-5

商品送货清单

单据编号：

购货者（收货地点）：××超市有限公司（配送中心）订单编号：　　　送货日期：

对应买手：　　　　　　　联系方式：

序号	商品条码	商品名称	规格	单位	生产日期或保质期到期日或生产批号	保质期周期	送货数量			含税单价	含税总额
							件数	含量	细数		
1											
2											
3											
4											

金额合计（大写）　万　仟　佰　拾　元　角　分（￥：　　　）整

代码：　　供应商名称：　　供应商地址：　　联系方式：　　开票人：

购货者声明：已查验供货者的许可证（编号：　　　　　）、营业执照（统一社会信用代码：　　　　　）和上述食品的合格证明。

此单一式三联，不作为结算凭证。第一联收货单位留存，第二联收货组凭此单换验收单，第三联供应商留存。此单每空必填，如有遗漏概不收货。没有生产日期的品种不用填写生产日期和保质期。

购货查验人（签字）：　　　送货人（签字）：　　　注：此联保存期限不少于2年

（3）超市门店收货单据（见表3-6）。

表3-6　××超市收货单据

种类型号　　项目　内容	单据号码	厂商名称	约交日期	收货日期	统一发票号码			

项次	订单号码	品名规格	商品编号	申请数量	单位	实收		单价（元）	金额（元）	累计数量（千克）
						数量	件数			
合计										
说明				检验结果			收货部门			

（4）连锁超市配送验收单（见表3-7）。

表3-7　××连锁超市配送验收单（复核）

配送门店编号：		配送门店名称：			开票日期：		单据编号：			
商品名称	规格	生产厂家	单位	数量	单价	金额	批号	质量状况	验收结论	备注
小计										
总计										

制单员：　　财务：　　收货员：　　配送员：　　门店验收员：

（5）收货商品差异表（见表3-8）。

表3-8　收货商品差异表

填报单位（盖章）：　　　　　填报日期：

序号	配送单打印日期	配送单号	门店编码	门店名称	配送车辆到站日期	商品编码	商品名称	配送数量	实收数量	差异数量	备注
1											
2											
3											
4											

收货员：　　店长：　　配送员：

以团队为单位，分角色（如营业员、店长、信息员、验收员、收货员）完成门店收货补货作业操作步骤和货物验收相关任务，同时制作相关的单据。送货清单见表3-9。

表3-9 送货清单

名称	单位	数量	单价（元）	金额（元）
硬皮本	本	50	8	400
钢笔	支	20	15	300
封面纸	张	200	1.5	300
中性笔芯	盒	5	20	100
计算器	个	4	80	320
订书针	盒	40	2	80
厚层订书机	个	1	150	150
双面胶	个	20	2	40
宽胶带	个	5	15	75
电池	副	20	5	100
毛巾	条	20	8	160
彩纸	张	180	1	180
蜡光纸	张	200	1.5	300
三角尺	副	3	50	150
地球仪	个	2	90	180
圆规	个	5	19	95
档案袋	个	50	1	50
档案盒	个	50	12	600

讨论步骤：

（1）以团队为单位，队长要组织好讨论，并做好讨论记录，讨论时间为10~15分钟。

（2）由团队代表轮流上台发言，以列表的形式向大家展示本队讨论的成果。

（3）由任课教师和各队队长根据各队发言情况给出实训成绩。

（4）任课教师或学生代表作总结发言。

3.收货补货作业操作步骤

（1）在门店运营过程中，营业员根据商品的缺货情况及公司的补货规定进行订货，商品存量需保证不少于1天，低于1天销量时需下补货订单，畅销商品可存储整箱商品，货架上可陈列2天销量的商品则不需整箱存货。

（2）门店当天补货订单须在15：00前录入系统；营业员手工填写补货单，交主管/店长审批签字后交给门店录入员完成信息录入，系统自动根据商品的管理属性进行处理，门店直送商品转门店订单，非门店管理商品上传总部进行补货数据汇总。

（3）订单组对各店上传至总部的补货数据进行汇总处理，按门店订单所订商品数量配送商品。

（4）订单组对直送商品进行订货。

①订单组进行订单处理，调整订单内容（数量、赠品数量）。

②订单处理完毕后打印正式订单传递给供应商备货。

③供应商按订单进行备货，送货至门店。

（5）门店收货作业。

门店对直送商品的验收操作如下：

供应商送货至门店，向门店提供订单、供应商送货单（出库单）、商品。

门店验收人员按收货标准对订单进行验收，验收项目包括商品品质、商品数量等，同时在系统中进行验收操作，收货人在订单上填写实收数量，供应商送货人员在订单上签字确认。

单据传递至门店录入组，门店录入组进行最终的单据处理，在系统中进行数量、价格调整，处理完毕后打印一式两联的验收单加盖收货章，收货人与送货人在验收单上签字，验收单和送货单一联交给供应商，另一联交给门店财务部。

门店对配送商品的验收操作如下：

配送中心配送组携商品及配送出库单至门店。

门店人员与配送组人员进行货物交接，核实商品种类、商品整箱数等，收货人和配送人员在配送出库单上进行签字确认，配送出库单一联交给配送人员带回配送中心。

配送出库单交给门店录入组，录入人员进行最终的单据处理，在系统中进行数量录入，处理完毕后打印配送记账单并盖收货章，收货人和配送人员签字。配送出库单和配送记账单一联由配送人员交给配送中心财务部，另一联交给门店财务部。

（6）配送差异处理。调入店打印两联配送差异单，防损人员、店长签字，一联交给门店财务部，一联交给配送中心，配送中心对配送差异需在2个工作日内作出处理。

小提示3-2

验收记录是进行商品验收的重要书面记载，其内容应包括收发货单位名称、凭证号码，以及实收商品数量、规格、品质、数量差额、品质不符合标准的程度、验收日期、地点及验收人等。

4.补货作业

（1）补货原则。

①商品先进先出。为保证商品的新鲜与品质，补货人员应秉持先进先出的原则，将较早进货的商品摆放在货架的前面以利于顾客方便取货而购买，而将较晚进货的商品摆放在货架的后面，这样可以有效地避免较早进货的商品因一直放在货架的后面不利于顾客拿取，而导致商品超过保质期限。

先进先出：越早进货的商品，越应优先卖出。

②利用购物篮或购物车进行重点商品补货。现在门店商品陈列大多采取少量多样的方式，当热门商品缺货时，利用购物篮或购物车补货除可方便提取外，还可避免在客流多时补货而造成购物动线的拥挤。

③重视卫生，应保持商品及货架的清洁。若商品及货架的清洁不到位，很容易布满灰尘、滋生细菌，使得商品卖相不佳，甚至影响消费者的健康。所以，门店员工在进行生鲜、食品类商品补货时，应随时注意手部的卫生及环境的清洁。此外，进行商品补货时应随时注意货架及饮料架玻璃的清洁，随手擦拭以保持清洁明亮的购物环境。

④商品正面朝外。商品的正面就是商品的广告，顾客在选购商品时多从商品包装的正面来了解该商品的信息，如成分、容量、保质期限等，所以，门店员工在进行补货时应注意将商品的正面朝外，让顾客容易找、容易看、容易获得商品资讯，进而提高顾客的购买率。

（2）补货时机。

① 交班前后。门店通常会要求员工在下班前将完整的店面（包含店面的清洁、商品陈列必须将排面拉齐及有充足的商品）交给下一位接班的员工。所以，员工在下班前必须把缺货或数量不足的商品补足，通常会利用购物篮或购物车对商品进行小补货，并将冰箱、饮料柜的饮品由后方的置物架往前补齐，这样可以方便接班的员工顺利接手。

② 热门商品缺货时。热门商品缺货时必须立即补货，以避免顾客上门时找不到商品而失去销售机会。若热门商品销售完毕而又没有库存时，应该先向顾客表示歉意，并主动推荐其他可替代商品，或告知商品下次进货时间，以便于顾客再次上门购买。

③ 顾客较少时。由于门店销售的商品种类及数量繁多，若在营业高峰时段进行补货作业，将会造成门店动线的阻塞，甚至不利于顾客购物，所以门店员工应在顾客较少的时间段进行补货作业。例如，在深夜或非高峰时段进行补货作业，能有充分的时间将商品上架，以便于顾客在营业高峰时段进行采购。

（3）补货作业流程。合理的补货作业流程能够保证商品正常周转，防止缺货、断货，确保门店正常营业；合理的补货作业流程能够提高商品周转率，减少资金占用；合理的补货作业能够减少商品积压，降低商品损耗。

课堂讨论3-5

总结并绘制出超市门店进货补货流程图。

讨论步骤：

（1）以团队为单位，队长要组织好讨论，并做好讨论记录，讨论时间为10～15分钟。

（2）由团队代表轮流上台发言，以列表的形式向大家展示本队讨论的结果。

（3）由任课教师和各队队长根据各队发言情况给出实训成绩。

（4）任课教师或学生代表作总结发言。

补货流程如图3-4所示。

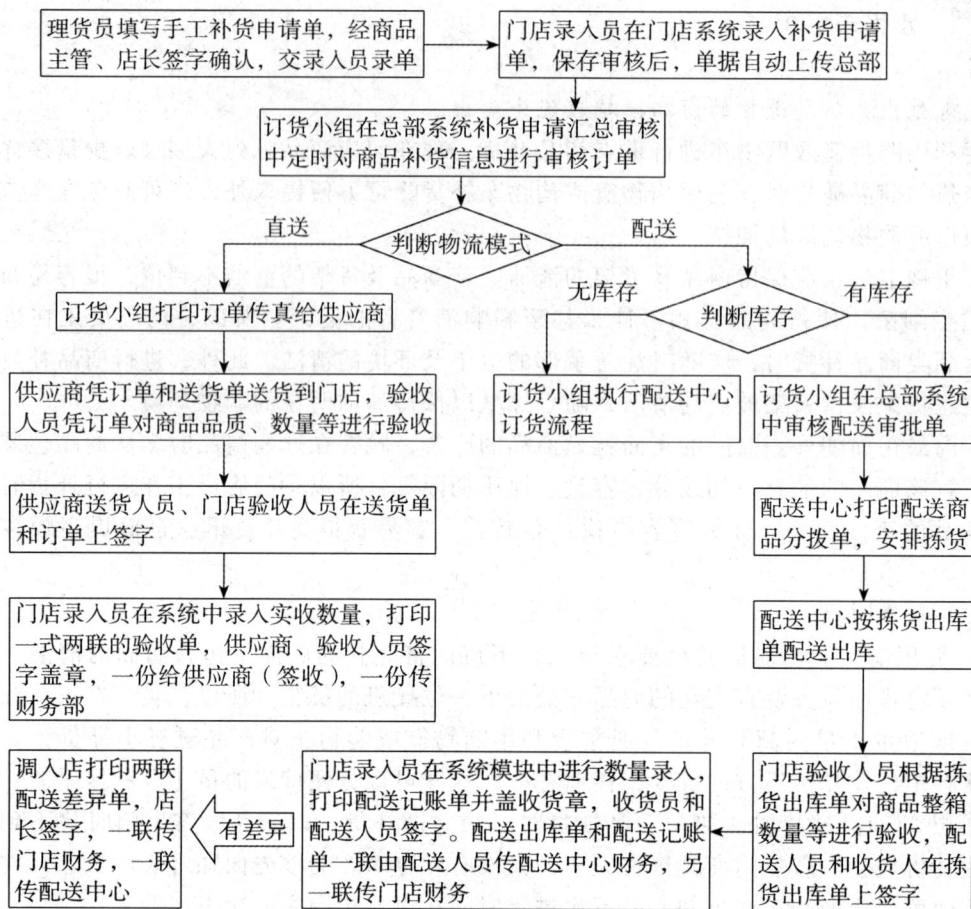

```
┌─────────────────────────────┐        ┌─────────────────────────────┐
│理货员填写手工补货申请单，经商品│        │门店录入员在门店系统录入补货申请│
│主管、店长签字确认，交录入员录单│───────▶│单，保存审核后，单据自动上传总部│
└─────────────────────────────┘        └──────────────┬──────────────┘
                                                       ▼
                                   ┌─────────────────────────────┐
                                   │订货小组在总部系统补货申请汇总审核│
                                   │中定时对商品补货信息进行审核订单│
                                   └──────────────┬──────────────┘
                                                  ▼
            直送          ◇判断物流模式◇          配送
```

图3-4 补货流程图

判断物流模式（直送）：订货小组打印订单传真给供应商 → 供应商凭订单和送货单送货到门店，验收人员凭订单对商品品质、数量等进行验收 → 供应商送货人员、门店验收人员在送货单和订单上签字 → 门店录入员在系统中录入实收数量，打印一式两联的验收单，供应商、验收人员签字盖章，一份给供应商（签收），一份传财务部

判断物流模式（配送）→ 判断库存：无库存：订货小组执行配送中心订货流程；有库存：订货小组在总部系统中审核配送审批单 → 配送中心打印配送商品分拨单，安排拣货 → 配送中心按拣货出库单配送出库 → 门店验收人员根据拣货出库单对商品整箱数量等进行验收，配送人员和收货人在拣货出库单上签字 → 门店录入员在系统模块中进行数量录入，打印配送记账单并盖收货章，收货员和配送人员签字。配送出库单和配送记账单一联由配送人员传配送中心财务，另一联传门店财务 →（有差异）调入店打印两联配送差异单，店长签字，一联传门店财务，一联传配送中心

三、商品配置

商品配置要解决两个方面的问题：一是确定各类商品按什么样的结构比例在连锁卖场中进行展示陈列，即对各类商品进行面积分配的问题；二是每种商品应配置在卖场中的什么位置。可以说，商品配置是一个承上启下的关键环节和重要工作，它是卖场布局工作的进一步细化，是商品陈列工作的指导。门店的商品配置是关系到门店经营成败的关键环节，如配置不当，会造成顾客想要的商品没有，不想要的商品太多，不仅挤占了陈列货架，也占用了资金，从而导致经营失败。

课堂讨论3-6

为了配置好门店的商品，某社区超市将门店经营的商品销售区域划分如下：

第一，面包及果菜品区。这部分是超市中盈利较高的商品，商品的周转率很高。可以采用岛式陈列，也可以沿着门店的内墙设置。在许多门店中，设有面包和其他烘焙品的制作间，刚出炉的金黄色的、热气腾腾的面包常常会让顾客爽快地掏腰包。现场制作已成为门店的一个卖点。

第二，肉食品区。购买肉食品是大多数顾客光顾门店的主要目的之一，肉食品一般沿着门店的内墙摆放，以方便顾客选购。

第三，冷冻食品区。冷冻食品主要用冷柜进行陈列，它们的摆放既可以靠近蔬菜，也可以放置在购物通道的后段，能够给顾客的携带提供一定的便利性。

第四，膨化食品区。膨化食品包括各种饼干、方便面等。这类食品存放时间较长，只要在保质期内都可以销售。它们多被摆放在门店卖场的中央，用落地式的货架陈列，具体布局以纵向为主，以突出不同的品牌，满足顾客求新求异的偏好。

第五，饮料区。饮料与膨化食品有相似之处，但消费者更加注重饮料的品牌。饮料的摆放也应该以落地式货架陈列为主，货位要紧靠膨化食品。

第六，奶制品区。顾客一般在购物的最后阶段才购买容易变质的奶制品，奶制品一般摆放在蔬菜水果部的对面。

第七，日用品区。日用品包括洗涤用品、卫生用品和其他日用杂品，一般摆放在门店卖场的最后，采用落地式货架陈列，以纵向陈列为主。顾客对这些商品具有较高的品牌忠诚度，他们往往习惯于认牌购买。这类商品的促销活动往往会使顾客增加购买次数和购买量。

根据上述资料，说明连锁门店中的商品配置主要解决了哪些问题，如何做才能制作出最优的商品配置表？结合资料和你对连锁门店的认识，说说连锁门店商品应该分为哪些部门和种类。

讨论步骤：

（1）以团队为单位，队长要组织好讨论，并做好讨论记录，讨论时间为10～15分钟。

（2）由团队代表轮流上台发言，并以表格的形式向大家展示本队讨论成果。

（3）由任课教师和各队队长根据各队发言情况给出实训成绩。

（4）任课教师或学生代表作总结发言。

1.商品配置表的功能

（1）有效控制商品品项。

（2）商品定位管理。

（3）商品陈列排面管理。

（4）畅销商品保护管理。

（5）商品利润的控制管理。

（6）连锁经营标准化管理。

2.商品配置表的制作

（1）制作商品配置表的依据。

① 周转率：在有限的陈列空间内，唯有高周转率的畅销品才能增加绩效，降低库存量。

② 毛利：为了获得营运绩效，通常各部门陈列商品皆会依业界行情设定预期毛利率目标，而采购者则应以此作为商品采购议价的标准，确保实现整体毛利率目标。

③ 单价：商品的单价和盈利能力能够提高商品的整体获利水平。

④ 需求程度：考虑顾客的诉求重点进行配置。

⑤ 空间分配：合理划分区域，充分利用空间。

（2）制作商品配置表的前期准备工作。

① 商品陈列货架的标准化。

② 商圈与消费者调查。

③ 单品项商品资料卡的设立。

④ 配备商品配置实验架。

（3）商品配置表的制作程序。

① 确定每一个中分类的陈列尺寸。

② 确定单品项商品陈列量。

③ 根据商品的陈列量和陈列面积确定相应的货架数量。

④ 商品的陈列位置与陈列排面数的安排。

⑤ 特殊商品用特殊陈列工具。

⑥ 商品配置表的设计。

（4）商品配置表的修正。

① 统计商品的销售情况。

② 应季、应节商品的销售预测。

③ 滞销商品的淘汰、畅销商品的调整和新商品的导入。

④ 商品配置表的最后修正。

3. 卖场内商品配置

（1）采购部会同门店共同讨论商品大类在卖场的营业面积及配置位置，制定大类商品配置表。

（2）将每一个中分类商品安置到各自归属的大类商品配置表中。

（3）将每一个小分类商品安置到各自归属的中分类商品配置表中。

（4）挑选出适合门店商圈消费需求的单品项商品，对单品进行陈列面安排。

4. 商品配置的面积分配

（1）陈列需要法。根据某类商品所必需的面积来陈列，例如服装部、鞋部。

（2）利润率法。根据消费者的购买比例以及某类商品的单位面积的利润来陈列商品，例如按消费者日常支出设计商品面积配置。

假设本地区日常消费中食品所占的比例为65%，按照这种支出比例，门店的商品面积分配大致比例见表3-10。

表3-10　　　　　　　　　　　　**商品面积比例参考表**

商品部门	面积比例（%）
水果蔬菜	10～20
肉食品	15～25
日配品	15
一般食品	10
调味品、南北货	15
小百货与洗涤用品	15
其他用品	10

四、商品陈列管理与控制

商品陈列是指运用一定的技术和方法布置商品、展示商品、创造理想购物空间的工作。商品陈列是运用商品配置表来进行管理的，作为现代连锁企业标准化管理的重要工具，商品配置表是商品陈列的基本标准。商品配置和陈列方法是提高销售业绩的利器，门店员工必须针对商品的特性，利用货架、灯具、看板等工具，有效地进行分类、选择、整理，然后将其摆放在适当的位置，进而突出商品的美感、价值感，增进店内的销售气氛，将更多的商品顺利销售出去，进而提升运营绩效。

课堂讨论3-7

在门店的经营中，陈列是一项重要的技术，通过专业的手法，可以将商品自身的魅力展现在顾客的眼前，激发顾客的购买欲。另外，连锁门店可借助陈列法使得整体形象趋于统一，并使经营管理达到标准化。一般来说，商店里76%的快速流转消费品的销量来自"冲动性购买"，80%的快速流转消费品是通过"货架"销售出去的。那么，对于门店内琳琅满目的商品，在陈列时应遵循什么原则、方法和技巧呢？

讨论步骤：

（1）以团队为单位，队长要组织好讨论，并做好讨论记录，讨论时间为10～15分钟。

（2）由团队代表轮流上台发言，并以表格的形式向大家展示本队讨论成果。

（3）由任课教师和各队队长根据各队发言情况给出实训成绩。

（4）任课教师或学生代表作总结发言。

1.商品陈列的具体原则

在眼球经济时代，谁的商品能抓住消费者的注意力，谁就是赢家。商品陈列要让消费者一目了然，这是达成销售的首要条件，让消费者看清楚商品并引起注意，才能激发冲动性购买。因此，商品陈列要醒目，展示面要大，力求生动美观。

在陈列商品时主要遵循以下原则：

（1）显而易见原则。

店内所有商品都必须让顾客看清楚，方便其作出购买与否的判断。不同货架层面对销售量的影响如图3-5所示。

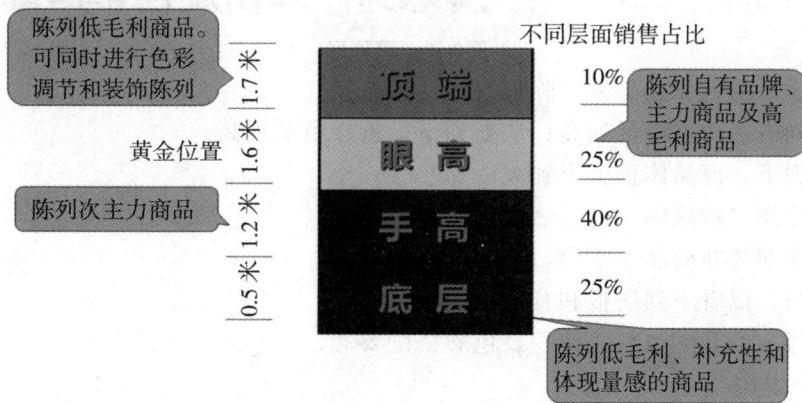

图3-5 不同货架层面对销售量的影响

若使商品陈列显而易见，要做到：

第一，商品正面面向顾客，特别是商品的价格标签要正面面向顾客，POP吊牌制作清楚，摆放准确。

第二，一种商品不能被其他商品挡住视线。

第三，货架下面不易看清的陈列商品，可以向后倾斜式陈列，方便顾客查看。

（2）关联性原则。

◇ 便于顾客相互比较，促进连带购买。例如，果蔬、肉禽蛋、调味品和鲜肉制品可放在邻近的区域。

◇ 关联组合。按使用目的、用途发掘商品间的关联性，形成大、小关联区架，如面包旁边摆放奶油、蜂蜜，咖啡旁边摆放方糖，盐、味精等调味品旁适当摆放调味糖（红糖），刀具旁摆放磨刀石，红酒带起瓶器等。

（3）品项陈列原则。

品项陈列通常要遵循满陈列原则，如图3-6所示。

满陈列，体积及色彩搭配合谐！

图3-6　满陈列

◇ 单品横向陈列，分类纵向陈列。

◇ 从左到右，价格由低到高；从上到下，价格由低到高。

◇ 从上到下，商品体积由小到大。

◇ 层面之间二指原则，商品之间紧密性原则。

◇ 价格牌摆放在商品左下角。

◇ 满陈列，以看不到底板和背板为准。

◇ 同时考虑商品的包装、体积及色彩搭配要和谐。

（4）安全原则。

重型、大型、整箱商品陈列于货架底端（如图3-7所示）。

图3-7 安全陈列

除此之外，商品陈列还需遵循的一些原则，见表3-11。

表3-11 **商品陈列原则**

陈列原则	意义
最大化陈列	陈列的目标是占据较多的陈列空间，尽可能增加货架上的陈列数量
垂直陈列	不仅可以吸引消费者的视线，而且生动有序的陈列面符合人们的视线习惯，使商品陈列更有层次、更有气势
全品项	尽可能多地把一个公司的商品全品项分类陈列在一个货架上，既可满足不同消费者的需求，增加销量，又可提升公司形象，加大商品的影响力
突出感情	在满陈列的基础上要有意拿掉货架最外层陈列的几个，这样既有利于消费者拿取，又可显示良好的销售状况
重点突出	在中央陈列架的前面，将特殊陈列突出安置，使商品显而易见，从而引起顾客注意，刺激顾客的购买欲望
伸手可取	要将产品放在让消费者最方便、最容易拿取的地方，根据消费者不同的年龄、身高特点，进行有效的陈列
统一性	所有陈列在货架上的产品，必须统一将中文商标正面朝向消费者，可达到整齐划一、美观醒目的展示效果，商品整体陈列的风格和基调要统一
整洁性	保证所有陈列的商品整齐、清洁
价格醒目	清楚、醒目的价格牌是增加购买的动力之一，既可增加产品陈列的宣传告示效果，又让消费者买得明白。可对同类产品进行价格比较，还可以突出特价和折扣数字以吸引消费者
色彩对比	商品陈列虽然很容易做到色彩斑斓，但是好的陈列都是将色彩有机地组合，使产品包装组合为一幅动人的图画
生动化陈列	为了强化销售点广告，增加可见度，吸引消费者，必须体现陈列展售的四要素：位置、外观（广告、POP的配合）、价格牌、产品摆放次序和比例，并根据商品特点及展售地点环境进行创意

2.商品陈列的方法

商品陈列的目的就是使商品在货架上充分展示，最大限度地引起顾客的购买欲望。为了达到这个目的，选择商品陈列方法是非常关键的（如图3-8所示）。

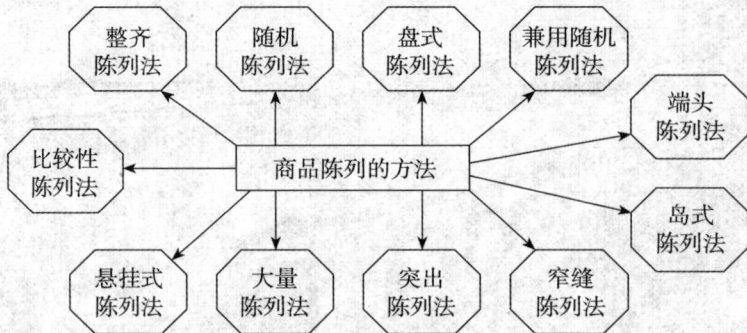

图3-8　商品陈列方法辐射图

五、重点商品分析

1."20/80法则"的产生及内容

1897年，意大利经济学家帕累托在潜心研究经济问题时，偶然发现英国人的财富与收益规模之间的关系，即"大部分财富流向了小部分人一边，被一小部分人所占用，而且某一部分人口占总人口的比例与这一部分人所占有财富的份额具有不平衡的数量关系"，这就是"20/80法则"。大量统计资料表明，"20/80法则"也同样适用于门店经营活动，即卖场里80%左右商品的销售额只占总销售额的20%，而20%左右的小部分商品的销售额却占总销售额的80%。经营者也会发现，销售商品的种类永远无法达到均衡。利润最大的商品占销售商品总数的20%左右，所贡献的利润却占全部销售利润的80%；反之，剩余80%左右的商品贡献的销售利润仅仅占全部销售利润的20%。20%左右的小部分商品实际上就是门店经营中的主力商品。

2.存货ABC分类法

将存货按品种和占用资金的多少或者销售额分为特别重要的库存（A类）、一般重要的库存（B类）、不重要的库存（C类）三个等级，然后针对不同等级分别进行管理和控制，找到关键的少数和次要的多数。ABC分类法的依据是库存中各物品每年消耗的金额（该品种的年消耗量乘以其平均单价）占年消耗的总金额的比例。

对于怎样划分各物品占每年消耗的总金额的比例，ABC分类法没有一个统一的标准，一般遵循表3-12所示的规律。

表3-12　　　　　　　　　　　　　　　　ABC分类标准

分类	占总库存品种数	占总出库金额
A类库存	10%~25%	60%~80%
B类库存	10%~20%	10%~20%
C类库存	50%~70%	5%~10%

小王是某职业学校毕业生，现担任某连锁超市的仓管员一职。小王通过分析仓库库存明细表（见表3-13）并得知仓库内所有物品均统一进货时，发现仓库管理中存在诸多问题，如库存不足等。请你运用所学的 ABC 分类法，对仓库中的商品进行分类。

表3-13　　　　　　　　　　　　　　　　仓库库存明细表

商品序号	数量	单价
1	20	20
2	20	10
3	20	10
4	10	680
5	12	100
6	10	20
7	25	20
8	15	10
9	30	5
10	20	10

讨论步骤：

（1）以团队为单位，队长要组织好讨论，并做好讨论记录，讨论时间为 10～15 分钟。

（2）由团队代表轮流上台发言，以列表的形式向大家展示本队讨论的成果。

（3）由任课教师和各队队长根据各队发言情况给出实训成绩。

（4）任课教师或学生代表作总结发言。

3.重点商品营销策略

超市门店应该集中主要精力，做好重点商品的陈列与营销，通常来讲要从以下几个方面来加强对重点商品的营销管理。

◇ 货架陈列优先。在设计商品陈列时，要在最吸引顾客的陈列架上为 "20% 商品" 预留足够大的陈列面积，确保 "20% 商品" 有充分的展示空间。一般来讲，"20% 商品" 应该陈列在卖场商品陈列的磁石点上，例如主通道两侧的货架、中间展示区的端头部位等。

◇ 采购优先。"20% 商品" 采购优先主要包括：采购资金优先和采购订单优先。在资金方面，超级市场要确保 "20% 商品" 采购资金足额、及时地给付，使 "20% 商品" 不能出现因资金不足而发生缺货、断货的情况。

◇ 储存、配送优先。在物流配送中心，要将商品储存的最佳库位留给 "20% 商品"，确保 "20% 商品" 以最短的路线流程、在最短的时间内上架补货。在商品的运送过程中，超级市场要优先以有效的运输方式、充足的运力将 "20% 商品" 准时、保质、保量地进行配送。

课堂讨论3-9

既然20%的商品能为企业带来80%的利润，那么它们就应该在日常营销活动中成为门店的经营重点。试分析：对于重点商品应如何做好营销管理？

讨论步骤：

（1）以团队为单位，队长要组织好讨论，确定讨论时间，并做好讨论记录。

（2）由团队代表轮流上台发言，以列表的形式向大家展示本队讨论的成果。

（3）由任课教师和各队队长根据各队发言情况给出实训成绩。

（4）任课教师或学生代表作总结发言。

六、滞销品淘汰业务流程

滞销品是指在一定的期限内，其销售计划和实际销售之间有较大的差距的商品。滞销商品会造成便利店资金的积压，影响货架的利用。

1.滞销品淘汰程序

首先，从销售额的角度进行数据收集和分析，并确认商品滞销的原因，确定哪些需要淘汰。然后，变更商品陈列表，并通知到门店及各个相关单位。最后，进行门店退货处理。

小提示3-4

滞销品从销售额排名靠后的商品中挑选。但如下两类因素不包括在内：

第一类，保证商品的齐全性才采购进场的个人护理、生活用品、烟酒、饮料等商品（比如袜子、剃须刀架、文具、头饰、毛巾最容易成为滞销品）。

第二类，季节性因素导致销售不理想的商品（比如电蚊香片、水、雨衣、啤酒等）。

2.淘汰商品退货方式

滞销品淘汰的核心问题之一是选取合适的退货方式。关于退货方式，主要有以下两种：

（1）总部集中退货方式。将各门店所有库存的淘汰商品集中于配送中心或各自将自己的库存淘汰商品统计、撤架、集中，在总部统一安排下，由供应商直接到各门店和配送中心取回退货。这种退货方式的主要缺陷是增加了连锁企业和供应商大量的物流成本。

（2）作为特别促销商品处理。为了降低退货过程中的无效物流成本，目前连锁企业通常采用的做法是在淘汰商品确定后，立即与供应商进行谈判，将该商品一次性削价处理或者将该商品作为特别促销商品处理。这种现代退货处理方式为非实际退货方式（即并没有实际将货物退给供应商），它除了具有大幅度降低退货物流成本的优点之外，还为连锁企业促销活动增添了更丰富的内容。

课堂讨论3-10

超市店面的空间极其宝贵，应充分利用，尽量陈列畅销的、盈利能力强的商品。我们通过学习掌握了重点商品的陈列和营销策略。试分析：对于滞销商品我们又应该如何识别和淘汰，如何处理呢？

讨论步骤：

（1）以团队为单位，队长要组织好讨论，确定讨论时间，并做好讨论记录。

（2）由团队代表轮流上台发言，以列表的形式向大家展示本队讨论的成果。

（3）由任课教师和各队队长根据各队发言情况给出实训成绩。

（4）任课教师或学生代表作总结发言。

七、商品报废程序处理作业

门店每天都会检视店内各项商品的保存期限，将即将超过保存期限的商品进行报废处理。门店每天所需报废的商品多具有销售的时效性，保存期限较短，例如盒饭、牛奶等。

实例展示 3-2

某品牌门店为了方便进行报废作业，采用颜色标签来管理有销售时限要求的商品。在中午前进货的盒装餐食上贴上黄色标签，在晚上进货的盒装餐食上贴上绿色标签，如此一来，隔日中午盒装餐食到期前，门店便可以准确地将贴有黄色标签的盒装餐食迅速地下架并进行报废处理。报废的商品下架后，必须先将商品条码及商品名称、数量录入电脑，生成报废单，仔细核对无误后便可将商品拆解后进行报废处理。

任务二　　　　商品盘点

任务描述

小王的店面按盘点计划要进行全面盘点了，现在请你为小王的店面做一下盘点准备，以及负库存与虚库存等差异分析工作。

知识准备

所谓盘点，就是定期或不定期地对店内的商品进行全部或部分清点，以准确掌握该期间内的经营业绩，并加以改善，加强管理。

一、盘点目的

门店每进行一次盘点作业，从事前准备到盘点后处理，需要投入大量的人力及时间，这些投入不但无法产生业绩，还可能会影响正常作业，如营业中盘点或停业盘点。另外，店员也不喜欢从事盘点作业，因为盘点工作枯燥乏味、延长工作时间（如营业后盘点），甚至可能追究失职责任（如盘损异常）。

尽管盘点无疑会增加营运成本，但就门店经营管理来讲，它仍是一件非常重要的工作，因为盘点可以实现以下目的：

（1）了解门店在经营期间内的损益状况。

（2）了解门店的存货水准、占用资金及商品周转情况。

（3）了解目前商品存放位置、缺货状况。

（4）挖掘并清除滞销品以及即将过期商品。

（5）发现盘盈、盘损，并尽早采取防漏措施，减少损失。

（6）抽查异常的店面或部门，可发现舞弊行为或预防舞弊发生。

（7）清洁店面环境，清除死角。

二、盘点原则

门店在进行盘点时应该做好以下几点：

首先，门店根据要求组织柜组进行盘点前准备、盘点、盘点差异原因分析。

其次，参加盘点人员按照"见货盘货"的原则，认真负责地对商品进行交叉清点，杜绝多盘、漏盘等盘错现象，现场不得出现任何"预先数量标注"。

最后，盘点数据及差错原因分析应真实可靠，严禁人为修改，弄虚作假。

三、存货差异

存货差异是指实际盘点数与门店账面存货数不相符，包括盘盈及盘损两种情况。盘盈是指实际盘点数大于账面存货数；盘损是指实际盘点数小于账面存货数。

盘盈通常是由于门店账务处理错误所致，会导致无法立即发现门店的偷窃问题并造成财务上看不到的损失。店面要将存货差异控制到最小的程度，并找出差异原因以强化管理，使损失减少到最低。相对地，门店长期盘损，将会导致门店的利润严重减少，从而使经营陷入困境。

四、盘点方法

商品盘点可分为定期盘点与临时盘点两种。定期盘点是指商场制度规定的在固定某个时间进行的商品盘点，如月末、季末、年末的盘点；临时盘点是指在零售价格调整、陈列方法改变、商品负责人变动或其他变故发生时，对商场内的全部或部分商品进行的盘点。商品盘点方法及其适用范围见表3-14。

表3-14　　　　　　　　　　　　　　盘点方法表

	实物和账面		区域		时间段		周期	
	实物	账面	全面盘点	区域盘点	营业中	营业后	定期	不定期
定义	实际清点存货数量	以书面记录或电脑记录进出账的流动状况而得到期末存货余额或估算成本	将店内所有存货区域进行盘点	以类分区，依序盘点店一定区域，如此周而复始	盘点时商店仍对外营业	商店在关门后盘点	每次盘点间隔期一致的盘点	盘点间隔期不一致的盘点
适用范围及时间间隔	商店实物盘点	由技术部和财务部进行	一年两次	周期性	库存区盘点	销售区盘点	全面盘点	大家电、精品等，或突发事件、人事变动、经营异常等

五、盘点组织

1.盘点作业流程

盘点作业流程规划的缜密与否，直接关系到盘点结果的真实性。盘点作业流程如图3-9所示。

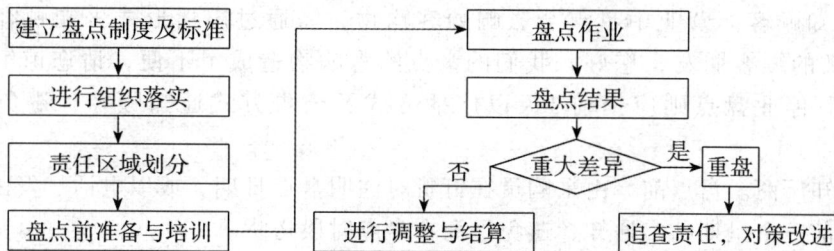

图3-9　盘点作业流程图

2.盘点作业人员的职责

盘点作业人员由各门店负责组织落实，总部人员在各门店进行盘点时分头下去指导和监督盘点。一般来说，盘点作业是超市门店人员投入最多的作业，所以要求全员参加。盘点过程中相关人员及职责安排见表3-15。

表3-15　　　　　　　　　　　　　　**盘点人员职责表**

盘点角色	主要职责
总盘人	负责盘点工作的统一领导和监督盘点工作的有效进行，负责盘点中异常情况的处理，并负责考核及奖惩盘点人员
盘点人	具体负责盘点工作，盘点作业要确定责任区域，落实到人
复核人	负责盘点人盘后数据准确性和真实性的复核查对，以免出现差错
会点人	主要负责盘点记录工作
协点人	主要负责盘点物资的搬运和整理工作
监点人	主要负责盘点的监督工作，以确保盘点工作的正常进行
协调人	由相关部门派人担任，主要负责协调部门之间的工作

任务实施

一、盘点前准备

课堂讨论3-11

凡事预则立，不预则废。为了确保盘点工作有序进行，盘点人员各司其职，做好盘点前的准备工作至关重要。请思考准备实施盘点工作时如何告知顾客和供应商厂家？盘点区域如何划分？

讨论步骤：

（1）以团队为单位，队长要组织好讨论，并做好讨论记录，讨论时间为10～15分钟。

（2）由团队代表轮流上台发言，并向同学们展示本队的讨论成果。

（3）由任课教师和各队队长根据各队发言情况给出实训成绩。

（4）任课教师或学生代表作总结发言。

1.通知顾客和厂商

（1）通知顾客。营业中盘点会影响顾客购物，需通过广播形式告知顾客，以取得谅解："尊敬的顾客朋友，您好，我们的盘点给您购物造成了不便，请您谅解，顺祝您购物愉快！"停业盘点则应提前3天以广播方式及公告方式通知顾客，避免顾客徒劳往返。

（2）通知厂商。盘点前，由采购员在订货时注明盘点日期，或以电话、发函通知，并在收货处提前一个星期贴出通知，避免厂商在盘点时段送货。

2.盘点区域安排

根据卖场库和仓库实际情况，制作平面图，划分区域。根据清单，门店各课（处）应对货架进行编号，编制盘点区域布置图，并检查确定无遗漏。编制区域布置图时应注意：每组货架、端架、堆头、仓库必须分类编号。货架编号（区域划分）参考规则：以一组货架为单位，不论其有几层，如以A-非食品、B-大家电、C-服饰、D-杂货、E-生鲜为标识等。对仓库则按货架摆放顺序编制序号，大家电和服饰没有单独分处的门店，将大家电和服饰一起编入非食品处。依据编号，制成盘点区域布置图（如图3-10所示）。

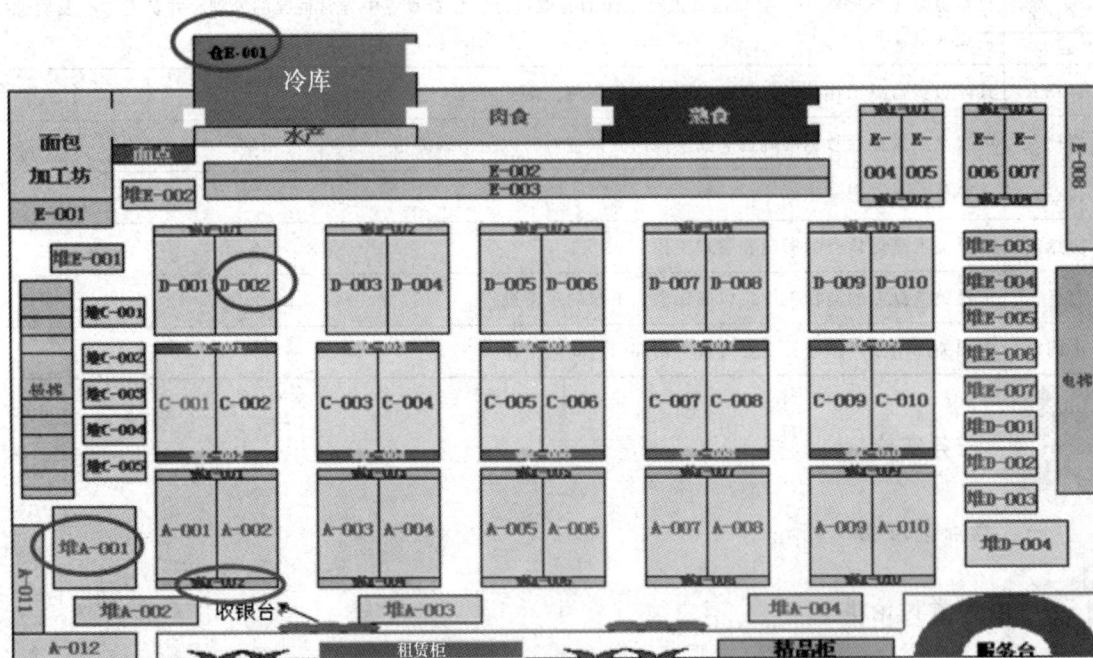

图3-10 盘点区域布置图

3.盘点人员安排

（1）提前2天安排盘点人员名单（见表3-16）。

（2）门店行政人员必须学会使用手持终端，且服从调派。

（3）盘点人员安排表公布在员工通道醒目位置，盘点人员必须了解自己的盘点区域。

（4）每个区域必须有对应的初盘人、复盘人、输单人、稽查人。

（5）原则上不同大类不得安排同一个盘点机输单。

表3-16　　　　　　　　　　　　　**盘点区域责任表**

盘点日期：20××年××月××日　　　　　　盘点类别：非食品　　　　　　仓库、非排面、排面

盘点区域	主要类别	盘点人	交叉复盘人员	盘点机操作人员	稽查人员
A-001	洗发水、沐浴露	张三、李四	王五、赵六	一号机李华、刘峰	陈正
……	……	……	……	……	……
……	……	……	……	……	……

制表：　　　　　　店长：　　　　　　制表日期：20××年××月××日

4.环境和商品整理

课堂讨论3-12

整洁干净的仓库、店面环境和排列整齐有序的商品有利于盘点工作的顺利进行。请考虑盘点工作开始之前应该如何检查环境卫生和商品的整理工作。

讨论步骤：

（1）以团队为单位，队长要组织好讨论，并做好讨论记录，讨论时间为10~15分钟。

（2）由团队代表轮流上台发言，并向同学们展示本队的讨论成果。

（3）由任课教师和各队队长根据各队发言情况给出实训成绩。

（4）任课教师或学生代表作总结发言。

（1）环境整理。实际盘点前2天对商品进行整理，使盘点工作更有序、有效，及早清除不良商品。

◇检查货架或冷冻、冷藏价格卡是否与商品陈列位置一致，不一致时，要将其调整一致或更换新卡。

◇将商品陈列整齐，以利于清点数量，将陈列端头、陈列架、附壁陈列架、随机陈列架、堆头等上的商品陈列整齐。

◇清除坏品、退货商品，该报废的报废，该退货的退到收货区，包装破损的商品要及时处理。

◇清除卖场及作业场地死角，检查收货区是否有滞留商品。

◇将各项设备、备用品、工具存放整齐。

（2）商品整理。商品整理需要做好如下几点：

◇柜台库商品需依次按品类、按展厅、按品牌有序堆放，卖场库商品需依次按品类、按品牌、按同型有序堆放。

◇各柜台将厂家赠品（尤其是数码配件类）与门店商品区分开，单独堆放，用标签进行标记。

◇排查门店内展厅后面的休息室，将里面的外包装、厂家赠品等摆放整齐。堆放在其他区域柜台库中的已销未提商品在盘点前全部移至对应展厅或对应的仓库中。

◇所有挂钩只悬挂一种单品。

◇ 做堆头的、部门借用的赠品在盘点前全部还至赠品库，赠品库清点要求同正常商品。

◇ 确保各仓库商品按同品类、同品牌、同型号等要求堆放整齐，确保仓库的商品堆放不得过高。

◇ 机器型号统一方向，面对通道或便于查看处。

◇ 盘点时出现商品在其他品类、其他展厅、其他不该出现的地点等情况时，该商品一律不计入盘点数据。

5.单据准备

课堂讨论3-13

盘点工作执行之前需要冻结库存，相关的单据资料应该处理完毕。那么，盘点前我们应该处理好哪些相关的业务单据呢？盘点卡等单据的填写又有哪些要求呢？

讨论步骤：

（1）以团队为单位，队长要组织好讨论，并做好讨论记录，讨论时间为10~15分钟。

（2）由团队代表轮流上台发言，并向同学们展示本队的讨论成果。

（3）由任课教师和各队队长根据各队发言情况给出实训成绩。

（4）任课教师或学生代表作总结发言。

直送入库单、配送单、返厂单、返仓单、出库单、退换货单、报损单、调拨单、手工销售单、外借商品登记表等必须处理完毕。手工三联单、大宗出库单、退换货单均由收银课长安排人手及时输入。信息课负责处理无法正常处理的单据，同时核对是否处理完毕。

返仓单的处理：信息课对所有返仓单进行审核，如返仓商品已经送到配送中心，但返仓单依然为批准状态，会导致因库存不足使返仓单无法审核，这时需按返仓单上的实际数量盘进去。

返厂单的处理：返厂商品必须做到单货同行。

（1）盘点卡要求。放置和填写盘点卡，除散货用手工盘点表外，所有的单品必须使用对应的盘点卡；仓库、非排面的商品的盘点卡必须贴在外箱上，排面上商品的盘点卡必须插入对应的商品标签条内，并放在大标签的右边（多层陈列的商品每层都要放置盘点卡）。预先填写"商品品名"、"商品编码"、"盘点人"和"盘点日期"（如图3-11所示）。

盘点卡	
商品品名_____	盘点数量_____
商品编码_____	复盘数量_____
盘点人_____	盘点日期_____
复盘人_____	录入人_____

图3-11 盘点卡

（2）散货商品的填写。散货包括糖果、饼干、炒货、果冻、凉果蜜饯、糕点、豆干、卤味肉制品等。由于散货品种丰富、体积小、数量多，所以盘点起来比较麻烦，具体盘点作业流程如图3-12所示。

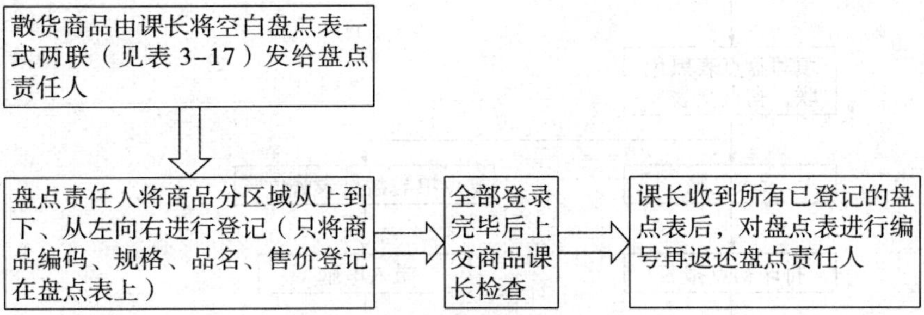

图3-12　散货商品填写流程图

表3-17　　　　　　　　　　　　某门店盘点表

大类：　　　区域编号：　　　盘点日期：　　　第　页，共　页，总第　页

商品编码	规格	品名	单位	售价	库存数量				备注
					仓库	非排面	排面	总数	

盘点人：　　　　　　　　　　商品课长：

说明：盘点表一式两联，一联财务（白），一联门店（蓝）。

二、盘点执行作业

充分做好盘点前准备工作，要求所有设备资料齐全，作业人员各司其职，认真细致地进行盘点的登记及审核工作。具体的盘点作业通常使用手持终端进行盘点和数据的录入，情况特殊时可以采用人工盘点作业。

课堂讨论3-14

盘点作业为了确保特定时期的账、卡、物准确相符，要求盘点人员必须认真负责，严格遵守公司的盘点作业流程。那么，盘点作业的具体操作流程是什么样的？请画出盘点作业流程图，分析可能出现差异的原因。

讨论步骤：

（1）以团队为单位，队长要组织好讨论，并做好讨论记录，讨论时间为10~15分钟。

（2）由团队代表轮流上台发言。

（3）由任课教师和各队队长根据各队发言情况给出实训成绩。

（4）任课教师或学生代表作总结发言。

1.盘点作业具体操作流程

门店盘点作业对于及时检验门店库存与销售状况，检验经营状况，了解损耗数据，合理控制损耗，及时更新系统库存数据，明确经营目标与方向发挥着非常重要的作用。盘点作业具体操作流程如图3-13所示。

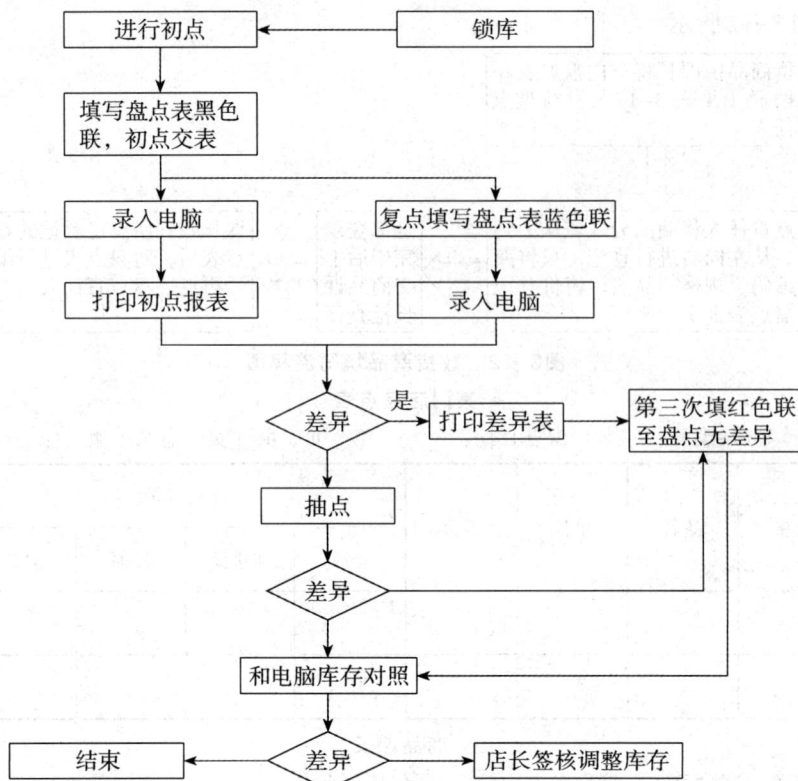

图3-13　盘点作业流程图

2.盘点作业操作相关规定

（1）初盘点规定。

◇ 先点仓库（库存区）、冷冻库、冷藏库，再点卖场。

◇ 盘点货架或冷冻柜、冷藏柜时，依序由左而右，由上而下。

◇ 每一货架或冷冻柜、冷藏柜均视为独立单位，使用单独的盘点表。若盘点表不足，则继续使用下一张。

◇ 两人一组，一人点，一人写。

◇ 盘点表上的数字填写要清楚，不可潦草，数字写错时要涂改彻底。

◇ 清点时，一定要按最小单位清点，不够一个单位的忽略不计，同时取出归入待处理品堆放处。

◇ 盘点时，顺便查看商品的有效期，过期商品应随手取下归入待处理品堆放处。

◇ 店长要掌握盘点进度，调度机动人员支援，巡视各部门盘点区域，关注死角及易漏盘区域。

◇ 对无法查知商品编号或商品售价的商品应立即取下，稍后追查归属。

◇ 盘点时注意大分类和小分类，注明该分类商品所在的货架号码。

（2）复点规定。

◇ 复点时要先检查盘点配置图与实际现场是否一致，有无遗漏区域。

◇ 一盘、二盘不一致时，必须进行共同的复点。

（3）抽点作业规定。

◇ 对整个区域的抽点视同复点。

◇ 抽点商品要特别关注卖场内的死角，或体积小、单价高、量多的商品。

◇ 抽点用红色盘点表，注明为抽点。

◇ 抽点是对初点和复点无差异商品的抽验。

（4）差异处理。这里的差异是指初点和复点的结果不一样及抽点与初点、复点的结果不一样。信息课打印差异盈亏表，包括商品编码、商品名称、账存数量、实盘数量、盈亏数量等（见表3-18）。

表3-18　　　　　　　　　　　　　　　　差异盈亏表

商品 编码	商品 名称	账存 数量	实盘 数量	盈亏 数量	复查数量			
					仓库	非排面	排面	总数

◇ 与初点和复点不一样，应由主管或其指定的不同员工进行第三次盘点，直至正确。

◇ 若发生与前述盘点有差异的情况，按上述步骤再次进行盘点，直至正确。

◇ 按正确结果修改报表。

（5）注意事项。

◇ 主管在签核报表时，对其数量的总和应再核对一次，以确保无误。

◇ 主管必须检视每位员工负责的盘点区域。

◇ 在盘点前该盘点品项的销售区域应维持适当的安全库存量。

◇ 主管须负责对盘点过程中汇集的待处理品（如破损、变质商品、过期商品、无商标商品等）进行相应处理（如报损、重新包装等）。

（6）打印盘点报表。经主管核查无误并由部门经理以上级别人员签字后，打印实际盘点报表。

三、盘点结果的分析和处理

课堂讨论3-15

盘点作业结束后，将实际盘点库存和电脑库存相核对，若有差异，堵疏防漏追查差异原因。请分析可能出现重大差异的原因，并说明处理方法。

随堂测3-1

讨论步骤：

（1）以团队为单位，队长要组织好讨论，并做好讨论记录，讨论时间为10～15分钟。

（2）由团队代表轮流上台发言。

（3）由任课教师和各队队长根据各队发言情况给出实训成绩。

（4）任课教师或学生代表作总结发言。

1.重大差异及处理措施

所谓重大差异，是指盘损率大幅超过同行业标准或公司目标，以及毛利率远低于同行业标准或公司目标。盘损率是实际盘点库存与电脑库存的差异。

重大差异产生的原因可能有：
◇ 错盘、漏盘、计算错误。
◇ 偷窃。
◇ 收货错误或空收货，结果账多物少。
◇ 报废商品未进行库存更正。
◇ 对一些清货商品，未计算降价损失。
◇ 生鲜品失重等处理不当。
◇ 商品变价未登记和任意变价。

若发生重大差异时，应立即采取下列措施：
◇ 重新确认盘点区域，看是否漏盘。
◇ 检查收货，有无大量异常进货，并且未录入电脑。
◇ 检查有无大量异常退货，并且未录入电脑。
◇ 检查库存更正及清货变价表。
◇ 重新计算。

商品盘损的多少代表着管理人员管理水平的高低及责任感的强弱。只要结果在合理的范围内，均视为正常。盘点结束后，有必要奖优惩差，降低损耗。参照行业标准的低成本损耗及责任落实到人的经营理念，目前通常规定的超市盘点损耗标准为：
◇ 门店盘损率应控制在销售总金额的4‰～6‰。
◇ 在6‰～8‰之间应视为低于标准水平，必须由经理负责寻找原因，提出整改措施。
◇ 在8‰以上为不正常，必须追究有关经营人员及员工的责任，并给予处罚。
◇ 开店初期2个月的第一次盘点允许有较高的损耗率。

2.库存调整
库存调整流程如图3-14所示。

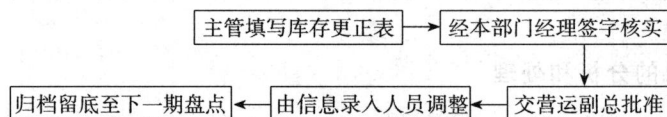

主管填写库存更正表 → 经本部门经理签字核实 → 交营运副总批准 → 由信息录入人员调整 → 归档留底至下一期盘点

图3-14　库存调整流程图

◇ 此时产生的差异，经部门经理签核后，以盘点实际库存量为正确数据。
◇ 营运副总签字后，信息录入人员方可做"确认"工作。
◇ 公司营运部于各品项盘点后将视情况予以抽查。
◇ 报表保存至该品项下次盘点后，方可销毁。
◇ 账务调整，由财务部完成。

3.资料整理
◇ 经理要确认盘点单是否全部收回，同时要有签名。
◇ 复印留底，原件送财务部核算。
◇ 财务部在收到盘点资料后，2日内提出盘点结果报告。
◇ 各部门做盘点实施情况报告，以作为以后改善、参考之依据。
盘点报告表见表3-19。

表3-19   盘点报告表
部门：   日期：

	执行情况	问题	改善对策
初点			
复点			
抽点			

主管：

小提示3-5

商品盘点是零售门店的一项重要工作，力求准确、迅速。

思政园地

商品陈列动态化，凝聚店铺人气

在很多人眼中，商品陈列就是把商品整齐地摆放在货架上，作为一个静态的展示，销量好不好只取决于商品本身的好坏。因此，很多店铺并未将商品陈列纳入经营管理的层面，货架上的商品处于一种简单随意排列的状态。

出色的商品陈列不仅能引起顾客的关注，更能刺激其购买欲望。而动态陈列就是在商品展示中备受顾客青睐的一种陈列方式。它不同于常见的静态陈列，采用的是活动式、拟人化、操作式、互动式等动态展示，让顾客不但可以触摸商品，更重要的是可以与商品互动，更直观、更生动地了解商品的功能和特性。在竞争激烈的当下，"成功的商品陈列就是无声的优秀推销员"这一观念已被越来越多的零售人所接受。商品陈列的形态组合要从美学、管理和销售等诸多角度去考虑。因此，在日常的经营中要打破过去那种单一、机械的陈列方式，从静态陈列向动态陈列转换。

一是在动态陈列中展示商品的美感。著名服装陈列设计师田燕曾说过："产品再好，陈列得跟抹布似的，顾客看不出好来；将这块抹布熨得平平的，再装饰上花，就可以卖1 000元钱。"由此说明，只有美的形象才能吸引人，陈列的首要任务就是将商品的美感展示出来。水果店可以把店里原本堆得像小山一样的水果排列得整整齐齐，如橘子摆成金字塔形，苹果摆成六边形，荔枝摆成假山形；在斜着置放的水果平柜后面，放上一面大镜子，给顾客一种琳琅满目、五彩斑斓的美感，让顾客看起来很舒服，进而有顺手买一些回家的冲动。

二是利用灯光打造动感环境。利用灯光的变化打造静态商品动态化的效果。运用绚彩的闪烁灯光和流动照明，给人一种水果在动的幻觉。在店铺中央，可以安放一个高级水果展台。展台可以缓慢转动，上面摆放用不同的水果组合成的可爱兔子、憨厚小猪等动物，让顾客看了忍俊不禁，开心一笑。

三是按照经营需要定期调整陈列。店里的陈列不是一成不变的，可以根据季节的变化、销售的重点、顾客的口味及时调整水果位置。比如，夏季来临，可以把黄金位置让给西瓜、甜桃、李子等应季水果；秋冬季节，店铺的显眼位置摆放上苹果、葡萄、脐橙等，让顾客常看常新，方便寻找和选购。

商品陈列就像无声的促销员，做好了能带来意想不到的效果。因此，连锁门店要充分发挥商品陈列对销售的促进作用，树立以顾客为中心、以需求为导向的经营理念，根据顾客的消费心理、消费需求和购习习惯，采用科学的方法，精心设计商品的陈列。在展示出商品的特性的同时，让顾客在购物中享受到快乐，从而达到吸引客源、刺激消费、凝聚人气、提升销量的目的，为店铺带来更多的利润。

资料来源　刘国文. 商品这样陈列，店铺销量翻番！［EB/OL］. ［2024-05-27］. https：//www.yan168.com/portal.php? mod=view&aid=4696.节选。

分析提示：随着顾客审美水平的不断提高，单一的商品陈列已经无法刺激其购买欲望。只有在陈列上下功夫，赋予商品生机和活力，在色彩和造型上对顾客形成视觉冲击，才能让其产生新鲜感，带给其美好的购物体验。通过动态陈列，打造美感，让商品生动起来，让顾客好感不断，不断地体验惊喜与发现惊喜，从而会给连锁门店带来可观的效益。

学思践悟：确定"民生意识"作为思政教育主题，通过对商品陈列进行实操，传递商品陈列的艺术美感，引发学生理解商品陈列对满足人民群众的物质文化需求的重要性，培养学生紧扣民生问题、服务社会的责任和意识，进一步深化学生视觉营销理念。

项目小结

超市门店经营过程中一般都是零库存运作，厂商送来的商品经过验收后就摆上货架陈列销售。为了充分利用超市门店空间，满足客户多样化的消费需求，同时避免缺货现象的发生，商品管理就显得至关重要。

及时、安全、准确、快速的进货补货作业流程能够最大限度地保证供应，作为超市必须做好验收工作，确保商品的质量。

在眼球经济时代，谁的商品能吸引消费者的注意力，谁就是赢家。商品陈列要让消费者显而易见，这是达成销售的首要条件，让消费者看清楚商品并引起注意，才能激发冲动性购买行为。所以，商品陈列要醒目，展示面要大，力求生动美观。

超市中的商品种类成千上万，而超市的货架空间确实有限，超市要努力发掘盈利能力较强的、销售量较大的少数商品作为重点管理和营销的对象。根据POS系统数据分析，找出少数的关键商品，对其进行严格管理和重点营销的同时，发现和淘汰滞销商品，能够为超市创造更大的盈利空间。

盘点是确保超市账物相符和减少损失的有效手段。在盘点时，超市应发挥集体主人翁意识，各个部门协同运作，参与人员高度负责，严格执行公司的盘点规定和操作流程，对盘点结果客观分析和处理，确保盘点作业的准确性和实效性。

项目训练

一、选择题

1. （　　）是反映企业流动资金运作情况的晴雨表，作为一项重要的流动资产，它的存在势必占用大量的流动资金。

A.现金 　　　　　B.货架 　　　　　C.存货 　　　　　D.销售量

2.（　　　）是指一个销售周期内（比如一个月）销售量和平均库存量周转的比值。其代表平均库存周转的次数，数值越高表示库存周转越快，占用的运营资金越少，企业的现金流状况越好。

A.投资回报率 　　　B.库存周转率 　　　C.存货天数 　　　D.投资回收期

3.各门店下单后供应商凭订单直接将商品送门店的订货物流模式是（　　　）。

A.直送 　　　　　B.直通 　　　　　C.配送 　　　　　D.中转

4.容易观赏，容易触摸，强调商品的特性和卖点，激发兴趣，这是商品陈列的（　　　）原则。

A.行动 　　　　　B.确信 　　　　　C.欲望 　　　　　D.兴趣

5.ABC分类法中，品种比例为5%～15%，平均为10%，品种比重非常小；年消耗的金额比例为60%～80%，平均为70%，占用了大部分的年消耗的金额。这种存货属于（　　　）商品。

A.B类商品 　　　　B.C类商品 　　　　C.A类商品 　　　　D.畅销商品

6.以书面记录或电脑记录进出账的流动状况而得到期末存货余额或估算成本的盘点方法是（　　　）。

A.实物盘点 　　　B.区域盘点 　　　C.定期盘点 　　　D.账面盘点

7.负责盘点人盘后数据准确性和真实性的复核查对，以免出现差错的盘点角色属于（　　　）。

A.总盘人 　　　　B.复盘人 　　　　C.协盘人 　　　　D.监盘人

8.盘点前所有的单品必须都有对应的（　　　）。

A.盘点卡 　　　　B.盘点表 　　　　C.配送单 　　　　D.入库单

9.门店盘损率应该控制在总销售金额的（　　　）。

A.0.6%～0.8% 　　　B.0.2%～0.4% 　　　C.0.4%～0.6% 　　　D.0.8%～1%

10.（　　　）是指盘损率大幅超过同行业标准或公司目标，以及毛利率远低于同行业标准或公司目标。

A.重大失误 　　　B.盘点误差 　　　C.盘点差异 　　　D.重大盘点差异

二、判断题

1.门店收货人员可以不按单收货和验收。　　　　　　　　　　　　　　　　（　　　）

2.门店收货部根据订单验收商品，在订单的实收栏填写清楚实收数量，如实收数需要更改时直接用"+"或"-"来表示即可。　　　　　　　　　　　　　　　　　　　（　　　）

3.录入验收单时，必须对电脑订单上的件数、数量、进价金额等进行核对后，方可确认输入。　　　　　　　　　　　　　　　　　　　　　　　　　　　　　　　　（　　　）

4.打印出来的正式电脑验收单中的"管理人员"与"收货员"签名允许是同一人操作。　　　　　　　　　　　　　　　　　　　　　　　　　　　　　　　　　　（　　　）

5.A类物品的品种比例为15%～25%，平均为20%；年消耗的金额比例为15%～25%，平均为20%。其品种比例和金额比例相似，是需要常规管理的库存。　　　　　　（　　　）

6.盘点时出现商品在其他品类、其他展厅、其他不该出现的地点等情况时，该商品应计入盘点数据。　　　　　　　　　　　　　　　　　　　　　　　　　　　　（　　　）

7.盘点卡可以预先填写"商品编码"、"商品品名"、"盘点日期"、"盘点人"和"盘点数量"等。 （　　）

8.盘点货架或冷冻柜、冷藏柜时，依序由右而左，由下而上。 （　　）

9.盘点时，可以不按最小单位清点，不够一个单位的忽略不计，同时取出归入待处理品堆放处。 （　　）

10.盘点结束后相关单据即可销毁。 （　　）

三、实训题

请参观考察当地一个超市，针对以下内容，进行总结。

（1）观察现场环境，尝试画出该超市的商品配置表。

（2）按照商品陈列的原则，找出对应的应用场景。

项目评价

本项目考核由考试、教师评定、学生自评三部分构成，考试成绩根据学生对项目训练部分的完成情况给出，教师评定成绩和学生自评成绩分别由教师和学生根据课堂教学、课堂讨论及实训完成情况给出，填写表3-20。

表3-20 商品管理考核评价表

	考核项目名称	分值	得分	评语	备注
考试	项目成绩	40			
教师评定	课堂纪律	10		评定人：	
	着装仪表	4			
	语言文明	5			
	课堂发言	5			
	课内作业	8			
	课外作业	8			
	教师评定成绩小计	40			
学生自评	学习态度	4		评定人：	
	尊重他人	4			
	交流合作	4			
	实践能力	4			
	创新精神	4			
	学生评定成绩小计	20			
成绩总评		100			

项目四　　　　　绩效管理

绩效管理将员工的绩效与薪酬、晋升等直接挂钩，能够激发员工的积极性和工作热情。员工为了获得更好的薪酬和晋升机会，会更加努力地工作，从而推动门店整体业绩的提升。绩效管理鼓励员工提升服务质量，通过提供高质量的服务满足客户需求，提升客户满意度。在门店运营中，客户满意度是至关重要的，它直接关系到门店的口碑和业绩。团队协作能够增强凝聚力，有效的绩效管理能够激发团队精神，增强员工之间的协作和配合，共同为门店业绩的提升贡献力量。持续改进，推动创新，鼓励员工提出新的想法和建议，推动门店在产品和服务上的创新，这些有助于门店适应市场变化，满足客户需求的多样化，从而在竞争激烈的市场上保持领先地位。

本项目主要完成两项任务：损益核算和绩效考核。

学习目标

知识目标：

1. 理解客单数与客单价的含义。

2. 了解门店经营成本的构成与分摊。

3. 了解绩效管理的概念及内容。

4. 了解绩效管理的运行机制及功能。

能力目标：

1. 能运用客单数与客单价提高门店销售额。

2. 会核算门店的经营成本，能利用盈亏平衡点确认门店盈亏状况。

3. 熟悉绩效管理循环流程，能制订简易的绩效计划。

4. 能运用关键绩效指标对门店员工进行绩效考核与评估。

5. 能较好地与店员进行绩效沟通与反馈。

6. 能将绩效管理的结果应用到门店实践中。

素养目标：

1. 具备成本管理意识。

2. 具备以人为本的意识。

3. 具备客观、公正、公开的工作意识。

4. 具备直面风险的勇气。

5. 具备创新、敬业、乐业的工作作风。

案例引领

绩效考核伤了小王的心

2023年12月，某连锁超市进行员工绩效考核，由各部门经理对员工本年度工作成绩、任职状况、工作态度等方面进行全面评价，评价结果将直接影响员工职位及薪级调整。该连锁超市员工职业道德的基本规范为忠诚信实、爱岗敬业、恪尽职守、公平正义、团结协作。根据小王的日常表现并结合员工职业道德基本规范，小王的绩效考核评级为"A"（考核共分四级：A——优秀；B——良好；C——一般；D——需改进）。

小王很高兴，自己的工作得到了领导的认同和肯定。他自认为全年没有出现明显失误，尤其前一段时间经常加班到晚上9点多，节假日不休息，很好地完成了本职工作，"A"等评级当之无愧。但是这种喜悦感很快就没有了，因为他听到了一个消息。他愤愤不平地向朋友诉苦："同事小张考核也得了个A，我的第一感觉是不是搞错了。我并不是嫉妒他，而是觉得太不可思议了。他每天都用单位办公室座机给女朋友打电话聊天，一天要打上三四次，有时一次通话长达半个小时之久，违反了公司座机打私人电话每次不能超过3分钟的规定。另外，他还经常在上班时间玩网络游戏。这样的员工竟然也能被评为A？还有天天上网炒股的小刘，最后绩效考核是B，而有的同事全年表现都不错，只是出现过小错误就被评为D。我加班加点努力工作的考核是A，他们天天打私人电话聊天、玩游戏也是A，考核制度岂不是形同虚设？"

请各位同学思考一下：该案例中绩效考核为什么会伤员工的心？

任务一　损益核算

任务描述

小王的店面虽然开业已经有好长一段时间了，但是，由于小王没有对店面经营进行损益核算，店面到底是亏还是赚，小王心里是一本糊涂账。小王迫切需要对店面经营损益做一个核算，确认销售收入，厘清经营成本，核算经营利润。现在请你帮助小王做一下这方面的工作。

知识准备

一、门店销售收入的确定

众所周知，销售额取决于商品销售数量与平均售价。商品只有被顾客购买，并支付了货款才能确认为销售收入。因此，门店的销售收入可以表述为：

门店销售额=客单数×客单价

1.客单数

客单数=消费者人数=顾客数（或来客数）×交易比例

人们通常把顾客和消费者混淆了，其实顾客并不完全等同于消费者，只有完成现了消费行为的顾客才是消费者。顾客数称为"来客数"或者"客流量"，指的是光顾门店的顾客总数。

实际上，光临门店的顾客只有部分入店消费，踏入门店的顾客成为消费者的比例称为交易比例。一般来说，入店的顾客会受到门店环境与商品促销气氛的影响而作出购买行为。

2.顾客数

顾客数=来客数=目标顾客×进店率

目标顾客的进店率决定了门店的来客数。目标顾客指的是对门店有一定的认知度、愿意并且可能到门店消费的顾客群。进店率包括两层含义：一是将意愿转换成消费行为的目标顾客比例；二是目标顾客的购买频次或频率。一般来说，门店通过丰富而生动化的商品陈列、丰富多样的促销活动、优质贴心的服务，吸引具有潜在消费意愿的目标顾客的到来，或者激发目标顾客的回头率。

3.客单价

客单价是指在一定时期内，每位顾客消费的平均价格，或每一位顾客平均购买商品的金额。它不仅取决于顾客当次购买商品的数量，也与当次购买的商品价格相关。一般来说，舒适的购物卖场环境、火爆的促销场景、友善周到的服务能激发顾客冲动消费，带动关联销售和贵重、高价值商品的专业化营销。超前或是完善的售后服务，甚至团购和批发都是提高客单价的不错途径。客单价公式如下：

客单价=顾客购买商品数×平均商品价格=销售金额÷成交笔数

客单价=动线长度×停留率×注目率×购买率×购买个数×商品单价

二、经营成本的核算

1.门店进货成本

门店进货成本=门店销售总额×平均毛利率=门店销售总额×（售价−进价）÷售价

商品售价的最低限度是进货价，高于进货价就能获得毛利。毛利率是毛利与售价的比率，通过毛利率可以知道哪些是门店高毛利商品，应该重点推广，哪些是敏感商品，不能断货等。另外，毛利率的高低也是衡量当地购买能力的依据。一般来说，门店食品毛利率应该为15%左右，针织品毛利率为25%～35%，杂货的毛利率为20%～25%，洗涤用品的毛利率为15%～18%。

2.固定费用

（1）设备费用，如店租，门店装修费分摊，货架、空调等经营设备折旧，保险费等。

（2）人事费用，如工资、加班费、福利金等。

（3）维持费用，如水电费、消耗品费、事务费、工杂费等。

3.变动费用

变动费用主要包括广告宣传费、水电费、设备修理费、盘损、增值税等。

三、门店的盈亏平衡分析

盈亏平衡点是销售收入等于经营成本时的点（如图4-1所示）。当门店销售收入低于总成本时，盈亏平衡点是负数，即亏损；反之，则是盈利。

按实物单位计算：

盈亏平衡点=固定成本÷（单位商品销售收入−单位产品变动成本）

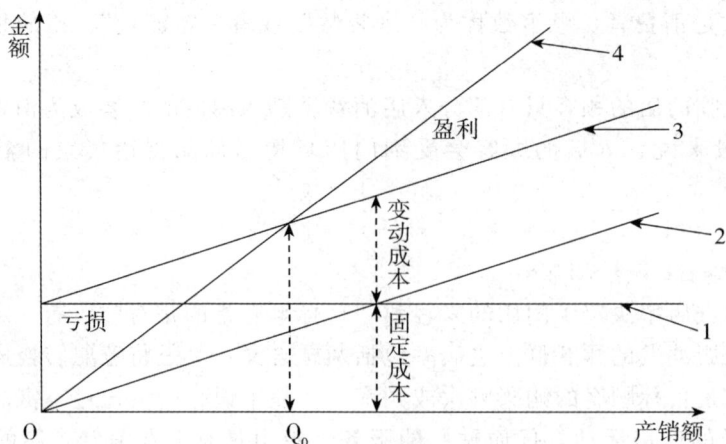

图4-1 门店盈亏平衡点示意图

注：图中1为固定成本线，2为变动成本线，3为总成本线，4为销售收入线。

按金额计算：

盈亏平衡点=固定成本÷（1–变动成本÷销售收入）=固定成本÷毛利率

盈亏平衡点是指门店经营处于不盈不亏状态所必须达到的销售量，是门店经营中的底线。盈亏平衡分析是通过分析经营收入、变动成本、固定成本与盈利之间的关系来推算盈亏平衡点的。

1.专卖店计算方式

盈亏平衡点=固定成本÷毛利率

固定成本=房租+装修费用+员工费用+水电费+管理费+其他费用（以月为单位）

毛利率=100%–进货折扣–销售折扣–员工提成–其他费用率

2.商场店计算方式

盈亏平衡点=固定成本÷毛利率（1+商场扣点）

固定成本=装修折旧费+员工费用+水电费+其他固定费用

毛利率=100%–进货折扣–销售折扣–员工提成–其他费用率

任务实施

门店在经营过程中不进行损益核算，一年忙到头，不赚还亏就是一本糊涂账。在一定时期内确认销售收入，厘清经营成本，核算经营利润，是决定门店生死存亡的重要环节，丝毫马虎不得。

课堂讨论4-1

假设某门店一天光顾的客流量为100个人，先不考虑具体有多少人购买，一天的销售额是2 000元。门店经营者可以找到哪几种不同方法，使门店的销量翻一倍？请列举出推算过程及采取的具体措施。

讨论步骤：

（1）以团队为单位，队长要组织好讨论，并做好讨论记录，时间为10～15分钟。

（2）由团队代表轮流上台发言。

（3）由任课教师和各队队长根据各队发言情况给出实训成绩。

（4）任课教师或学生代表作总结发言。

一、门店销售收入的核算

门店营业额的高低取决于客单数与客单价（如图4-2所示）。要提高门店的营业额，一方面要提高客单数（先吸引路过门店的顾客进店，再让入店的顾客（来客数）享受门店的购物环境与热情周到的服务，开心消费）；另一方面要提高客单价，门店经营者要认真研究顾客的购物心理与购物习惯，让进店的顾客一次买上更多的商品，甚至心甘情愿地购买高价商品。

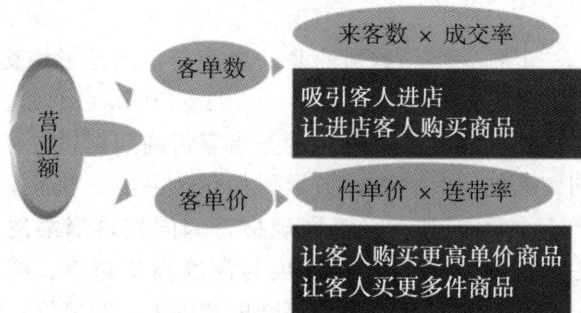

图4-2　门店销售量的简易分析

1.增加客单数

只有顾客上门购物，门店才会有生意，进店购物顾客的多少无疑是影响门店营业额最重要的因素。一般来说，可通过下列途径增加客单数：

（1）增加门店客流量。简单来说，门店客流量=商圈覆盖面×商圈内人口密度×商圈渗透率。

◇门店商圈覆盖面，指来门店的稳定的顾客在门店周围所形成的辐射范围，它以门店为中心，以稳定顾客到门店的最远距离为半径。根据门店辐射能力的大小，可将门店商圈分为核心商圈、次核心商圈、一般性商圈。一般来说，核心商圈的顾客占来店顾客的比率为50%～60%，次核心商圈占20%～30%，剩余的10%～20%为一般性商圈。所以对于门店来说，最主要关注的是核心商圈和次核心商圈的顾客。在影响门店辐射范围大小的诸因素中，不仅有门店所属业态、门店经营面积大小、门店品类分布、门店周围交通设施的便捷程度等相对客观的因素，还有门店的服务质量、经营管理水平、商品的性价比等主观因素。

◇门店商圈内人口密度，指在门店所覆盖的商圈范围内单位面积土地上所居住的总人口数量。门店选址时，需事前仔细周密考察，一旦门店位置确定，门店商圈内人口密度便是一个门店自身所无法改变的外部环境变量。

◇门店商圈渗透率，指门店所覆盖的核心商圈和次核心商圈中，稳定顾客数量与全部目标顾客数量的比率。门店商圈渗透率相当于门店在商圈中所占的市场份额。如果本门店能够超越竞争对手向目标顾客提供独特的甚至无可替代且性价比高的商品，为顾客提供更温馨的服务，门店的商圈渗透率一定更高。

（2）营造良好的商场环境。一般来说，商场环境是门店给顾客的第一印象。门店外观必须整洁、大气，店面干净卫生，整体布局合理，通道设计畅通，场内商品布局良好，在确保商品质量的基础上通过细致生动的陈列来美化商场环境，能够激发顾客的现场购物欲望。

（3）适时开展促销活动。促销活动是短时间内赚得人气和销量最有效的方法。适时开展促销，可以吸引消费者进店购买或促使他们重复购买，最终成为门店的忠实顾客。同时，促销活动还能在一定程度上打击竞争对手。

（4）提供热情周到的服务。如今，门店比拼的已不仅仅是商品，顾客更看重的是服务。门店服务态度的好坏，服务周到与否，很大程度上影响着顾客对门店的满意度，从而影响其对购物门店的选择。

2.提高客单价

客单价是指门店每一个顾客平均购买商品的金额，也就是平均交易金额。客单价的影响因素如下：

（1）门店品类的广度与深度。品类的广度是指零售商店提供的商品线的数量，即具有相似的物理性质、相同用途的商品种类的数量，如化妆品类、食品类、家具类等。而品类的深度指的是同一类产品的不同类型、不同规格，如同样是飘柔洗发水，可以有200ml、400ml、750ml之别。一般大卖场的品类的广度与深度高于超市，超市又高于便利店，同时大卖场商品品类多、规格花色多样，顾客挑选的范围大，客单价一般可以达到50~80元，节日期间一般都会超过100元，而超市一般品类少、挑选范围有限，客单价只有20~40元，便利店一般为8~15元，相当于一包烟或一顿早餐或午餐的价钱。由此可见，门店品类的广度与深度对客单价的影响是根本性的，是主要影响因素。门店可以通过在自己专长的品类上拓宽它的广度（增加中小品类的数量）、加深其深度（增加品种数）来提升门店的特色，构建自己的核心竞争力。

（2）门店商品定位。门店商品定位主要是指门店商品的档次，即商品的平均单价。门店商品经营定位不同，客单价就不同，如定位高端与定位中低端门店，客单价就会相差数倍，这就是门店商品定位对客单价的影响。

（3）延长顾客停留时间。客单价与门店客动线的长度、店内停留时间的长短、对商品的关注程度、购买的数量与频率等因素正相关。

有些大中型卖场通过整体布局，充分考虑计划性与非计划性购物及顾客的购买习惯和购买顺序，设计顾客在门店中的购物行走线路（客动线），利用吸引顾客注意的位置、色彩、包装等方式，延长顾客的停留时间，提高顾客的注目率，促进顾客多次购买。

（4）商品的关联组合。除了上面的三个主要因素外，商品的关联组合也是重要的影响因素，这个因素既可以包含在商品品类的宽度和深度及商品档次中，也可以单独提出来考虑。这是因为，商品的关联组合若是在同品类和相近品类方面考虑时，上面所说的就已经基本包括了，但若是跨品类甚至跨部类和跨大类考虑时，与上面的差异就比较大了。比如，当我们围绕婴儿的食品、穿着、玩具来考虑商品组合时，其实就横跨了两个部类、三个大类了，但是这样的组合对于顾客的购物习惯来说却是很自然的，可以"触景生情"产生许多冲动性消费。

课堂讨论4-2

请仔细研究图4-3，试讨论：

（1）可从哪几个方面对门店的经营状况进行诊断？

（2）试根据门店不同的经营问题，提出自己的解决思路或办法。

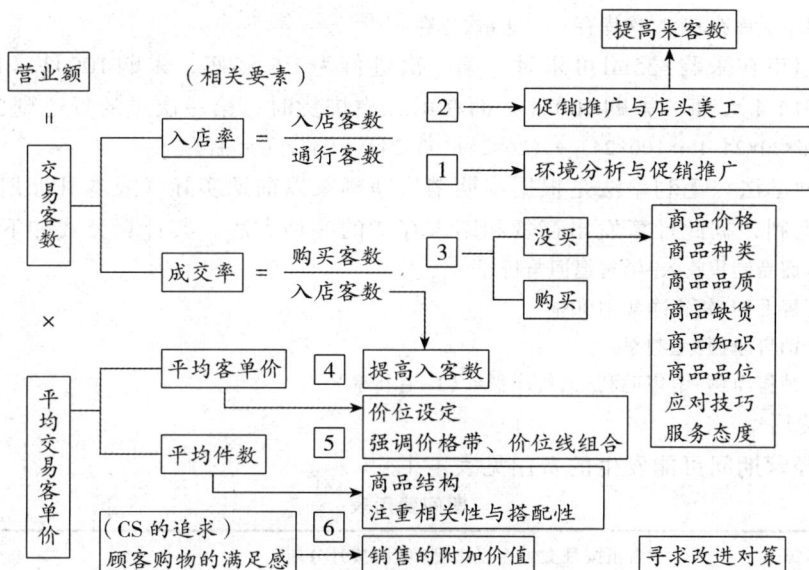

图4-3　营业额相关要素关系图

讨论步骤：

（1）以团队为单位，队长要组织好讨论，并做好讨论记录，讨论时间为10~15分钟。

（2）由团队代表轮流上台发言。

（3）由任课教师和各队队长根据各队发言情况给出实训成绩。

（4）任课教师或学生代表作总结发言。

二、分析门店经营成本

课堂讨论4-3

A服装店的面积是150平方米，一年的店铺租金是16万元、人员工资费用是15万元、水电费3万元、税费1.2万元、装修费2.9万元、交通费1.6万元、投入成本的利息及其他费用3.3万元。2023年营业额为300万元，进货折扣是50%，服装销售的平均折扣是八八折，试计算2023年度经营总成本。

讨论步骤：

（1）以团队为单位，队长要组织好讨论，并在规定时间内得出计算结果。

（2）由其中2~3队派代表将计算结果写在黑板上。

（3）其他各组将本队计算结果交由任课教师和各队队长组成的评委，由评委给出实训

项目四　绩效管理　·········143

成绩。

（4）任课教师或学生代表作总结发言。

1.进货成本

（1）采购成本计算法。在采购商品时，供应商提供给门店的批发价在零售店铺通常称为进价。许多中小型超市在实际运作中都把进价的加权平均价格称为成本。

成本=（第一次进价×第一次库存+第二次进价×第二次库存+…+第n次进价×第n次库存）÷

（第一次库存+第二次库存+…+第n次库存）

例如，超市在采购335ml可乐时，第一次进价为1.5元/瓶，采购100件（每件24瓶）；第二次进价为1.4元/瓶，采购100件。而在第二次进货时，第一次进的货还剩20件，则：

成本=（1.5×20×24+1.4×100×24）÷（20×24+100×24）=1.417（元/瓶）

（2）毛利率法。毛利率法是根据本期销售净额乘以前期实际（或本月计划）毛利率匡算本期销售毛利，据此计算发出存货和期末存货的一种方法。其计算公式如下：

销售净额=商品销售收入–销售退回与折让

毛利率=销售毛利÷销售净额×100%

销售毛利=销售净额×毛利率

销售成本=销售净额–销售毛利=销售净额×（1–毛利率）

2.期间费用

门店在经营期间可能发生的费用见表4–1。

表4–1 期间费用表

1	店租及装修费	店租按月支付，装修费2年内按月分摊
2	货架、空调及其他固定设备	通常在一定使用期限内按月分摊
3	人事费用	工资、福利、教育经费、统筹、员工餐费
4	水电暖费用	水费、电费、空调费、自发电费用（减联营供应商上交的水电费）
5	广告费用	广告费、快讯费、企划耗材（包括报纸广告、灯箱）
6	生鲜耗材费用	全部用于生鲜商品销售的耗材（减收取的联营商耗材费用）
7	客服包装费用	客服包装袋费用
8	保洁费用	保洁费及相关耗材
9	修理费用	办公设备、商用设备、建筑物、车辆等维修费用（不包括计入资产的大额维修费用）
10	通信费用	固定话费、移动话费
11	差旅费用	员工市外差旅费、住宿费、补助
12	印刷费用	
13	其他费用	税费、利息等

小提示4–1

在商业企业中，像办公费、运费、员工工资、员工保险费用、房租、物业费、福利费、差旅费、招待费、业务宣传费、折旧等都属于固定费用，其他费用都是变动费用。

3.降低门店经营成本的途径

（1）控制商品采购成本。可以通过分析采购成本的构成要素来控制商品采购成本。

◇ 采购成本的构成。门店采购成本有两类：一类是显性成本，是指在采购过程中实际可能发生的货币支出成本，包括直接采购商品交易价格，抽查、鉴定以及维护商品质量支付的成本，运输、装卸、包装乃至加工、仓储构成的物流成本等；另一类是隐性成本，是指采购活动中的机会成本，包括人力资源带来的成本、资金周转带来的成本、信息的利用带来的成本和再订货成本等。

◇ 控制采购成本的途径包括：

第一，在采购方式上做文章。采用联合采购或结盟采购，采购量大进货成本更低。另外，变更付款方式也能降低采购成本。如果企业资金充裕，可采用现金交易或货到付款的方式，这样往往能带来较大的价格折扣。

第二，把握价格变动的时机。价格会经常随着季节、市场供求情况而变动，因此，采购人员应注意价格变动的规律，把握好采购时机。

第三，选择信誉佳的供应商并与其签订长期合同。与诚实、讲信誉的供应商合作不仅能保证供货的质量、及时交货，还可得到付款方式及价格方面的关照，特别是与其签订长期合同，往往能得到更多的优惠。

第四，充分进行市场调查和信息收集。一个企业的采购管理要达到一定水平，应充分进行市场调查和信息的收集、整理，对供应商的产品成本或服务状况要有所了解，只有这样，才能充分了解市场状况和价格走势，才能在价格谈判中使自己处于有利地位。

第五，电子商务采购。它是指在整个采购活动中，实现各阶段采购活动的电子化，其过程主要包括订单跟踪、资金转账、产品计划、进度安排和收据确认等。电子商务采购能打破时空限制，实现网上询价和网上比价，通过网上竞价交易，获得最优价格；促使采购过程透明化，规范采购人员，克服采购中"吃回扣"等顽症；可以简化工作流程，缩短订货周期，有利于门店采购到质优价廉的产品，使门店直接受益。

第六，采购外包。将门店内部负责的非核心采购业务外包给专业的、高效的产品与服务供应商，以充分利用企业外部最优秀的专业化资源，从而降低采购成本，提高采购效率，增强自身竞争优势。应尽可能地利用第三方物流，利用专业物流企业的优势，以最低的成本、最优的服务帮助零售业完成采购。

（2）降低人工成本。由于行业竞争的加剧以及国家劳动法规的逐步规范，单个员工的使用成本快速上升。员工的工资、福利不提高，他们就会纷纷跳槽，因而只有在保持员工收入稳定并逐年有所增长的基础上，才能留住员工，保持员工队伍的稳定。要想减少人工成本，只能在不影响营运的前提下"精兵简政"，减少用工人数、提高人均工资水平，具体措施如下：

◇ 缩减后台部门，简化行政机构，建立大的行政办公室。

◇ 重新理顺门店岗位设置，在门店实行扁平化管理。改变以往的店长（当值主管）→柜组长（课长）→员工的三级管理模式，调整为店长（当值主管）→员工的二级管理模式。每一位当值主管必须兼管一个柜组长（课长）的工作。同时，通过调整流程、运用后台信息技术扩大单个基层员工的服务半径，提升工作效率，从而减少基层员工配置。总之，一句话概括为："请两个人，给三份工资，就会干四个人的活。"

◇ 改革配送模式，提高配送中心和门店的工作效率。如有些门店的配送模式是天天补货，配送中心也天天在向门店配送，可根据企业需求状况调整为门店每周补货三次，配送中心每周向各店配送三次；实行以电脑自动补货为主、人工修正为辅的门店补货制度；采用"第三方物流"配送方案，减少商品配送费用和不可预测的风险。

◇ 将员工每日工作量化，在提高工作量的同时增加员工个人所得。比如，小型门店两店共设一名出纳，其工资上调40%；将后勤维修人员分散到各店兼职充实门店力量，实现一人多岗。

（3）压缩水电费用。压缩门店的水电费用即能源成本，是降低门店经营成本的重要途径。由于门店的电费主要产生在照明和生鲜冷冻设备上，故可以采取以下几项措施：

◇ 把传统的日光灯改换为新型节能灯。

◇ 对卖场内外的照明灯具用增加开关的办法进行进一步细分，确定详细的开闭时间。确保应开启的照明按时开启，不该开启的绝不开启，从而在电源的管理上减少浪费。

◇ 对较大门店的大型冷冻卧柜实行闭店后统一加盖棉被、切断电源的办法，既确保冻品的保存，又节约了电费开支。

◇ 在实行"峰谷电价"的门店，尽量利用24：00至次日8：00之间开启制冰机制冰（这个时间段电价只是标准电价的一半），其余时间不启动制冰机。

（4）摊薄物业租金。门店的租金成本即物业成本的提高趋势应该是目前各项成本中幅度最大的。尽管在绝大多数人看来它是硬性成本，难以降低，实际上除了付给房东的租金确实不能人为改变外，如何让物业在提高了租金后能最大限度地给超市产生回报，是门店经营者可以着力的，回报增加等于减轻门店的租金压力。

如果条件允许，整体承租可降低租金，可考虑引进同门店互补的、能给门店增加人气的项目。比如，增加小吃、早点、时尚游艺等经营项目。

除了以上所述的几大成本外，还有商品损耗、办公费用、通信费用、设备购置和维修费用及营业耗材等。对于这些成本费用的控制，各公司大同小异，这里介绍三点措施：

第一，在企业建立内部OA办公系统，推广无纸化办公。

第二，在通信费用方面，选择能够实现公司内部（各部门、各门店）无论是固话还是移动通话互拨互打免费的运营商，并且能提供整体费用"套餐"打折优惠。

第三，在设备方面，严格按操作规程操作，建立设备档案，最大限度地延长设备使用寿命。各类设备（小到一盏日光灯、大到空调机组）要有专人负责，专人保养。

三、盈亏平衡点的核算

1.盈亏平衡点的概念

盈亏平衡点又称零利润点、保本点、盈亏临界点、损益分歧点、收益转折点，通常是指全部销售收入等于全部成本时（销售收入线与总成本线的交点）的销量。以盈亏平衡点为界限，销售收入高于盈亏平衡点时，企业盈利；反之，企业就亏损。盈亏平衡点可以用销售量来表示，即盈亏平衡点的销售量，也可以用销售额来表示，即盈亏平衡点的销售额。

2.盈亏平衡点的计算

🎯 课堂讨论4-4

张先生准备开专卖店，专卖店面积为80平方米，每月店铺租金12 000元，物业费用

800元。店内共有包括店长在内的6名员工，店长工资每月为1 500元，员工工资每月为1 100元，提成按1.5%计算。专卖店水电费每月300元，电话费每月300元，税费每月400元，进货按四折进价，首期投入装修费用18万元，使用周期6年，平均销售折扣八折。请计算出盈亏平衡点。

讨论步骤：

（1）以团队为单位，队长要组织好讨论，并在约定时间内计算结果。

（2）由其中2～3队派代表将计算结果写在黑板上。

（3）其他各组将本队计算结果交由任课教师和各队队长组成的评委，由评委给出实训成绩。

（4）任课教师或学生代表作总结发言。

（1）区分固定成本与变动成本。将门店各项成本与费用列出清单，分门别类地划为固定成本与变动成本后，可将盈亏平衡点（销售额）计算表述为：

利润=收入–成本=利润收入–（固定成本+变动成本）

计算盈亏平衡点就是利润为零的时候，即：

收入–（固定成本+变动成本）=0

进而推导出盈亏平衡点的计算公式为：

收入–固定成本=变动成本

店铺经营损益分析表见表4-2。

表4-2 **店铺经营损益分析表**

店名： 时间： 年 月 日 费用单位：元/年

年度费用明细	费用金额	费用说明
店铺租金		每月 元： 元/月×12月= 元
店铺转让费		转让费 元，按合同期的租赁时间3年，分摊费用到各年
人员工资		按 名员工计算： /月·人× 人×12月= 元
水电费用		每月 元： 元/月×12月= 元
装修管理费		商场装修2年分摊，专卖店装修3年分摊
税费		每月 元/月×12月= 元
办公费用		每月 元/月×12月= 元
运营杂费		主要是发货费、电话费、销售激励等，每月 元
店铺年度费用合计		
店铺保本销售		店铺销售单价按会员价计算
店铺第一年预计销售		以"店铺开店销售分析"为依据进行核算
年度经营利润		按15%的销售利润计算
店铺第二年预计销售		以公司正常销售增长比30%为依据进行核算
年度经营利润		按销售增长比进行利润计算
店铺第三年预计销售		以公司正常销售增长比30%为依据进行核算
年度经营利润		按销售增长比进行利润计算

注：（1）以上年度经营利润不含店铺后期转让费收入；（2）以上预计年度销售额，公司将以"店铺开店销售分析"为依据进行核算；（3）加盟店铺开业第一年，预测销售利润低于15%的店铺，公司不考虑开店。

（2）盈亏平衡点（销售量）的计算公式如下：

盈亏平衡点=固定成本÷（单位产品销售收入−单位产品变动成本）

盈亏平衡点=固定成本÷（1−变动成本÷销售收入）=固定成本÷贡献毛益率

课堂讨论4-5

假如甲服装店2024年12月产品平均挂牌标价是300元，销售平均折扣为八折，进价为售价的四五折，固定成本（租金、管理费等）是20 000元，那么需要多少销量才能保本呢？

讨论步骤：

（1）以团队为单位，队长要组织好讨论，并在约定时间内计算结果。

（2）由其中2~3队派代表将计算结果写在黑板上。

（3）其他各队将本队计算结果交由任课教师和各队队长组成的评委，由评委给出实训成绩。

（4）任课教师或学生代表作总结发言。

参考计算过程见表4-3。

表4-3 甲服装店的盈亏平衡点计算表

固定成本	20 000
产品售价=300×0.8=240（元）	240
销售成本=300×0.45=135（元）	135
平均毛利率=（240−135）÷240×100%=43.75%	43.75%
盈亏平衡点=固定成本÷平均毛利率=20 000÷43.75%≈45 714.29（元）	45 714.29
需要多少销量才能保本呢？45 714.29÷240≈190.48（件）	191
每天需卖多少件才能保本？190.48÷30≈6.3（件/天）	7

任务二　　绩效考核

任务描述

小王的门店面对竞争日益激烈的市场环境，为了激发员工的工作热情，提高店面运营业绩，小王准备对店面员工实施绩效管理。请你帮助小王制订一份科学合理的绩效计划，进而建立起一套店面运营绩效考核评价体系。

知识准备

一、绩效管理的概念

所谓绩效管理，是指门店经营者和员工为达到组织目标共同参与的绩效计划制订、绩效辅导沟通、绩效考核评价、绩效考核结果应用、绩效目标提升的持续循环过程。绩效管理的目的是持续提升个人、部门和组织的绩效。

二、绩效管理的基本内容

绩效管理的过程通常被看成一个循环，这个循环分为五个环节，即绩效计划制订、绩效辅导沟通、绩效考核评价、绩效反馈与绩效考核结果应用（如图4-4所示）。

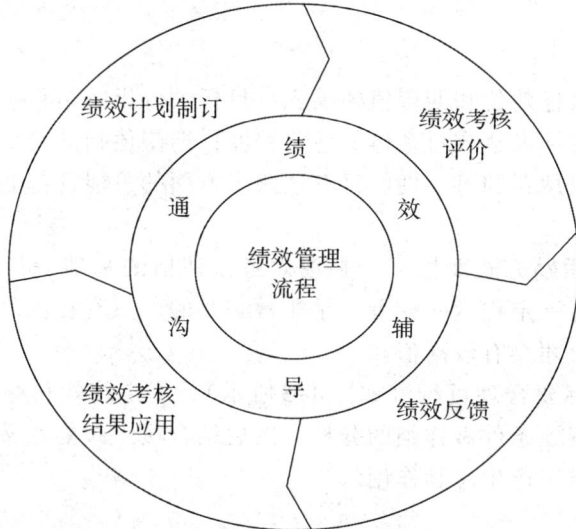

图4-4　绩效管理流程图

绩效计划制订是绩效管理的基础环节，不能制订合理的绩效计划就谈不上绩效管理；绩效辅导沟通是绩效管理的重要环节，这个环节工作不到位，绩效管理将不能落到实处；绩效考核评价是绩效管理的核心环节，这个环节工作出现问题，就会给绩效管理带来严重的负面影响；绩效反馈应用是绩效管理取得成效的关键，如果对员工的激励与约束机制存在问题，绩效管理就不可能取得成效。

绩效管理强调组织目标和个人目标的一致性，强调组织和个人共同成长，形成"多赢"局面；绩效管理体现了"以人为本"的思想，在绩效管理的各个环节中都需要管理者和员工的共同参与。

绩效管理是一个管理者和员工保持双向沟通的过程，在实施之初，管理者和员工通过认真平等的沟通，针对未来一段时间（通常是一年）的工作目标和任务达成一致，确立员工未来一年的工作目标，在更高层次的绩效管理中常用关键绩效指标（KPI）和平衡计分卡表示。

三、绩效管理运行机制

绩效管理发挥效用的机制为：对组织或个人设定合理目标，建立有效的激励与约束机制，使员工向着组织期望的方向努力，从而提高个人和组织绩效；通过定期有效的绩效评估，肯定成绩并指出不足，对组织目标达成有贡献的行为和结果进行奖励，对不符合组织发展目标的行为和结果进行一定的约束。通过这样的激励机制，促使员工自我提高能力素质、改进工作方法，从而达到更高的个人和组织绩效水平。确保绩效管理进入良性循环有三个非常重要的环节：

1.目标管理环节

目标管理的核心问题是保证组织目标、部门目标以及个人目标的一致性，保证个人绩效和组织绩效得到同步提升，这是绩效计划制订环节需要解决的主要问题。

2.绩效考核环节

绩效考核是绩效管理发挥作用的关键，只有建立公平公正的评估系统，对员工和组织的绩效作出准确的衡量，才能对绩效优异者进行奖励，对绩效低下者进行鞭策。其核心是促进企业获利能力的提高及综合实力的增强，其实质是做到人尽其才，使人力资源的作用发挥到极致。

3.激励控制环节

激励效应取决于目标效价和期望值的乘积。目标效价指的是目标达成所获得的奖励对个体的激励程度或者目标未达成对个体的惩罚程度；期望值指的是个体达成目标的可能性与组织承诺兑现奖励或惩罚的可能性。只有这两个方面的可能性都非常大，期望值才足够高，因此必须做到：

（1）激励内容和激励方式要恰当。在绩效考核评估的基础上，对业绩优异者进行奖励，对业绩低下者进行一定程度的鞭策，是非常必要的。只有在激励内容和激励方式都恰当的情形下，目标效价才会有较高值。

（2）员工绩效目标要合理可行（如图4-5所示）。制定绩效目标时要对外部环境进行充分的估计，对内部资源条件做详细的分析，然后结合员工技能水平制定合理可行的绩效目标，这样才可能对员工产生激励作用。

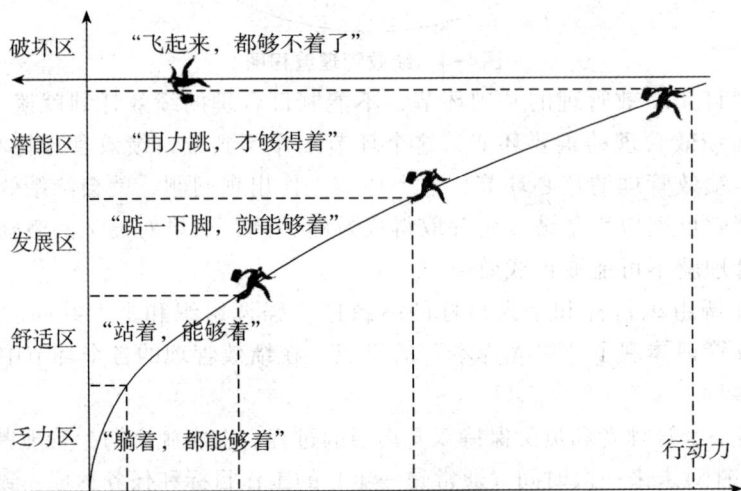

图4-5　目标压力指数示意图

（3）管理者要注意维护组织信用。在对员工的奖励及惩罚方面，企业管理者一定要重视组织的信用，做到"言必行，行必果"，树立良好的组织信誉，这样员工才会为组织的目标实现和个人目标的实现而竭尽全力。

四、绩效管理的功能

1.绩效管理促进组织和个人绩效的提升

绩效管理通过设定科学合理的组织目标、部门目标和个人目标，为企业员工指明了努力方向。管理者通过绩效辅导沟通及时发现下属工作中存在的问题，给下属提供必要的工作指导和资源支持，下属通过工作态度以及工作方法的改进，保证绩效目标的实现。在绩效考核评价环节，对个人和部门的阶段性工作进行客观公正的评价，明确个人和部门对组织的贡献，通过多种方式激励高绩效部门和员工继续努力提升绩效，督促低绩效部门和员工找出差距、改善绩效。在绩效反馈面谈过程中，通过考核者与被考核者面对面的交流沟通，帮助被考核者分析工作中的长处和不足，鼓励下属扬长避短，促进个人职业发展；对绩效水平较差的组织和个人，考核者应帮助被考核者制订详细的绩效改善计划和实施举措。在绩效反馈阶段，考核者和被考核者应就下一阶段工作提出新的绩效目标并达成共识，被考核者承诺完成目标。在企业正常运营的情况下，部门或个人新的目标应超出前一阶段的目标，激励组织和个人进一步提升绩效，经过这样的绩效管理循环，组织和个人的绩效会得到全面提升。

另外，绩效管理通过对员工进行甄选与区分，保证优秀人才脱颖而出，同时淘汰不适合的人员。绩效管理能使内部人才得到成长，同时吸引外部优秀人才，使人力资源满足组织发展的需要，促进组织绩效和个人绩效的提升。

2.绩效管理促进管理流程和业务流程优化

企业管理涉及对人和对事的管理，对人的管理主要是激励约束问题，对事的管理就是流程问题。所谓流程，就是一件事情或者一项业务如何运作，涉及因何而做、由谁来做、如何去做、做完了传递给谁的问题，上述四个环节的不同安排都会对产出结果造成很大的影响，极大地影响着组织的效率。在绩效管理过程中，各级管理者应从公司整体利益以及工作效率角度出发，尽量提高业务处理的效率，应该在上述四个方面不断进行调整优化，使组织运行效率逐渐提高，在提升组织运行效率的同时，逐步优化公司管理流程和业务流程。

3.绩效管理保证组织战略目标的实现

企业一般都会有比较清晰的发展思路和战略，有远期发展目标及近期发展目标，在此基础上根据外部经营环境的预期变化以及企业内部条件制订出年度经营计划及投资计划，进而制定出企业年度经营目标。企业管理者将公司的年度经营目标分解到各个部门，生成部门的年度业绩目标，各个部门向每个岗位分解的核心指标就成为每个岗位的关键业绩指标。

任务实施

一、绩效计划制订

绩效计划是门店绩效管理的第一个环节，也是至关重要的环节。通过制订绩效计划，员工参与管理，明确了自己的责任和任务，明确了部门或企业对自己的要求是什么，就有了努力的方向。同时，在制订绩效计划的过程中，个人目标、部门目标和企业目标得以结合，各层级人员对组织目标达成一致见解，能够朝着一个共同目标努力。

1.绩效计划的内容

不同规模的企业，绩效计划的内容千差万别。门店是零售企业最基本的单位，其结构与内容相对简单，除少数管理人员外，绝大多数人员为员工。员工绩效计划来源于经营绩效计划，员工绩效计划的制订过程就是组织各层级管理人员和员工之间进行充分沟通，明确关键绩效指标、工作目标设定、指标权重、指标的评分标准、指标的目标值、绩效评估周期等内容，并将绩效结果应用于员工薪酬奖励及员工能力发展之中。

员工绩效计划的内容包括：

（1）被评估者信息。被评估者信息包括职位基本信息、工号、员工姓名、薪酬等级、薪酬结构、绩效与薪酬的对接关系等内容。

（2）员工绩效计划及评估内容。其包括关键绩效指标（KPI）与工作目标设定（GS）两大部分，用来全面衡量被评估者的工作成果。

（3）权重。列出按绩效计划及评估内容划分的指标权重，体现员工工作的可衡量性及对公司整体绩效的影响程度，KPI与GS的权重合计为100%。

（4）目标值的设定。在实践中，很多企业采用对关键绩效指标设定目标值和挑战值的方法，以界定指标实际完成情况与指标所得绩效分值的对应关系。对工作目标设定的绩效评估则主要按照工作目标设定过程中制定的评估标准来进行。

（5）指标的评分标准。以绩效评估表中KPI和GS单项指标的计分规则作为主要的评分标准。

（6）绩效评估周期。根据员工所处的组织层级和工作性质的不同，针对员工绩效计划及绩效评估表，可以按照月度、季度、年度为周期来实施绩效评估。

课堂讨论4-6

这是历史上一个著名的制度建设例证。18世纪末期，英国政府实施主要以流放罪犯为主开发澳大利亚的政策。

一些私人船主承包了从英国往澳大利亚大规模地运送犯人的工作。英国政府实行的办法是按照上船的犯人数支付船主费用。当时那些运送犯人的船只大多是由一些很破旧的货船改装的，船上设备简陋，没有什么医疗药品，更没有医生，船主为了牟取暴利，尽可能地多装人，使得船上的条件更加恶劣。一旦船只离开了岸，船主按人数拿到了政府的钱，对这些人能否远涉重洋活着到达澳大利亚就不管不顾了。有些船主为了降低费用，甚至故意断水断食。3年以后，英国政府发现：运往澳大利亚的犯人在船上的死亡率达12%，其中最严重的一艘船上424个犯人死了158个，死亡率高达37%。英国政府花费了大笔资金，却没能达到大批移民的目的。

英国政府想了很多办法，但死亡率一直居高不下。一位议员认为是那些私人船主钻了制度的空子，而制度的缺陷在于政府给予船主的报酬是以上船人数来计算的。他提出：政府以到澳大利亚上岸的人数为准计算报酬，不论你在英国上船装多少人，到了澳大利亚上岸的时候再清点人数支付报酬。

问题迎刃而解。船主主动请医生跟船，在船上准备药品，改善生活，尽可能地让每一个上船的人都健康地到达澳大利亚。一个人就意味着一份收入。自从实行上岸计数的办法以后，船上的死亡率降到了1%以下。有些运载几百人的船只经过几个月的航行竟然没有一个人死亡。

问题：试运用绩效计划制订的相关知识与技能，谈谈对运送方案改进的看法。

讨论步骤：

（1）以团队为单位，队长要组织好讨论，并做好讨论记录，时间为10～15分钟。

（2）由团队代表轮流上台发言。

（3）由任课教师和各队队长组成评委给出实训成绩。

（4）任课教师或学生代表作总结发言。

2.制订员工绩效计划的步骤

第一步，培训。基于绩效管理的培训，目的是让门店员工了解绩效管理和绩效计划的意义和目的，从而得到员工的理解和支持，营造利于有效推行绩效管理的组织氛围。这是绩效管理的启动阶段，也是制订绩效计划的前期心理默契阶段。

第二步，明确组织的战略目标。在多数情况下，不是全部组织成员都理解组织战略的真正意图，甚至有些组织中的成员根本不了解组织战略的内容，因此，有必要通过合适的途径使组织成员都能了解组织战略的内容，并对战略意图和战略目标的理解达成一致。

第三步，明确门店使命和目标。在明确了组织战略的基础上，应当明确门店经营者及员工在实现组织战略中担负的使命以及本门店的工作目标。

第四步，梳理职位职责。通过工作分析的各种方法，梳理职位的主要职责。根据职位的关键工作内容和应完成的主要工作成果设置关键绩效指标，这是制订员工绩效计划的基础。职位职责界定完毕后，就可以开始从职责中提炼关键绩效指标。

第五步，提炼关键绩效指标。一般来说，衡量门店经营状况的指标有四个类别：收益性指标，较直接地反映门店经营的获利能力，主要包括营业收入、毛利率、营业费用率、净利率等评估指标；安全性指标，反映门店经营的安全性，主要通过流动比率、速动比率、负债比率、固定比率、自由资本率及人员流动率来反映；效率性指标，主要反映企业的生产水平，评估的主要指标有来客数、客单价、损益平衡点、经营安全率、商品周转率、交叉比率、卖场面积效率、人均营业收入、劳动分配率、总资产周转率、固定资产周转率等；发展性指标，评估的主要指标有营业额增长率、开店速度、营业利润增长率、卖场面积增长率。门店可根据零售企业的战略及业务计划、流程、部门职责、职位工作职责的要求，为被评估者制定可衡量的、能够量化的、具有代表性的关键绩效指标。由人力资源部及营运部门经理联合各门店店长，结合本部门与下级的关键工作职责，跟下属沟通确定关键绩效指标。常见的门店关键绩效指标见表4-4。

表4-4   门店关键绩效指标表

生意指标	本店	地区平均
1.总销售额	每月	每月
2.同比	每周	每周
3.分类货品销售额	每月	每月
4.坪效	每月	每月
5.畅销十款（每分类）	每周	每周
6.滞销十款（每分类）	每周	每周
7.连带率	每日	每日
8.客单价	每周	每周
9.平均单价	每周	每周
10.人效	每周	每周
11.货品流失率	每月	每月

第六步，工作目标设定。公司内部不同职位的工作性质存在着很大的差异，也并非所有职位都是可以用量化的关键绩效指标来衡量的，如职能支持部门、基层员工。我们可以把一些具有长期性、过程性、辅助性的关键工作纳入工作目标设定评估中来，作为对关键绩效指标的一种重要补充和完善。

在工作目标设定时需要注意以下问题：

（1）与关键绩效指标选择遵循同样的原则，侧重不易衡量、过程性的绩效成果领域。

（2）作为对关键绩效指标的补充，不能和关键绩效指标内容重复，且由于关键绩效指标相对于工作目标，其客观性更强，对绩效的衡量也更精确，故在可以用关键绩效指标衡量的工作领域应首先考虑使用关键绩效指标；在无法科学量化的领域，再通过工作目标设定来完成业绩评估。

（3）只选择对公司价值有贡献的关键工作领域，而非所有工作内容。

（4）工作目标设定不宜过多，一般控制在3~5个。

（5）不同工作目标应针对不同工作方面，不应重复。

第七步，明确衡量绩效指标的各项要素和考核办法。为便于绩效实施和绩效考核，要明确与绩效指标相关的各个要素，如目标值、结果定义、衡量标准、考核办法等，形成指标系统，以便于实际操作和执行（举例见表4-5、表4-6）。

表4-5　　　　　　　　　　　　　门店收银部主管绩效考核指标量表

序号	KPI指标	权重	绩效目标值	考核得分
1	收银差错率	25%	考核期内收银差错率控制在_____%之内	
2	收银速度	15%	考核期内收银人员的平均收银速度达到公司要求	
3	收银任务达成率	30%	考核期内收银任务达成率达_____%	
4	客户满意度	10%	考核期内客户满意度得分达到_____分	
5	收银机操作	10%	收银人员能熟练操作收银机，相关领导的问卷调查得分的算术平均值达到_____分以上	
6	服务技能	5%	收银部门服务技能良好，接受调研的客户对客服部工作满意度评分的算术平均值达到_____分以上	
7	员工技能培训与管理	5%	考核期内员工绩效考核评分达到_____分以上	

表4-6　　　　　　　　　　　　　门店防损部主管绩效考核指标量表

序号	KPI指标	权重	绩效目标值	考核得分
1	防损计划达成率	20%	考核期内防损计划达成率_____%完成	
2	商品损耗率	25%	考核期内商品损耗率控制在_____%之内	
3	失窃事件次数	5%	考核期内失窃事件次数控制在_____次以内	
4	突发事件处理及时率	15%	考核期内突发事件处理及时率控制在_____%之内	
5	防损的投资回报率	5%	考核期内防损的投资回报率达_____%	
6	损耗金额	15%	考核期内损耗金额控制在_____元之内	
7	防损技术运用	10%	考核期内防损技术运用合理，领导满意度调查问卷得分在_____分以上	
8	员工管理	5%	考核期内员工绩效考核评分达到_____分以上	

第八步，明确考核周期。考核周期主要分为年度考核、季度考核和月度考核三种，不同层面和层级的考核适用不同的考核周期。

第九步，明确结果应用。怎样应用绩效考核结果，需要事先达成共识（特别是在牵涉经济上的奖惩的时候），这是绩效考核具备激励功能的前提。

第十步，确认和签署。这是绩效计划的最后一步，要求考核相关方对绩效计划理解一致并达成共识，确认按此执行，经相关方签字以作为计划实施和绩效考核的依据。

仍需强调的是，由于不同组织的文化环境和实际情况差异很大，所以并非所有的组织都必须完全按此步骤执行，以上提供的只是一般性参考，切不可生搬硬套。

课堂讨论4-7

试模仿以下某电信营业经理的绩效计划，制订一份简易超市门店理货员的绩效计划。

第一步：界定岗位职责（见表4-7）。

表4-7 岗位职责

职位描述
主持对外窗口业务受理、业务发展、规范服务等的有效实施
及时传报、协调、处理营业工作中的问题，全面落实各项规章制度，严格检查、整改、考核
做好账务属地化、大客户服务等工作，及时协调与沟通，争创优质服务品牌
组织员工学习各类业务知识，不断提高员工的综合素质
加强基础管理，做好绩效考核与利益分配相结合工作
及时组织实施有关专项任务，保持对外营业工作优质、高效、安全、可靠

第二步：选择、分解或设定关键绩效指标（见表4-8）。

表4-8 关键绩效指标设定表

财务类	客户类（部分）	内部运营类	学习发展类
运营收入	新增客户数	制卡准确率	有效创新建议次数
全球通及易通卡收入	大客户净增数	SIM卡数据输入正确率	关键员工流失率
新业务收入	高价值用户数	新业务用户认知度	内部流程建立和规范程度遵守
部门费用预算达成率	大客户业务收入增长率	紧密层渠道销售额占总销售额	情况
单项成本预算达成率	大客户服务成本占营业收	比重	员工满意度
	入的比重	渠道违规次数	销售人员的平均业务收入
	大客户满意度	酬金返还及时率	部门协作满意度
	关心客户改善程度	每个集团大客户平均走访次数	
	营业窗口服务改善程度	市场营销业务报表及时率	
	投诉处理改善程度	客户信息准确率	

第三步：设定工作目标（见表4-9）。

表4-9 　　　　　　　　　　　　　　　　　**工作目标设定表**

动因	领域	期望的结果	工作目标设定（示例）
为了更好地实现"内部流程建立和规范程度遵守情况"这一KPI	制定、监督工作流程及制度	适时更新、考虑周全、执行规范、监督及时	2025年×月前完成营业部窗口所有业务受理相关流程的建立、更新或修改，获得中心领导的批准后于×月之前下达实施
督促提高对员工绩效管理的重视程度和管理水平	对下级员工进行绩效计划、指导和评估	按时完成、方法得当、有效沟通、注重发展	2025年×月前按照公司的要求完成直接下属人员的绩效考核和双向沟通工作，完成绩效指导谈话，并将谈话反馈上交人力资源部
保证各种突发的通信保障任务的切实完成	实施专项任务	符合时间、质量方面的要求	2025年年底前，对公司下达的各种通信保障任务按照要求进行积极配合，按时按质完成通信保障任务

第四步：确定权重（见表4-10）。

表4-10　　　　　　　　　　　　　　　　　**权重分配表**

第一部分——关键绩效指标	重要性排序	权重
运营收入		10%
新业务收入		15%
新增客户数		10%
大客户净增数		15%
大客户服务成本占营业收入的比重		10%
营业窗口服务改善程度		20%
新业务用户认知度		10%
内部流程建立和规范程度遵守情况		5%
销售人员的平均业务收入		5%
第二部分——工作目标		
2025年×月前完成营业部窗口所有业务受理相关流程的建立、更新或修改，获得中心领导的批准后于×月之前下达实施		20%
2025年×月前按照公司的要求完成直接下属人员的绩效考核和双向沟通工作，完成绩效指导谈话，并将谈话反馈上交人力资源部		20%
2025年年底前，对公司下达的各种通信保障任务按照要求进行积极配合，按时按质完成通信保障任务		60%

讨论步骤：

（1）以团队为单位，队长要组织好讨论，并在约定时间内完成讨论结果。

（2）由其中2～3队派代表在班上与其他队交流讨论其绩效计划书。

（3）其他各队将本队讨论结果交由任课教师和各队队长组成的评委，并由评委给出实训成绩。

（4）任课教师或学生代表作总结发言。

二、绩效辅导沟通

所谓绩效辅导，是指管理者与员工讨论有关工作进展情况、潜在的障碍及问题、解决问题的办法和措施、员工取得的成绩以及存在的问题、管理者如何帮助员工等信息的过程。它贯穿于整个绩效管理的始终。

1.绩效目标的设定与辅导

（1）将公司的战略目标与任务告知员工，实现信息共享，让员工了解公司的目标。

（2）将公司的目标分解到部门，再分解到员工，在充分沟通和理解的基础上确定员工的绩效目标，设定KPI指标。

（3）KPI指标必须符合SMART原则：

◇ S——指明确性，绩效目标是具体的、特定的工作指标，不能笼统。目标设置要有具体任务、衡量标准、达成措施、完成期限等要求，使考核人能够很清晰地看到部门的月计划要做哪些事情以及计划完成到什么样的程度，从而让员工明确个人的工作任务。

◇ M——指可衡量性，指标应遵循"能量化的量化，不能量化的质化"的原则，使制定人与考核人有一个统一的、标准的、清晰的、可度量的标准，杜绝在目标设置中使用形容词等概念模糊、无法衡量的描述。对目标的衡量应该首先从数量、质量、时间、成本、上级或客户的满意程度五个方面来进行，如果仍不能衡量，可考虑将目标细化，细化成多个分目标后再从以上五个方面衡量，如果还不能衡量，可以对达成目标的工作进行流程化，通过流程化使目标可衡量。

◇ A——指可实现性，即绩效指标在付出努力的情况下可以实现，避免设立过高或过低的目标。目标设置要坚持员工参与、上下沟通，使制定的工作目标在部门及个人之间达成一致，既要使工作内容饱满，也要具有可实现性，遵循"跳一跳、够得着"的原则。

◇ R——指现实性、相关性，绩效指标是实实在在的，可以证明和观察，是与本职工作相关联的。工作目标的设定要和岗位职责相关联，不能跑题。目标的相关性是指此目标与其他目标的关联情况。虽然实现了这个目标，但与其他目标完全不相关，或者相关度很低，那么意义也不是很大。部门工作目标要得到各位成员的通力配合，就必须让各位成员参与到部门工作目标的制定中去，使个人目标与部门目标达成认识一致，既要有由上到下的工作目标协调，也要有员工自下而上的工作目标的参与。

◇ T——指时限性，注重完成绩效指标的特定期限。目标设置要具有时间限制，根据工作任务的权重、事情的轻重缓急，拟定出完成目工作任务的时间要求，跟踪检查各任务的完成进度。

课堂讨论4-8

曾经有人做过这样一个测试：组织三批人，让他们沿着公路步行，分别向10千米外的三个小村庄行进。

甲组不知道去的村庄叫什么名字，也不知道它有多远，只被告知跟着向导走就是了。乙组知道去哪个村庄，也知道有多远，但路边没里程碑，人们只能凭经验估计大概要走两个小时。丙组最幸运，大家不仅知道所要去的村庄有多远，而且路边每千米处有一块里程碑。那么，三个组的表现会相同吗？

甲组刚走了两三千米时就有人叫苦，走到一半时，有些人几乎愤怒了，他们抱怨为什么要走这么远，何时才能走到。有的人甚至在路边不愿意走了。越往后人们的情绪越低，七零八落，溃不成军。乙组走到一半时才有人叫苦，大多数人想知道他们已经走了多远了，较有经验的人说："大概刚刚走了一半的路程。"于是大家又簇拥着向前走。当走到3/4的路程时，大家又振作起来，加快了脚步。丙组一边走一边留意里程碑，每看到一个里程碑，大家便有一阵小快乐。这个组的情绪一直都很高涨。走了七八千米以后，大家确实都有些累了，但他们不仅没有叫苦，反而开始大声唱歌、说笑，以消除疲劳。最后两三千米，他们越走情绪越高，速度也加快了。因为他们知道，要去的村庄就在眼前了。

问题：这三组人为什么会有不同表现，说说你的理由；如果把他们的这次任务看成制订一项绩效计划，试比较主要在哪方面存在差异，并说说制订计划应考虑哪些要素。

讨论步骤：

（1）以团队为单位，队长要组织好讨论，并在约定时间内完成讨论结果。

（2）每队派代表上台展示各队讨论结果。

（3）由任课教师和各队队长组成评委给出实训成绩。

（4）任课教师或学生代表作总结发言。

2.绩效计划的制订

（1）明确本岗位在本周期内的工作任务。

（2）分目标要保持与总体目标方向一致，内容上下贯通，各个分目标的综合能体现总体目标，保证总体目标的实现。

（3）衡量各分项工作任务的关键绩效指标。

（4）各分目标之间、分目标与总目标之间在内容与时间上要协调、平衡、统一，不影响总体目标的实现。

（5）明确各关键绩效指标的权重。

（6）绩效目标分解（从公司现有情况出发）。

◇ 按时间分解：设定总体目标后，按照总体目标的实施进度分解到某几个时间节点。

◇ 按轻重缓急分解：遵循"时间四象限"法则，将总体目标分解为重要且紧急、紧急不重要、重要不紧急、不重要且不紧急四种工作目标。

◇ 按时间关系分解：根据部门的总体目标，将分目标按照实施进度横向分解到相关的几个人，再依照完成的先后顺序分解到几个时间节点。

◇ 按层级分解：将总目标按照一级向二级、二级向三级的方式展开，再按照层级逐级分解到各个管理层面和操作层面。

（7）部门上下级对总体目标的分解和各分目标的落实进行充分的商谈或讨论，取得一致意见。

（8）目标分解过程中，要明确完成各分目标需要的条件及阻碍因素，并制订实施计划和保障措施。

3.绩效计划的辅导

（1）明确绩效辅导的时机：工作目标明确，需分解时；员工不知道工作任务如何开展时；员工需要征求你的意见时；员工需要你帮助解决某件事情时；日常巡查和观察到问题时；你发现了一个可以改进绩效的机会时；员工提出一个改进绩效的方案，需要你辅导应用在工作中时；工作会议或日常谈话时；员工的工作目标和工作计划之间出现偏差需及时纠正时；员工的工作进度与工作计划不符需进行调整时。

（2）明确工作目标如何分解。

（3）明确工作目标如何开展。

（4）提供员工所需要的培训。

（5）解决员工工作时碰到的障碍和困难。

（6）帮助员工协调工作，使之更加有信心地做好本职工作。

（7）提供员工需要的信息，让员工及时了解自己的想法和工作以外的改变，以使管理者和员工步调一致。

（8）提供必要的领导支持与智力帮助。

4.计划的沟通

（1）根据阶段工作目标、任务完成情况，对照绩效考核表、岗位说明书和工作计划，就每项工作完成情况进行沟通。

（2）根据完成工作过程中的优良表现进行沟通。

（3）针对完成工作过程中出现的问题和需要改进的地方进行沟通。

（4）让员工本人分析存在问题的原因，描述下一步该如何克服和改进，同时提出自己的建议。

（5）描述公司领导或他人对下属工作的看法和意见。对于正面的反馈，一定要及时告知员工具体表扬人和内容；对于负面的反馈，要及时告知反馈的内容，询问员工对反馈意见的看法，帮助其制定改进措施。

（6）对实施过程中遇到的问题或需要的支持提供指导和帮助。

（7）协助下属制订改进工作的计划，对需要改进的地方制定改进措施。

（8）必要时，对工作计划进行调整。

5.考评的沟通

课堂讨论4-9

随堂测4-1

吴总：小王，这两天我想就你近来的绩效考核结果和你聊一聊，你什么时候比较方便？

王明：吴总，我星期一到星期三准备接待公司的一批重要客户，星期四以后事不多，您定吧。

吴总：我星期五也没有其他重要安排，那就星期五上午九点怎么样？

王明：没问题。

星期五之前，吴总认真准备了面谈可能用到的资料，他侧面向王明的同事了解了王明的个性，并预估了面谈中可能会遇到的情况。在这期间，王明也对自己一年的工作情况对照考核结果进行了反思，并草拟了一份工作总结和未来发展计划。

（星期五上午九点，公司小会议室宽敞明亮，吴总顺手关上了房门，在会议桌旁坐

下，王明侧坐在吴总右侧）

吴总：小王，今天我打算用一个到一个半小时的时间对你在过去半年中的工作情况做一个回顾。在开始之前，我想还是先请你谈一谈你认为我们做绩效考核的目的是什么。

王明：我觉得绩效考核有利于对优秀的员工进行奖励，特别是在年底作为发放奖金的依据。不知我说得对不对，吴总？

吴总：你的理解与我们做绩效考核的真正目的有些偏差，这可能由于我们给大家解释得不够清楚。事实上，我们实行绩效考核，最终是希望通过绩效面谈，将员工的绩效表现——优点和差距反馈给员工，使员工了解在过去一年中工作上的得与失，以明确下一步改进的方向。另外，这也提供了一个沟通的机会，使领导能够了解下属工作的实际情况或困难，以确定可以提供哪些帮助。

王明（不好意思地）：吴总，看来我理解得有些狭隘了。

吴总（宽容地笑笑）：我们现在不又取得一致了吗？我们现在逐项讨论一下考核结果。你先做一下自我评价，看看我们的看法是否一致。

王明：去年我的主要工作是领导客户服务团队为客户提供服务，但是效果不是很令人满意。我们制定了一系列的标准（双手把文件递给吴总），但满意客户的数量增幅仅为55%，距离我们80%的计划相去甚远。这一项我给自己"合格"。

吴总：事实上，我觉得你们的这项举措是很值得鼓励的。虽然结果不是很理想，我想可能是由于你们没有征询客户建议的缘故，但想法和方向都没有问题。我们可以逐步完善，这项我给你"优良"。

王明：谢谢吴总鼓励，我们一定努力。

吴总：下一个。

王明：在为领导和相关人员提供数据方面，我觉得做得还是不错的。我们从未提供不正确的数据，别的部门想得到的数据我们都会送到。这一项我给自己"优秀"。

吴总：你们提供数据的准确性较高，这一点是值得肯定的。但我觉得还有一些有待改善的地方，比如你们的信息有时会滞后。我认为还达不到"优秀"的等级，可以给"优良"。

王明：谢谢，我一定会更加努力的。

吴总：下面我们来讨论你今后需要继续保持和改进的地方，对此你有什么看法？

王明：我觉得我最大的优点是比较富有创造性，注重对下属的人性化管理，喜欢并用心培养新人。最大的缺点是不太注重向上级及时汇报工作，缺乏有效的沟通。我今后的发展方向是做一名优秀的客服经理，培养一支坚强有力的团队，为公司创造更好的业绩。

吴总：我觉得你还有一个长处，就是懂得如何有效授权，知人善任，但有待改进的是你在授权后缺乏有力和有效的控制。我相信，你是一个有领导潜力的年轻人，你今后一定会成为公司的中坚力量。

王明：好的，谢谢吴总。

问题：结合案例材料，你认为吴总与王明绩效沟通的效果如何？谈谈你的理由。试说明组织一次成功的绩效沟通或反馈应考虑哪些要素？

讨论步骤：

（1）以团队为单位，分别讨论失败篇与成功篇，队长要组织好讨论，并在约定时间内完成讨论结果。

（2）由其中1～2队派代表在班上与其他队交流讨论的结果。

（3）由任课教师和各队队长组成评委给出实训成绩。

（4）任课教师或学生代表作总结发言。

（1）确定沟通时间，最合适的时间就是双方都有空的时间。应当避免以下时间：刚下班、快上班或即将放假的前一天。

（2）确定沟通方式，建议采用一对一面谈沟通。

（3）确定沟通环境，单独的一间办公室是最理想的地方，办公室的门要关上，不宜让别人看到里面进行的面谈过程。

（4）确定面谈的座位安排，切记不可相对隔桌而坐，这样容易让员工紧张，产生抵触情绪；要两人坐在办公桌的同一侧或同坐在沙发上，要保证两人尽量在同一方向而坐。

（5）对员工在考核期内的工作进行合理公正和全面的评价。

（6）当你没有准备好听取回答的时候，不要提问。

（7）不要用"为什么"开头提问，以消除对方的抵触心理。

（8）不要在一句话中提出多个问题，这样会影响回答的质量。

（9）不要用反问句来表达你的意思。

（10）在沟通过程中，多使用"我们"，少用"你"。

（11）员工在回答问题时，不要打断他。

（12）要事先和员工说明，告诉员工沟通的目的是一起找到问题的原因，而不是追究责任。

（13）针对员工工作中出现的问题要连续发问"为什么"，直到不能问为止。

（14）针对员工出现问题的原因进行沟通分析，并共同确定下一阶段改进的重点。

6.结果应用的沟通

（1）跟踪了解整改措施的落实情况。

（2）为员工对整改措施的落实提供支持。

（3）对整改前后的绩效进行对比，发现偏差，及时纠正。

（4）将整改的落实情况作为下一轮绩效考核的参照依据，做到闭环管理。

三、绩效考核评价

1.确认员工的绩效考核内容和方式

就门店而言，绩效考核分为管理团队和普通员工两类，不同对象的绩效考核内容和方法都有差异：管理团队采取月度（季度）关键指标KPI绩效考核法和年度能力素质绩效考核法；而员工采取每天个人目标绩效考核法及季度的能力素质绩效考核法。

门店团队主要包括店长、商品管理人员和客户服务管理人员等。个别的门店采用店长负责制，管理团队主要靠店长。根据门店销售完成、利润实现、商品管理、顾客服务、员工培训、企业宣传和信息收集等职能来设计其关键绩效考核指标，原则是：以门店销售额最大化为根本导向，通过绩效管理、商品管理和顾客管理，实现门店利润最大化。

月度绩效考核的KPI指标可能包括日均销售指标和月均毛利率指标，同时也包括"以为了结果而设立的过程控制"绩效考核指标，如商品管理指标和客户服务指标（可以采用客户投诉、商品满足率等指标）。重大加减分项主要是看是否有突出的事迹或者恶劣的行为需要加减分，如客户投诉、公关危机、客户表扬信等。年度能力素质绩效考核则可以通过360度绩效考核打分的方式来进行。需要注意的是，由于门店平时分散在各地，店长的直接上级无法观测到被考核者的行为，而店长的下级——店员往往碍于面子难以给出中肯的评价，因此，年度的能力素质绩效考核指标只是参考指标，用于评估该人员的未来发展潜力，不应占据过高的权重，以20%～30%为宜。

而门店员工的绩效考核主要依靠目标绩效考核加上工作态度绩效考核，目标绩效考核可以采用日均销售任务指标作为绩效考核依据。日均销售任务指标是指以自然月份为绩效考核周期，将每月的总销售分解到日均销售中。工作态度绩效考核则需要店长每个月针对不同店员进行工作态度评分，较客观、快频率的工作态度绩效考核可以帮助企业快速地甄别和了解店员的努力程度。

2.确认员工量化绩效考核标准

门店绩效考核中主要的量化指标在于店长和店员的销售任务绩效考核，因此确定销售绩效考核的标准是不容置疑的。在确认销售任务时通常采取月度销售额指标，也有采用日均销售额的，但都要根据不同门店的具体情况来确定具体的销售额，绝不可"一刀切"。举个例子，在广州等一线城市核心商圈内的专卖店的销售额要远远高于二线城市的某个门店销售额，因此企业要根据不同情况对门店进行分级管理、分级定目标值。

月均毛利率指标是指以自然月份为绩效考核周期，要求门店按月完成的实际销售毛利率。那么，毛利率绩效考核究竟应该怎样才算是科学合理的？一是需要评估目前行业毛利率水平和企业毛利率的差异（如果企业毛利率低于行业平均水平，在一段时间内就可采取"鼓励升不允许降"的硬性绩效考核方法）。二是为了达到一个合理的利润率，在门店绩效考核时采取以鼓励为主，对超额利润重奖，对未完成该项指标轻罚的方式进行激励。三是对门店毛利的绩效考核要遵循"全员人人有责，管理人员重点绩效考核"的原则。

商品管理的绩效考核指标有：①商品满足率，即当月有销售且每天都有库存的品种数除以当月有销售的品种数，也称为"动销商品满足率"。②商品损耗率，即在总部控制门店盘点标准化作业流程下的门店商品正常损耗控制范围，根据不同业态的标准为销售总额的1‰～3‰。③商品返仓率，按库存总额计算，一般控制在1%左右。④三个月不动销商品占比，即三个月不动销商品金额除以商品库存总金额。

绩效考核不仅可以作为一种奖惩手段，还能够激励员工群策群力、取长补短、共同提升门店业绩，进而让店员有归属感，增强他们的成就感、自豪感和凝聚力。

◇通过文化感召力、企业的人文关怀让员工有归属感、安全感，继而提升对企业的忠诚度，自觉自发地提升自我业绩。

◇通过不间断的培训，强化门店人员的业务能力和素质，在绩效考核后及时指导门店找出问题点和短板，帮助员工提升和改善。

◇在发生重大事件尤其是发生负面事件时，企业要有担当，不要将责任推向门店，应保持整体统一的正面形象，为门店挽回损失。

四、绩效反馈

绩效反馈就是将绩效评价的结果反馈给评估对象，并能够对评估对象的行为产生影响。绩效反馈是绩效评估工作的最后一环，也是最关键的一环，能否达到绩效评估的预期目的，取决于绩效反馈的实施。

1.绩效反馈的内容

（1）向员工通报当期绩效考核结果。向员工通报绩效考核的结果，使员工明确其绩效表现在整个组织中的大致排名，激发其改进现有绩效水平的意愿。在沟通过程中，主管要关注员工的长处，耐心倾听员工的声音，并在制定员工下一期绩效指标时进行调整。

（2）分析员工绩效差距并确定改进措施。绩效管理的目的是通过提高每一名员工的绩效水平来促进企业整体绩效水平的提高。因此，每一名主管都负有协助员工提高其绩效水平的职责。改进措施的可操作性与指导性来源于对绩效差距分析的准确性，所以，每一位主管在对员工进行过程指导时要记录员工的关键行为，按类别整理，分为高绩效行为记录与低绩效行为记录。通过表扬与激励，维持与强化员工的高绩效行为，通过对低绩效行为的归纳与总结，准确地界定员工绩效差距，在进行绩效反馈时反馈给员工，以期得到改进与提高。

（3）沟通协商下一个绩效考评周期的工作任务与目标。绩效反馈既是上一个绩效考评周期的结束，也是下一个绩效考评周期的开始。在考核的期初明确绩效指标是绩效管理的基本思想之一，需要各主管与员工共同制定。各主管不参与会导致绩效指标的方向性偏差，员工不参与会导致绩效目标的不明确。另外，在确定绩效指标的时候一定要紧紧围绕关键指标内容，同时考虑员工所处的内外部环境变化，而不是僵化地将季度目标设置为年度目标的四分之一，也不是简单地在上一期目标的基础上累加几个百分比。

（4）确定与任务目标相匹配的资源配置。绩效反馈不是简单地总结上一个绩效周期员工的表现，更重要的是要着眼于未来的绩效周期。在明确绩效任务的同时确定相应的资源配置，对主管与员工来说是一个双赢的过程。对于员工来说，可以得到完成任务所需要的资源；对于主管来说，可以积累资源消耗的历史数据，分析资源消耗背后可控成本的节约途径，还可以综合有限的资源情况，使有限的资源发挥最大的效用。

2.绩效反馈沟通的技巧

（1）绩效沟通前要做好充分的准备。面谈准备主要有两方面：一是心理准备，主管要事先了解下属的性格特点、工作状况，充分估计到下属在面谈中可能表现出来的情绪和行为，准备可能的应对策略。二是数据、资料准备，如工作业绩、计划总结、管理台账等。在面谈前，主管要对有关资料熟谙于胸，用科学的数据和事实来证明自己的观点，员工也同样如此，这样上下级的分歧就很小。

（2）安排面谈计划。面谈方式可以是一对一的，较适合涉及私事或保密情况的面谈；面谈方式也可以是一对多的，常用在有共同话题时。

（3）拟订一个行之有效的面谈计划，并将计划告诉员工，让员工有一个心理上和行动上的准备。面谈时间最好控制在10～15分钟，若是月度考核，则不应少于30分钟；对于年度考核，则应多于1小时。面谈地点应安排在安静且不受干扰的地方。

（4）正面的绩效面谈，应特别注意三点：真诚、具体、建设性。

（5）负面的绩效面谈，应注意描述而不判断、不指责，聆听后提出改进措施。

（6）绩效面谈的两个重要技巧：

◇ 参照BEST法则。所谓BEST法则，是指在进行绩效面谈时按照以下步骤进行：Behavior Description（描述行为）、Express Consequence（表达结果）、Solicit Input（征求意见）、Talk about Positive Outcomes（着眼未来）。

实例展示4-1

某公司市场部的小周在制作标书时常犯同一个错误，这时候，主管就可以用BEST法则对他的绩效进行反馈：

B：小周，8月6日，你制作的标书报价又出现了错误，单价和总价不对应，这已经是你第二次在这个方面出错了。

E：你工作上的失误，使销售员的工作非常被动，给客户留下了很不好的印象，这可能会影响到我们的中标及后面的客户关系。

S：小周，你怎么看待这个问题？准备采取什么措施改进？

拓展阅读4-1

小周：我准备……

T：很好，我同意你的改进意见，希望在以后的时间里，你能按你说的那些措施去做。

◇汉堡原理。所谓汉堡原理，是指在进行绩效面谈时按照以下步骤进行：先表扬特定的成就，给予真心的鼓励；然后提出需要改进的"特定"的行为表现；最后以肯定和支持结束。

开超市新手有哪些进货渠道？

课堂讨论4-10

案例背景：截至今年年底，TT公司总经理的信箱共收到匿名投诉信5封，投诉司机班服务差，包括接客户接不到、门难进、脸难看、话难听等，结果考核小组年底扣了司机班5分……但司机班一年来只发生过一起小的交通事故，比去年有很大进步，加了6分。你现在是行政部杨经理，请结合工作实际与司机班赵班长进行一次年终绩效面谈。

杨经理：来，刚从上海跑回来吧，辛苦了。

赵班长：还好，听从领导吩咐，客户是我们的衣食父母。

杨经理：今年司机班安全方面做得不错，资料上显示好像只有一起小交通事故，全年没有大的事故发生，很不错呀！

赵班长：就是那一天，不知道哪个冒失鬼，要转弯方向灯也不打，结果小李来了个急刹车，把对方车辆碰了一下，保险杠凹进去了。

杨经理：这一年来，大家都很辛苦，能做到大的安全事故为零，这个成绩很好，你有没有采取什么好的措施呀？

赵班长：措施有啊，每天上班前开早会，大家集中在一起大吼一声"安全第一"，然后就考核喽，出事故的车要扣分、挨批评……

杨经理：我听说，公司出公车，保安拿到出车单时，会对司机说一声"注意安全"，是有这样的事情吧？

赵班长：有，还是为了安全，平时我们也互相提醒不要开车打手机，不要加塞，不要酒后开车……

杨经理：做得非常好，这是成功的经验，明年要继续保持。

杨经理：但是我们司机班也有问题，被考核小组扣了5分，你知道吗？

赵班长：谁那么黑啊，我们这么辛苦，是什么问题呀？

杨经理：有"客户"投诉我们说，门难进，脸难看，话难听，你看这是投诉单，这是怎么回事呀？

赵班长：这个……其实也不是我们故意的，因为开车辛苦，有时难免会发发牢骚，与他们争两句，王总反复强调要增强客户服务意识，我们做得还不够。

杨经理：是啊，公司里面现在是同事关系，更是客户关系。我建议，你在司机班既要表扬一年来不出事故，也要要求大家加强客户服务意识，以免有争论，不能再让公司内部人员进行投诉了。

赵班长：好，我回去一定提到这点，叫大家练习微笑，露八颗牙齿（用手指撑开嘴角，做微笑状）……

杨经理：哈哈，有问题不怕，只要改正就好，相信大家一定也会提升服务态度的，就这样吧。

赵班长：谢谢经理，我走了。

问题：你认为这次绩效面谈的效果如何？杨经理在这次面谈中做了哪些准备？运用了哪些技巧？

讨论步骤：

（1）以5～6人为一个小队，队长要组织好讨论，并在约定时间内完成讨论结果。

（2）由其中2～3队派代表在班上与其他组交流讨论的结果。

（3）其他各队将本队讨论结果交由任课教师和各队队长组成的评委，由评委给出实训成绩。

（4）任课教师或学生代表作总结发言。

五、绩效考核结果应用

绩效管理必须与薪酬等激励机制相挂钩才能体现其价值。如何根据员工的绩效考核结果确定合理的薪酬奖励，是保证绩效考核激励作用的主要手段和核心问题。在设计绩效管理体系的同时，应根据企业自身特点同步为各级员工设计与绩效挂钩的薪酬体系。

绩效考核结果应用于如下方面：

1.工资晋升（具体晋升情况因企业情况而定）

根据绩效考核结果，结合其他考核，发掘出绩效突出、素质好、有创新能力的优秀管理人员和员工，通过岗位轮换、特殊培训等方式，从素质和能力上进行全面培养，在班子调整补充人员时，优先予以提拔重用。

2.绩效奖金的确定（具体确定办法因企业情况而定）

绩效奖金已成为企业薪酬结构中的重要组成部分，也是激励员工努力工作的重要机制。门店在绩效奖金的分配上应体现"责任与利益一致、能力与价值一致、业绩与收益一致"的分配原则，民主评议方案、岗位系数分级、绩效考核方案都是可以参照的方法。

3.职业发展

对那些绩效不能达到要求、能力改进并不明显的员工要考虑是否有其他合适的岗位比原岗位更能发挥其作用。通过对员工职业发展的考虑，使工作绩效、工作能力或行为方式与员工个人的职业前景相关联，从而强化其提高绩效和能力的意识，促使所有员工努力去提高能力，完成绩效目标。这也将使人力成本向绩效转化的目标得到具体落实。

4.其他奖励

（1）外在奖励。外在奖励主要指物质或经济方面的激励，包括工资增长、绩效奖金和其他具有酬劳性质的奖励，如职位的提升、培训机会、考察学习、旅游度假、来自高层的认可和表扬等。

（2）内在奖励。内在奖励主要指来自精神层面的激励，包括员工对自己的奖励（如成就感）、福利、授予荣誉称号、具有挑战性的职责和重要而有意义的工作、在设定目标和制定决策时的影响力等。

课堂讨论4-11

党的二十大报告提出："我们要实现好、维护好、发展好最广大人民根本利益，紧紧抓住人民最关心最直接最现实的利益问题，坚持尽力而为、量力而行，深入群众、深入基层，采取更多惠民生、暖民心举措，着力解决好人民群众急难愁盼问题。"在疫情期间，一些无良商家哄抬物价，发疫情财，而有的商家亏本售卖蔬菜和粮油米面，顾大局、保民生。

问题：如果你是门店店长，如何看待这两种截然不同的做法？你是如何看待门店业绩和门店口碑之间的关系的？

思政园地

想要业绩提升，连锁超市店长需要怎么做

有句话是这么说的：一个优秀的店长可以带活一个店，三个优秀的店长可以带动一个城市。由此可见，一个门店的经营和发展是离不开店长的。但优秀的店长不是谁都能当的，要成为优秀的店长至少应满足以下四个条件：

1.以身作则

很多店长总是会问，导购工作没有动力，该如何激励呢？其实，给导购最好的激励方法就是"以身作则"！试想一下，如果店长自己都做不到、做不好，谁还会信服你，服从你的安排呢？作为店长很少加班，甚至从来不加班，想在同事当中获得威望，基本上是不可能的。

优衣库的店长并不是每天都要求大家要有激情，对工作尽责，而是以身作则。每天至少提前30分钟到店，激情饱满地准备营业前的早会，进行工作整理、岗位安排。在店长的影响和带领下，店员也会逐渐向店长看齐。

2.对员工提出明确要求

一个优秀的店长，不仅要以身作则，还要懂得对员工提出明确的要求。目标明确了，店员才知道劲儿该往哪里用。很多管理松散的店，就是因为没有一个严格的店长，没有一个懂得并敢于对员工提要求的店长。这样店铺业绩肯定也很难达标。

3.时刻把目标放心上

店长的工作可以分为两种：事务性工作和绩效性工作。十个店长九个忙，似乎永远有忙不完的事情，做账、补货……以前做导购的时候还是个销售冠军，现在不但没有精力去

管理店铺，自己的工作也不是很顺心。如果搞不定事务性工作，请记住一个原则——绩效第一。店长应该把目标放在心上，清楚每个时间节点，每个人、店铺的目标要达到多少，并鼓励员工达成个人目标。

4.实时督促

无论是业绩，还是员工其他方面的表现，店长都要实时进行督促。很多人其实是需要有人推一把的。对被督促的人来说，这是十分幸福的事情。

资料来源　佚名.想要业绩提升，连锁超市店长需要怎么做？[EB/OL].[2024-08-15]. https：//www.chaoshi168.com/.

分析提示：由一名普通员工晋升至店长，并成为优秀店长，不仅要具备店长基本素质和能力，而且要在实践中不断提高自身的素质和能力，始终坚定不移地以身作则，用心做事、用心学习，制定明确的目标并将目标合理分解，实时督促员工。

学思践悟：确定"服务社会"思政教育主题，通过完成职业生涯规划的任务，引发学生思考店长岗位所体现的社会价值，帮助学生树立服务社会的意识，理解连锁门店店长对门店经营的重要性，认识到连锁门店店长要从团队建设、提升客户体验等方面开展工作，坚定理想信念，承担应尽责任。

项目小结

增加营业收入、降低经营成本是门店获取并增加利润的最主要途径。

选择客流量大的店址，通过适合消费者心理的门店装修、生动化的商品陈列、丰富多彩的促销活动、曲径通幽的动线设计、优质的服务，必将极大刺激消费者的购物欲望，增加客单数，提高客单价，从而促进营业收入的增长。

直接从厂家进货的大批量采购，带来的是进货成本的降低。降低人工成本、压缩水电与物流成本、摊薄物业成本、推行无纸化办公、实行内部电话免费与通信费用总承包、尽可能延长设备的使用寿命等这些措施，均能有效降低可控制成本，压缩经营成本。

衡量门店的盈亏有一个重要指标，那就是盈亏平衡点。当总收入等于总成本时，就实现了盈亏平衡。盈亏平衡点的计算是判断门店盈亏平衡的关键。

企业兴旺发达与否，取决于企业上下是否万众一心，共同为企业战略目标的实现各展所长、各尽所能。门店作为企业的最基本经营单位，同样也不例外。

绩效管理的过程通常被看成一个由绩效计划制订、绩效辅导沟通、绩效考核评价、绩效反馈及绩效考核结果应用构成的循环：绩效计划是企业及门店实施战略目标描述的美好蓝图，它要求组织目标、部门目标与个人目标一致，所有员工同舟共济、各尽所能。这需要绩效辅导沟通，包括：绩效计划制订的辅导，让员工明确实行绩效管理对企业与个人的意义，人人参与的重要性与必要性，制订切合实际、符合企业发展战略、操作性强的绩效计划；绩效考核时的辅导沟通，充分听取员工的意见与建议，消除误会，取得共识。绩效考核评价是评估企业的工作业绩及其门店表现的最重要的措施，也是很多企业实施奖惩制度的最主要依据，关系到企业每个员工的利益。绩效考核结果的应用主要体现在员工的奖励制度与职业发展规划方面。

项目训练

一、选择题

1. 下列不对客单数起决定作用的因素是（　　　）。

A.商品数量　　　　　B.商品质量　　　　　C.商品种类　　　　　D.进店人数

2. 门店的成本核算以（　　　）为基础，以货币为计算单位。

A.财务核算　　　　　B.经济核算　　　　　C.经营核算　　　　　D.会计核算

3.（　　　）是构成采购成本的主要因素，也是影响企业采购成本最直接的因素。

A.采购质量　　　　　B.采购数量　　　　　C.采购价格　　　　　D.采购战略

4. 以下不属于控制人工成本的方法是（　　　）。

A.缩短工作时间　　　B.科学制定劳动额　　C.配备适当员工　　　D.合理排班

5. 聚福隆超市场地租金为12万元/年，水电费2万元/年，全体售货员基本工资每月8 000元；职工奖金提成为销售额的5%，毛利率为15%，即进货成本占销售收入的85%。那么，聚福隆超市的月销售额为（　　　）元才不至于亏损。

A.280 000　　　　　B.200 000　　　　　C.196 667　　　　　D.217 821

6. 目标管理法能使员工个人的（　　　）保持一致。

A.个人目标与组织目标　　　　　　　　B.努力目标与组织目标

C.努力目标与集体目标　　　　　　　　D.个人目标和集体目标

7. 在绩效管理实施过程中，最直接影响绩效评价质量和效果的人员是（　　　）。

A.高层领导　　　　　B.一般员工　　　　　C.直接上级/主管　　D.人力资源部人员

8. 绩效管理的最终目标是为了（　　　）。

A.确定被考评者未来的薪金水平

B.帮助员工找出提高绩效的方法

C.制订有针对性的培训计划和培训实施方案

D.促进企业与员工的共同提高与发展

二、判断题

1. 门店收入的增加主要依靠提供价高质优的商品。　　　　　　　　　　　　（　　　）

2. 门店经营成本中最主要的成本是店租。　　　　　　　　　　　　　　　　（　　　）

3. 盈亏平衡点是决定门店经营盈亏的关键点。　　　　　　　　　　　　　　（　　　）

4. 绩效主要是指员工在劳动过程中的表现，因此绩效考评主要是对员工的劳动态度、行为表现进行评价。　　　　　　　　　　　　　　　　　　　　　　　　　（　　　）

5. 为了保证评估质量，应对评估人员进行培训，使他们掌握评估原则，熟悉评估标准，掌握评估方法，克服常见偏见。　　　　　　　　　　　　　　　　　　　（　　　）

6. 由于绩效反馈面谈是主管人员对员工进行的，所以只需要主管人员做好绩效反馈面谈准备。　　　　　　　　　　　　　　　　　　　　　　　　　　　　　　（　　　）

7. 绩效评估指标在评价过程中对评价对象的各个方面或各个要素应该是可以测定和评估的。　　　　　　　　　　　　　　　　　　　　　　　　　　　　　　　（　　　）

8. 绩效考核标准对一定时期员工的努力方向和积极性有着重要影响，标准应该尽可能用数量表示。　　　　　　　　　　　　　　　　　　　　　　　　　　　　（　　　）

三、实训题

某电机厂是一家中型企业。两年前厂里建立了一套新的绩效考核制度，以便及时向职工提供绩效考评的反馈信息。这套制度是本着客观、及时、有效的原则设计的，既考核个人品质和工作行为表现，又考核工作效果。

最近，由于资金短缺、市场疲软，厂领导决定实行优化组合以提高生产率。具体到电机装配车间甲班，原有的8名职工要精简为5名，即要"组合掉"3名绩效较差的职工回家，只拿70%的工资。当然，这种精简是暂时的，一旦公司业务回升他们还可以重新回来工作。但厂领导还是希望尽量做到公平、客观地决定哪3个人应当被精简。这8名职工的个人资料和绩效考核情况如下：

8名职工的个人资料：

罗明，汉族，42岁，已婚，两个孩子，高中肄业，任职14年。

白宏图，汉族，37岁，丧偶，一个孩子，高中毕业，任职8年。

贝玉林，汉族，24岁，未婚，高中毕业，任职2年。

李雷，汉族，50岁，单身，夜大毕业，任职15年。

王丽美，汉族，36岁，已婚，三个孩子，高中毕业，任职3年。

曹大勇，回族，40岁，已婚，一个孩子，高中毕业，任职4年。

沙崇德，汉族，39岁，离婚，两个孩子，大专毕业，任职7年。

魏文斌，汉族，42岁，已婚，无子女，大学肄业，任职9年。

8名职工的绩效考核情况见表4-11。

表4-11　　　　8名职工的绩效考核情况表（根据最近18个月的平均情况）

姓名	工作评价			车间主任的评价			
	平均周产量	次品率	缺勤率（%）	合作精神	爱厂如家	提升潜力	上进心
罗明	19.8	4.9	7.3	良	良	中	弱
白宏图	21.7	5.3	8.9	差	中	差	弱
贝玉林	17.6	0.9	1.4	优	良	良	强
李雷	20.2	4.7	10	优	优	中	弱
王丽美	20.1	9.6	10.3	差	中	差	弱
曹大勇	19.8	3.4	7.1	良	中	差	弱
沙崇德	18.1	4.8	6.0	良	良	中	弱
魏文斌	22.8	7.0	4.6	中	中	良	强

问题：

（1）请你根据这些材料帮助该厂领导将这8名职工排出一个顺序，最应当被精简的排在第一位，其次应当被精简的排在第二位，依此类推，排在第8位的为最不应该被精简的职工。

（2）要求说明所使用的方法以及排序的依据。

项目评价

本项目考核由考试、教师评定、学生自评三部分构成，考试成绩根据学生对项目训练部分的完成情况给出，教师评定成绩和学生自评成绩分别由教师和学生根据课堂教学、课堂讨论及实训完成情况给出，填写表4-12。

表4-12　　　　　　　　　　　　　绩效管理项目考核评价表

考核项目名称		分值	得分	评语	备注
考试	项目成绩	40			
教师评定	课堂纪律	10		评定人：	
	着装仪表	4			
	语言文明	5			
	课堂发言	5			
	课内作业	8			
	课外作业	8			
	教师评定成绩小计	40			
学生自评	学习态度	4		评定人：	
	尊重他人	4			
	交流合作	4			
	实践能力	4			
	创新精神	4			
	学生评定成绩小计	20			
成绩总评		100			

项目五　　　　　　　　　　促销管理

　　促销是门店运营中一个非常重要的环节，决定着门店经营的成功与否。一般而言，零售连锁企业的促销活动常年不断，总部的营销部门在供应商的支持下，会不断推出优惠活动以吸引顾客光顾。除了在节假日开展的促销活动，门店的促销活动还包括配合产品特性的旺季促销、新产品推出时的促销、库存品出清促销、周年庆促销等。通过完善的促销计划与执行，可活跃门店的气氛、提振营业人员的工作士气、提升门店知名度，进而增进顾客的认同感。

　　由于超级市场的出现，商品直接和顾客见面，大大减少了售货员的数量，从而节省了人工费用，这不仅加快了商品流通的速度，而且降低了商业成本，促进了商品经济的繁荣。但问题也应运而生，那就是如何利用广告宣传，在狭窄的货架柜台空间，在顾客浏览商品或犹豫不决的时候，恰当地说明商品的价格优势，以及产地、等级等特征，吸引顾客视线，激发顾客兴趣，并担当起售货员的角色，使顾客很快地经历注目、明白、心动而决定购买的购物心理过程。POP广告促销这种新的促销形式应运而生，它在整个商品销售过程中成了一个"无声的售货员"。

　　本项目主要完成三个任务：店头促销、现场促销和POP促销。

学习目标

　　知识目标：
　　1.掌握门店促销的方式及实施重点。
　　2.掌握现场促销的特点、优势及实施阶段策划。
　　3.掌握POP促销的特点、优势及运用方法。
　　能力目标：
　　1.能设计促销方案及组织促销活动实施。
　　2.能制作不同类型的POP促销海报。
　　3.能从店面整体布局、具体商品陈列等多个角度出发，布置促销现场。
　　素养目标：
　　1.具备良好的学习、工作态度。
　　2.具备运用知识解决实际问题的能力。
　　3.具备勇于实践、敢于创新的精神。
　　4.具备集体合作意识和团队精神。

"大嗓门"促销现场

某手机卖场推出了"过中秋、迎国庆"大型促销活动。卖场通过张贴宣传海报，悬挂促销横幅，利用电子屏幕滚动播放宣传视频等手段营造良好的促销氛围；安排大量专业促销人员在现场进行推销；运用打折、满赠等促销手段吸引顾客实现销售；在人流量较大的时间段，卖场会在大门外放置音响，不断循环大声播放促销音乐并有专业促销人员在现场吆喝，以吸引更多的消费者进入卖场。多种促销手段果然吸引了许多顾客进店，卖场销售额成倍上涨，销售情况非常好。正当大家开心之时，市场监督管理部门突然到卖场进行调查，原因是收到卖场周边住户的投诉——噪声扰民。卖场附近的住户投诉：卖场在手机促销期间，播放音乐的声音太大，过大的音乐声影响了住户的正常生活。调查结果证实了住户的投诉真实不虚。市场监督管理部门决定对手机卖场实施处罚，并责成卖场立即整改。卖场短期的促销得到些许利润，却对住户这样的第三方造成了伤害，还为此受到处罚。

请各位同学思考一下：不合理的促销给国家、社会和顾客带来了哪些危害？作为一名门店运营人员，在进行现场促销时要如何保护公众利益？

任务一　　　　　　　　　　店头促销

任务描述

在小王的精心打理下，店面经营效益是"芝麻开花节节高"。现在进入销售旺季，小王购置了一批堆头货架，想利用通道的空间开展主题堆头促销活动，现在请你帮助小王做一个策划。

知识准备

一、店头促销的含义及主要形式

店头促销是门店的一种形象促销活动，指的是直接在店面进行的促销。店头促销（如图5-1所示）的主要表现形式有三种：特别展示区、货架两端（端头）和堆头陈列。这些陈列区都是消费者反复通过的、视线直接接触的地方，而且陈列在这里的商品通常属于促销商品、特别推荐产品、特价商品和新产品。通过店头促销与目标消费者进行沟通，可以提升品牌知名度，建立品牌认同，并增加销售量。

二、店头促销的重点

此种方式尤其适合大卖场这种连锁超市业态，形成大供应商或大品牌与堆头或端头的对应关系，确定单品或一个供应商与一个端头或堆头相对应。

1.特别展示区、堆头和端头陈列是店头促销的关键

消费者有一种长期积累的、恒定的购物习惯，这就对门店的店头布置提出了一个深层

图5-1 店头促销

次的要求，那就是必须要迎合顾客的购物习惯，在商品的层次、视觉和听觉等方面都要给顾客提供足够的信息。

如何使消费者喜欢自己的门店，可以从消费者角度来思考。消费者到门店购物，会受到认识、记忆、使用经验、试用效果等多种因素的影响，所以，店头信息尤其是特别展示区、端头陈列的促销商品信息，对非计划型购物的消费者将起到很大的作用。另外，对门店而言，从店头促销活动中收集到的信息、资料，可以帮助连锁企业总部制订采购计划，选择供应商，确保本企业的竞争优势。在卖场的入口处设置特别展示区，加强对端头和堆头商品的组织，充分发挥其促销作用，改变商品的陈列方式，增加销售势头良好的商品数量，可以强化、提升顾客的满意度。

2.开展积极活泼的店头促销

顾客上门是创造销售额的前提，因此店头促销的重点在于创造顾客与门店之间"感动、兴奋"的关系，这也是21世纪店头促销必须注重的原则。

以特别展示区、端头和堆头为主的店头促销，应该突出并充分展示促销商品、主力商品以及商品的精华部分，激发顾客的购买欲望；应该努力展现店头的三种固有功能——展示功能、导向功能、选择和比较功能；应该利用多种形式灵活开展促销，努力塑造卖场低价、实惠、贴近顾客生活需求的形象。

实例展示5-1

某超市在端午节来临之际开展粽子促销活动。超市入口处设置了粽子特别展示区，用不同品牌的粽子陈列出别致的造型，提醒顾客端午节即将到来。同时，点缀青竹等装饰物，营造出良好的消费氛围，让进店的顾客对粽子商品留下较深的印象。配合大型POP海报——每天免费送99个粽子，激发顾客的购买欲望。

超市在食品类货架和冷柜处采用端头陈列方式，在货架两端和冷柜两头用不同品牌、不同包装、不同价位的粽子陈列出造型各异的展示区，配合悬挂POP广告，方便顾客对不同品牌、包装和价位的粽子进行对比和选择。

超市在粽子陈列的旁边，开辟专区展示不同品牌酒类、大闸蟹等关联商品，引导顾客消费，方便顾客购买。

任务实施

一、端头促销商品陈列

所谓端头，是指双面的中央陈列架的两头，是顾客通过流量最大、往返频率最高的地方。端头一般用来陈列要推荐给顾客的新商品或利润高的商品。

端头陈列（如图5-2所示）是指位于货架的两端面向通道的商品陈列。端头陈列的商品可以是单一品种商品，也可以是组合商品，尤以后者效果更佳。调查资料显示：将单一的商品陈列改为组合商品陈列，销售额会大大提高。

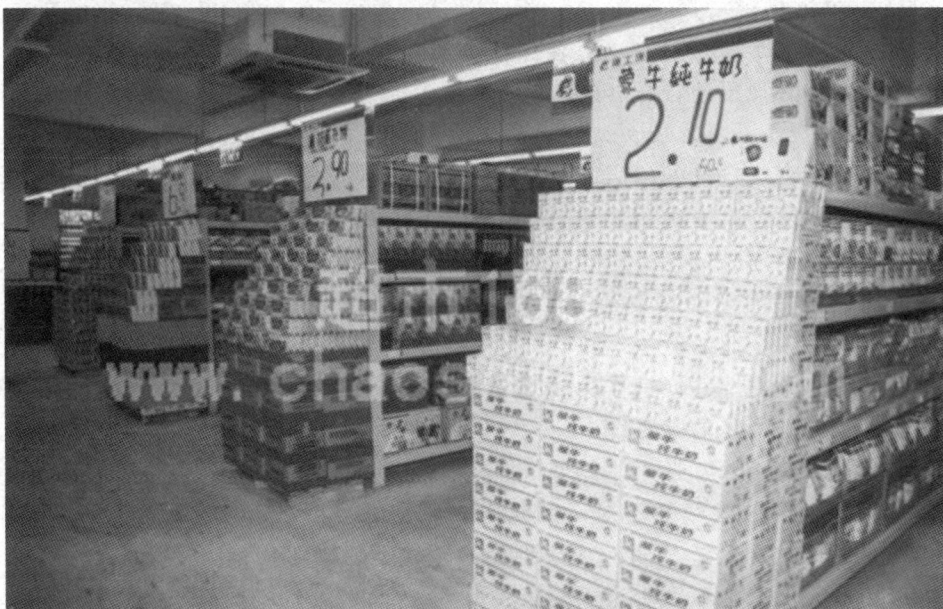

图5-2　端头陈列

端头陈列的注意事项：

◇ 端头商品组合陈列时商品种类不宜过多。

◇ 组合商品之间要有关联性，不可将无关联的商品陈列在同一货架内。

◇ 可在几种组合商品中选择一种商品作为牺牲品，以低廉价格出售，目的是带动其他商品的销售。

◇ 端头的特殊位置可以用来专门陈列特价商品、高利润商品、新商品、重点推荐或热卖中的商品。

◇ 可以将同一种商品在不同的端头上陈列，也就是同一种商品可在不同的货架上重复出现，但这种重复陈列必须以关联商品组合陈列的形式呈现。

请根据端头陈列的要点，进行商品端头陈列练习。

训练步骤：

（1）以团队为单位，队长组织大家讨论，确定端头商品陈列造型。

（2）由团队代表轮流上台进行端头商品陈列和现场摆放。

（3）由任课教师和各队队长根据各队展示情况给出各队成绩。

（4）任课教师或学生代表作总结发言。

二、堆头促销商品陈列

1.堆头（落地）陈列

堆头（落地）陈列（如图5-3所示）是为了促销商品，强调某一促销活动（产品/包装）、假日特卖，或者提供高周转产品所采用的展示方法。这种大量陈列方法多用于带外包装箱的商品，顾客取货时不会造成商品垮塌，并且取货也比较方便。例如，易拉罐装的商品在促销时就可以采用堆头陈列法。

图5-3　堆头陈列

堆头（落地）陈列的标准：

（1）一个堆头原则上陈列一种单品，最多不超过两种，且价格低的商品陈列在最前面。

（2）堆头陈列的商品高度应在1.4米左右。

（3）堆头要和前货架对齐，主通道陈列的堆头应成一条直线。

（4）清仓、负毛利商品不宜作堆头商品陈列。

（5）堆头陈列的商品要有卡板（栈板）垫底，商品不能直接接触地面。

（6）堆头陈列的罐装商品码放不得超过两层。

（7）堆头陈列的商品应以卡板尺寸为准，不能超出。

（8）堆头与堆头之间要保留相当于一个卡板左右的距离。

（9）DM商品必须有POP配合。

（10）整箱打底的商品要交叉码放，可以采用空箱的方法进行陈列。

（11）特卖商品是因货架销量满足不了顾客的需求而特别陈列为端架、堆头商品。

（12）特卖商品是应季性强、货量充足、价格低、毛利高的商品。

2.堆头（落地）陈列的注意事项

（1）陈列位置选择消费者最常走的路线。

（2）堆箱陈列时，注意底垫的稳固性，可以使用交叉堆法。POP及产品包装文字均应面向消费者，高度适宜，容易拿取。在无固定、特制的堆头及陈列架的情况下，可将成箱商品按箱体结构和商标印刷格式合理切割，一般以正面梯形剖至下腰部，既可使产品充分展示，又可利用箱体进行简易陈列。

课堂讨论5-2

请根据"任务描述"中的要求，帮助小王设计一个主题堆头促销策划方案。

训练步骤：

（1）以团队为单位，队长组织大家讨论，设计主题堆头促销方案。

（2）团队内开展主题堆头促销活动。

（3）团队代表上台介绍并展示主题堆头促销方案。

（4）由任课教师和各队队长根据各队展示情况给出评价。

（5）任课教师或学生代表作总结发言。

任务二　　现场促销

任务描述

销售进入了旺季，为了抓住销售机会，进一步提高店面销售业绩，小王打算在店面门前举办一次现场促销活动，现在请你帮助小王制定一份现场促销活动策划书。

知识准备

一、现场促销的含义及特点

现场促销是门店在一定时期内，针对多数预期顾客以扩大销售为目的所进行的促销活动。现场促销通常会结合人员促销，并通过这种特殊形式，直接达到扩大销售额的目的。现场促销的主要特点为：以企业门店为主体；以实现销售为目的；以多数预期顾客为主要对象。

二、现场促销的优势

现场促销的优势主要体现在以下方面：

（1）能够直接扩大销售额。

（2）大力推动促销商品的销售以及商品品牌的潜意识渗透。

（3）有利于门店与消费者之间的情感沟通。

（4）营造"一点带动一线，一线带动一面"的联动局面。

实例展示5-2

某手机商场在10周年店庆来临之际举行了为期一周的手机促销活动。商场根据本地区消费者的情况制订了促销计划，在商场内布置了展示台、电子屏，安排了模特展示，确定采用多种促销方式相结合的销售方法。

（1）特价机。选1~2种机型作为特价机，成本价销售。促销口号：惊爆低价、一降到底！

（2）买手机送话费。购买指定型号手机，赠送话费。

（3）买手机赠送礼品。购买指定型号手机，赠送礼品。礼品可以选肥皂粉、手机套、读卡器、内存卡等。

（4）买手机抽大奖。通过抽奖箱或转轮盘等方式进行抽奖，奖品可以是内存卡或者话费卡。

三、现场促销的方式

现场促销的主要方式包括：

（1）限时折扣。门店在特定营业时段内提供优惠商品，以刺激消费者购买。

（2）面对面销售。门店的店员直接与顾客面对面进行销售。

（3）赠品促销。消费者免费或付出某些代价即可获得特定物品。

（4）免费试用。现场提供免费样品供消费者试用。

四、现场促销的阶段

现场促销一般分为准备阶段和实施阶段。

1.准备阶段

（1）了解开展现场促销活动所针对目标顾客的特点。

（2）按照企业对目标区域总体的促销方针，协商好促销的商品品种、规格、数量、价格等。

（3）根据消费者需要和促销活动目标市场的特定情况，决定赠品的赠送方式。

（4）制订现场促销计划与货源的调度计划。

（5）促销人员的选拔、培训和安排。

2.实施阶段

（1）促销人员应该抓住有利时机，抓紧时间促销商品。

（2）促销人员应该根据现场实际情况，调整好心理状态，确定口头表达的内容和方式，调整说话声音大小、语速和节奏，协调动作，注意外在形象等，总结出一套高效的促销通用语。

（3）促销人员应该注意现场促销中以下两种方式的灵活运用：观念灌输，促销人员应该善于把纯粹的推销商品观念上升到企业经营理念的高度；感情沟通，如通过吸引顾客所带小孩的注意力来引起顾客注意，以达到沟通情感和促销的目的。

任务实施

在现场促销活动中，促销效果受到多种因素的综合影响，要确保促销效果就必须把握促销工作的所有细节，通常要注意时间和节奏的控制，把握不同方式的促销卖点和特性。

一、现场促销的前期工作

1.确定促销主题

根据节庆、厂家指定及商家需求等情况，确定促销主题，如国庆特惠、厂家降价及商场成立周年庆等现场促销主题活动。

2.确定促销目标商品

根据促销实际情况，确定促销商品范围，如全场一律九折、新品八折、部分产品限时抢购等。

小提示5-1

促销前，要对产品进行全面检查，保证无一劣质产品。同时，在前一天下午对所有促销员进行产品解说和使用操作的强化培训，让现场促销人员对促销产品有全面了解，以提高现场促销的成功率。

3.确定促销方式及价格

大部分促销方式（包括免费试用、打折等）均涉及价格优惠问题。促销价格的制定必须迎合顾客对当前普遍开展的产品促销的认知心态——降价幅度小了，顾客没兴趣；降价幅度太大了，顾客又没信心。同时，商家还要考虑成本问题，因此要反复论证价格优惠的幅度。

4.确定促销时间、场地

（1）购物的人流高峰一般在11：00—14：00、17：00—19：30，为了保证促销效果，促销时间一般定在购物人流高峰期。

（2）促销场地一般定在本店内，一方面可以增加店铺的人气，另一方面对门店也能起到很好的宣传作用。如果场地较狭窄，一定要保持通道的畅通。

5.布置促销现场

（1）店面布置。为烘托现场促销气氛，可在店门口布置拱形门、帐篷、POP海报、展示架等物品，提升店面形象，渲染促销气氛（如图5-4所示）。

图5-4　促销现场拱门布置

（2）展示现场布置。现场促销以现场展示、体验和演示为主，可设置商品展示柜台、模特等，进行现场商品功能演示说明。同时，可在现场设置抽奖箱、设计转轮盘等促销游戏活动，提高促销效果（如图5-5所示）。

图5-5　现场促销转轮盘抽奖

二、现场促销中的工作

1.促销工作

（1）在促销过程中，为规范整体促销形象，提高顾客的消费信心，规定员工必须统一着工作装，佩戴工牌，并且规定标准用语，称呼一律去掉"先生、小姐"，改用"叔叔、阿姨、大哥、大姐"或年轻人喜欢的网络语言"亲"等，让促销更具有亲和力。

（2）为顾客提供专业、贴心的商品性能介绍及演示，赢得顾客的信任。

（3）运用抽奖、打折等促销手段，结合现场促销氛围，积极向顾客推销商品。

2.促销保障工作

为保证现场促销工作的顺利进行，在人员分工方面，除了安排足够的推销员外，还要安排收款员、发货员、防损员及专职现场督导，随时监督与规范促销过程。

小知识5-1

现场销售人员着装要求

1.专业形象

销售人员应该穿着整洁而合身的职业装或商务便装，给客户以专业的印象。避免穿着过于休闲的衣物，如牛仔裤、运动鞋等，以免给客户带来不专业的印象。

2.体现公司品牌

销售人员应按公司要求着装，符合公司的品牌形象。

3.适宜的配饰

销售人员可以适当搭配一些合适的配饰，如男士的领带，女士的项链、手链等。配饰遵循谨慎、简约的原则，避免使用过于花哨或夸张的款式。

小提示5-2

自2022年6月5日起实施的《中华人民共和国噪声污染防治法》第六十三条规定：禁止在商业经营活动中使用高音广播喇叭或者采用其他持续反复发出高噪声的方法进行广告宣传。对商业经营活动中产生的其他噪声，经营者应当采取有效措施，防止噪声污染。

三、现场促销后的工作

促销活动结束后要及时进行工作总结，包括活动成功及有待改进之处，为下次促销活动做好准备。同时，进行公开奖励，谁销售谁提成，提成现金当众发放，以激发销售人员的工作热情。

课堂讨论5-3

根据"任务描述"中的要求，请你按照现场促销要点，为小王的店面撰写一份促销策划书。

拓展阅读5-1

促销行为
一般规范

讨论步骤：

（1）由老师确定各团队在现场促销情景模拟中扮演的角色。

（2）以团队为单位，队长组织大家讨论，确定现场促销策略。

（3）由团队代表上台讲解并展示促销策划书。

（4）由任课教师和各队队长根据各队展示情况给出各队成绩。

（5）任课教师或学生代表作总结发言。

任务三　　　　　　　　　　　POP促销

任务描述

圣诞节来临之际，小王打算举办一次节庆商品促销活动，现在请你帮助小王自选某类商品或从店面整体促销的角度出发，进行POP广告促销策划工作。

知识准备

一、什么是POP广告

POP广告是众多广告形式中的一种，它是英文Point of Purchase Advertising的缩写，意为"购买点广告"，简称为POP广告。POP广告有广义和狭义两种。

广义的POP广告，是指在商业空间、购买场所和零售商店的周围、内部，以及在商品陈设的地方所设置的广告物（如图5-6所示）。广义的POP广告包括商店的牌匾、店面的装潢和橱窗，店外悬挂的充气广告、条幅，商店内部的装饰、陈设、招贴广告、服务指示，店内发放的广告刊物、进行的广告表演，以及广播、录像、电子广告牌广告等。

狭义的POP广告，仅指在购买场所和零售店内部设置的展销专柜以及在商品周围悬挂、摆放与陈设的可以促进商品销售的广告。

POP广告起源于美国的超级市场和自助商店里的店头广告。1939年，美国POP广告协会正式成立，自此POP广告的地位得到了正式确认。

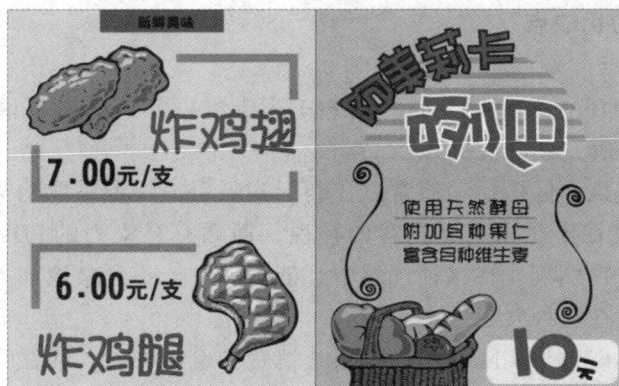

图5-6　POP广告

20世纪30年代以后，POP广告在超级市场、连锁店等自助式商店频繁出现，于是逐渐为商界所重视。60年代以后，超级市场这种自助式销售方式由美国逐渐扩展到世界各地，POP广告也随之走向世界各地。

小提示5-3

POP广告只是一个现代称谓。就其形式来看，在我国古代，酒馆外面挂的酒葫芦、酒旗，饭馆外面挂的幌子，客栈外面悬挂的旗帜，或者药铺门口挂的葫芦、鱼符，以及逢年过节和遇有喜庆之事的张灯结彩等，都称得上是POP广告的鼻祖。

二、POP促销的作用

1.POP广告的作用

（1）以特殊标志将顾客吸引到促销地点。

（2）使顾客留意商品，对商品加深了解，激发购买欲。

（3）将商品的价值、优点、材料等全部告知顾客（标明定价、说明特点）。

（4）说明商品的使用方法。

（5）强调商品合用功能的优点，以促进全套销售，提高销售额。

（6）强调店面给予顾客的印象和感受（利用广告设计和色彩）。

（7）举办展示会时，通过展示会产生示范的效果（利用广告设计等方式）。

2.POP广告发挥作用的流程

POP广告在顾客购买过程中的作用流程见表5-1。

表5-1　　　　　　　　　　POP广告在顾客购买过程中的作用流程

消费心理	消费动作	POP广告
引起兴趣	注意店头广告	海报等
产生兴趣	接近商品	展示陈列
唤起购买欲望	了解商品品质	商品说明书
品牌记忆	产生购买欲望	价目表、展示牌
购买	选取商品、付款	陈列架、收银台

三、POP促销的优缺点

1.POP促销的优点

（1）吸引顾客的注意力。带有品牌的POP广告可以使该品牌从琳琅满目的众多商品中脱颖而出，让消费者立刻联想到该产品。

（2）创造一种气氛。促销活动通常以让利形式吸引消费者采取购买行动。在举办这类活动时，仅靠让利往往不足以引起顾客的重视，而颇有感染力的POP广告则能在店头制造一种令人兴奋的购物气氛，在这种气氛中，消费者常情不自禁地加入购买行列。大多数冲动型购买往往都是在这种气氛中产生的。

（3）使大众媒体广告与实际商品相联系。消费者看广告时，往往会产生一种想购买的冲动，但由于未在购物现场，这种冲动会很快消散。POP广告作为购物现场的宣传物品，可以将大众媒体（诸如广播、电视、报纸等）广告的效力延伸至零售店，使消费者将广告与货架上的商品对号入座，增强其宣传效果。

（4）诱导顾客采取购买行动。零售店是消费者作出购买决策的最后场所，不论消费者事先对该产品有无了解，他们都需要在店头对产品进行实地考察，包括眼看、手摸甚至亲身体验。这时，POP广告可以帮助消费者加深对产品的了解，并使消费者对产品产生较好的印象。由于POP广告是消费者在采取购买行动前所接触的最后的宣传媒体，因此，它对影响消费者的购买决策、诱导他们立即作出购买行为至关重要，这是其他广告媒体所无法取得的优势。

（5）节省广告费用。对厂商来讲，POP广告是费用最低的一种销售促进工具，因为其支出只有制作费（包括材料费）一项，费用还可以由各家零售店分摊，成本很低。

2.POP促销的缺点

从销售促进工具的角度讲，厂商POP广告最大的缺陷为：由于种种原因常被零售店闲置一旁，从而无法发挥其应有的功效。以商业发达的日本为例，一般零售店对POP广告的利用率为10%～30%。在美国，美国零售店对厂商POP广告的利用率仅为15%。这些数字显示了这样一个事实，即厂商花费不少金钱和精力制作的POP广告大部分被浪费了。

厂商POP广告之所以未被零售店普遍采用，其主要原因有以下三点：

（1）零售店空间狭窄，无力容纳众多厂商提供的POP广告，尤其是影响商品陈列或阻碍通行的大型POP广告，更是难以使用。

（2）厂商POP广告与零售店的陈列策略及形象特色不符，使零售店无法采用。目前，不仅专营店，就是一般零售店也都强调自身店铺的风格与特色，因此，如果厂商交付的POP广告与其形象不符，势必被零售店拒绝使用。

（3）零售店销售业务上的压力，使店铺无暇顾及厂商POP广告的使用。零售店通常为商品的陈列与销售忙碌不堪，若再为厂商POP广告的设置或维护分心，必然会感到麻烦。

四、POP广告的功能

1.新产品告知

几乎大部分的POP广告都属于新产品的告知广告。当新产品出售之时，配合其他大众宣传媒体，在销售场所使用POP广告进行促销，可以吸引消费者关注，刺激其购买欲望。

2.唤起消费者潜在购买意识

尽管各厂商已经利用各种大众传播媒体对本企业或产品进行了广泛的宣传，但是当消费者步入商店时，有时已经将其他大众传播媒体的广告内容遗忘了，此刻利用POP广告在现场展示，可以唤起消费者的潜在意识，重新回忆起商品，促成购买行动。

3.取代售货员

POP广告有"无声的售货员"和"最忠实的推销员"的美名。POP广告经常出现在超市，而超市采用的是自选购买方式，在超市中，当消费者面对诸多商品而无从下手时，摆放在商品旁边的一则醒目的POP广告，会忠实地、不断地向消费者发出提醒信息，可以起到吸引消费者、促成其下定购买决心的作用。

4.营造销售气氛

POP广告强烈的色彩、美丽的图案、突出的造型、幽默的动作、准确而生动的广告语言，可以创造强烈的销售气氛，吸引消费者的视线，促成其购买冲动。在夏天，化妆品公司用被阳光晒成褐色的健美女郎躺卧在海边的图片做成POP广告，悬挂在店铺内部、化妆品专卖店里，使消费者产生强烈的季节感，意识到自己也需要到海边去轻松一天，但更要记得携带某某化妆品公司的护肤产品以保护肌肤。

5.提升企业形象

现在，国内的一些企业不仅注重提高产品的知名度，同时也很注重企业形象的宣传。POP广告同其他广告一样，在销售环境中可以起到树立和提升企业形象，进而保持与消费者良好关系的作用。

五、POP广告的特点

POP广告必然具备一般广告的所有特点，从造型的角度看，同样包括广告造型的文字、图形和色彩三大平面广告构成的要素。除了一般平面广告的造型要素外，由于POP广告陈列的特殊方式和地点，从视觉的角度出发，为了适应商场内顾客的流动视线，POP广告多以立体的方式出现和展示，故具备立体造型要求。

立体造型比平面造型具有更强烈的视觉效果，而且立体造型对广告内容的表达层次也更加丰富。POP广告除了有表面的平面要素外，还有立体造型的表达作用。当然，立体造型并不能代替平面要素的作用，POP广告的设计必须有效地利用平面要素和立体造型的作用，才能真正做到尽善尽美。

从形态选择的角度看，POP广告的立体造型可以分为具象形态的造型和抽象形态的造型两大类。具象形态的造型可以是产品实物形象，或是产品模型的放大或缩小，也可以是与产品有关的附加具象形态的造型或象征、比喻性具象形态的造型。而抽象形态的造型则以抽象的几何形态、有机形态、偶然形态等间接与产品内容发生联系，或以抽象的材质关系来产生与产品内容的联系等。

从结构上看，POP广告的立体造型可分为承物式的立体造型和纯广告体的造型两类。承物式的立体造型又分为产品在立体上以起传达作用为主和以承物为主以传达为次两类。

六、POP广告的分类

POP广告的种类繁多，分类方法各异。如果从使用功能上分类，POP广告大致可分为以下四类：

（1）悬挂式POP广告（如图5-7所示）。

图5-7 悬挂式POP广告

（2）商品的价目卡、展示卡式POP广告（如图5-8所示）。

图5-8 商品的价目卡、展示卡式 POP广告

（3）与商品结合式POP广告（如图5-9所示）。

图5-9 与商品结合式POP广告

（4）大型台架式POP广告（如图5-10所示）。

图5-10　大型台架式POP广告

七、POP广告的组合运用

（1）店面POP。店面POP是店铺的"面部表情"，包括招牌、橱窗、标识物等。它常常以商品实物或象征物传达零售店的个性特色以及季节感等（如图5-11所示）。

图5-11　店面 POP

（2）地面POP。其包括利用店内有效视觉效应空间设置的商品陈列台、展示架、立体形象板、商品资料台等。地面POP大致与顾客视线持平，是吸引顾客注意力的焦点（如图5-12所示）。

图5-12　地面 POP

（3）壁面POP。它是指利用墙壁、玻璃门窗、柜台等可应用的立面，粘贴商品海报、招贴传单等。壁面POP以美化壁面、商品告知为主要功能，重视装饰效果和渲染气氛（如图5-13所示）。

图5-13　壁面POP

（4）悬挂POP。它是指从天花板垂吊下来的展示物，高度适中，如商品标志旗、服务承诺语、吉祥物、吊旗等（如图5-14所示）。微风拂动，POP广告动感十足，从各个角度都能直接引起关注。

图5-14　悬挂POP

（5）货架POP。利用商品货架的有效空隙，设置小巧的POP，如价目卡、商品宣传册、精致传单、小吉祥物等（如图5-15所示）。通过近距离阅读，"强制"顾客接收商品信息。

图5-15　货架POP

（6）指示POP。箭形标志是具有引起注意、指示方向、诱导等含义的视觉传达要素，如区隔商品销售域的指示牌，还有服务咨询台、导购图、导购员等（如图5-16所示）。指示POP以方便顾客购买为主要目的。

图5-16　指示POP

（7）视听POP。在店内视野较为开阔区域放置大型彩色屏幕，播放商品广告、店面形象广告、本店商品介绍等，或利用店内广播系统传递商品信息（如图5-17所示）。视听POP以动态画面和声音抓住顾客的注意力。

图5-17　视听POP

全方位的POP广告能够为销售现场营造出系统完整的立体服务氛围，能有效地刺激顾客的潜在购买欲，并引发最终购买。

实例展示5-3

某商场在"三八"国际妇女节来临之际举办了一次化妆品促销活动，活动现场如图5-18所示。

图5-18 某商场促销活动图

商场制订了促销计划，在商场入口处布置了展示台，打出了以红色为主色调的节日促销广告，旁边还挂着红灯笼，营造出节日的气氛。

商场采用了店面POP、壁式POP、悬挂式POP、价目表式POP的POP全方位组合模式，塑造了良好的店面形象，营造了良好的购物氛围，创造了良好的购物环境，有效地刺激了顾客的潜在购买欲。

任务实施

一、POP广告促销的策划

随堂测5-1

优秀的POP广告促销策划应该把握以下几点：

（1）了解POP广告的背景因素，配合新商品上市的促销活动并以既定的广告策略为导向，包括了解流通情报、消费者动向、流行动向、新媒体、素材情报、新品情报等。

（2）了解消费者的需求，研发最有创意的POP广告，刺激和诱导消费。这里的创意是指达到广告目的具有创造性的主意，也就是在商战中能达到促销目的的独特主意。

（3）POP广告必须集中视觉效果，与媒体广告同步进行。

（4）了解门店和周边环境的消费者情况，并听取门店工作人员的建议，作为POP广告制作的依据。

课堂讨论5-4

根据"任务描述"中的要求，请你帮助小王策划一次圣诞节商品促销活动，自选某类商品或从店面整体促销的角度出发，进行POP广告促销策划工作。

讨论步骤：

（1）以团队为单位，队长要组织好讨论，确定讨论时间，并做好讨论记录。

（2）由团队代表轮流上台展示POP广告策划成果。

（3）由任课教师和各队队长根据各队展示情况给出评价。

（4）由任课教师或学生代表作点评并总结。

二、POP广告促销的操作技巧

POP广告促销在具体操作上应把握以下几点：

1.从制作方面提高POP广告的适用性

厂商在设计和制作POP广告时，必须深入零售店考察，并征求零售店对POP广告制作的要求，尽量从零售店的立场出发，制作出适合零售店使用的POP广告。比如，可以制作几种大小、风格不同的POP广告，以分别配合不同空间和要求的零售店使用。

2.派人员进行技术指导和服务

厂商在向零售店提供POP广告的同时，也应派人员到现场进行示范操作，负责协助解决POP广告的安置和售后服务等问题。

3.对零售店实施利益激励

为了提高零售店采用POP广告的积极性，厂商可以对零售店实行物质奖励，如对在一定期间悬挂宣传物品的零售商可以多配发一些促销商品。

4.加强POP广告的艺术创作

POP广告不仅要有较强的适用性，还要有较强的艺术感染力，富有创意，这样才能博得零售店的好感和认同。所以，厂商要想让自己的广告得到零售店的采纳，还应创作出与众不同的广告作品。

小知识5-2

POP广告的发展趋势

POP广告由传统的"图+物"向"图+物+人"发展。传统POP广告的形式通过灯光、音乐、视频的渲染，取得了良好的促销效果。随着"人"的加入，POP广告显得更加生动立体，它能提供视觉、听觉、味觉、触觉等方面的知觉体验，从而取得更为突出的宣传和促进销售的效果。

小提示5-4

提高POP广告的设计水准，以下10条建议可供参考，具体包括：吸引顾客的注意力；使顾客产生兴趣；转移顾客对品牌的印象；增强顾客购买欲望；通过大众传播工具使顾客因视觉效果而联想该项商品；配合零售店格调，并能抬高零售店身份；以自动销售代替人力销售；对销售库存极有贡献；销售效率极高；提高销售人员的士气。

三、POP广告设计制作的要求

1.引起注意

POP广告是潜在顾客在购买之前所能看到的最后一次广告，所以其"引起注意"的作用是非常重要的。

2.集中于一个目标

大多数的POP广告都想包含太多目的，这是最大的错误。POP广告集中于一个销售信息即可，但是要把它做得尽善尽美。

3.品牌意识传达清晰明确

品牌意识是促成购买的原因，必须做到清晰明确。

4.个性化

POP广告设计必须与企业精神相吻合，广告制品的外形、色彩、名称、插图、大小、字体等均应体现出企业的个性特征。

5.整体性

商店是一个整体，陈设POP广告的空间有限，因此，必须了解销售现场的空间关系以及整个色调、光线、照明等环境情况，务求整体的配合与协调。

6.提供购买资料

必须让广告受众清清楚楚、一目了然，商店有什么商品要卖、价格如何以及如何购买。

7.直接、简捷、请求购买

POP广告属于行动导向，必须直接向消费者提供信息，以便消费者作出最佳的购买决策。

8.方便

POP广告设计还应考虑到运输方便、布置方便、管理方便，力求美观实用，适应需要，避免浪费。

课堂讨论 5-5

某食品企业"×××"品牌饮料进驻某超市进行销售，请结合POP广告促销的操作技巧及设计制作要求，根据老师提供的材料，制作一份POP广告。

讨论步骤：

（1）以团队为单位，队长要组织好讨论，确定讨论时间，并做好讨论记录。

（2）由团队代表轮流上台展示本组制作成果，并讲解本队设计理念。

（3）由任课教师和各队队长根据各队展示情况给出评价。

（4）任课教师或学生代表作总结发言。

思政园地

商品促销搭台，突出地域特色，助力乡村振兴

某商场在举办年货节时，与农产品合作社合作，推出地方特色农产品销售的优惠套餐。在商场外悬挂横幅和气球营造活动氛围；在卖场摆放和悬挂绿色为主色调的农产品销售海报；播放农产品宣传视频，重点宣传农产品的绿色无污染特点；销售现场设置"走进××乡村"农产品体验区，安排销售人员讲解产品特色和优惠政策，摆放产品供顾客挑选和免费试吃。通过促销活动，该商场既满足了广大消费者对年货的需求，又促进了农产品的销售，提升了营业收入。

分析提示：商场通过与农产品合作社合作，打造特色农产品品牌，加大农产品品牌建设和市场推广力度，提高了农产品的知名度和美誉度，增强了市场竞争力。同时，利用年

节时间节点开展现场促销，拓展销售渠道，拉近了与消费者的距离。商场在提高销售效益的同时，助力乡村振兴，提高农民收入，履行社会责任，彰显使命担当。

学思践悟：将"爱农兴农"作为思政教育主题，帮助学生深刻体会习近平总书记提出的"绿水青山就是金山银山"的理念，积淀责任担当的核心素养，深刻认识到商品促销是助力乡村振兴、创造美好生活的重要途径，培养学生的责任感和自豪感。

项目小结

促销能够显著提高门店收益，是商家最常采用的销售方法。本项目主要介绍店头促销、现场促销及POP促销三种门店促销方式的特点及运用方法。

店头促销的关键是特别展示区、堆头和端头的商品陈列方法，从提高店面促销形象、迎合顾客的购物习惯、为顾客提供足够的信息等角度出发，能很好地起到促进商品销售的作用。

现场促销的重点包括促销策划、店面布置及现场推销人员专业素质训练等重点内容。促销前期的策划工作包括确定促销主题、商品、时间、地点、促销方式等多项工作内容。前期完善细致的策划为促销的实施打下坚实基础；店面布置的目的是营造消费氛围、吸引顾客消费，促成交易成功；现场推销人员必须具备专业的商品知识、得体的销售礼仪及掌握现场促销流程，才能成功地推销商品，提高销售业绩。

POP促销主要体现在POP广告的制作与使用上。掌握POP广告制作的要求，结合商场促销实际情况，制作出符合促销氛围、醒目、指向性强、刺激消费需求及实时有效的POP广告。掌握四种POP广告类型及不同类型POP广告的组合运用方法，达到制造销售气氛、唤醒消费者潜在购买意识、引导消费者消费、提升企业形象的目的。

项目训练

一、选择题

1.店头促销是门店的一种（　　　）促销活动，指的是直接在店面进行的促销。

A.形象 　　　　　　B.价格 　　　　　　C.商品 　　　　　　D.品牌

2.店头促销的主要形式有：特别展示区、货架两端（端头）陈列和（　　　）。

A.横向陈列 　　　　B.堆头陈列 　　　　C.纵向陈列 　　　　D.对比陈列

3.端头陈列是指将商品陈列于货架的（　　　）、面向通道的商品陈列。

A.正面 　　　　　　B.一面 　　　　　　C.下面 　　　　　　D.两端

4.堆头陈列的商品高度应在（　　　）左右。

A.1.4米 　　　　　B.1.5米 　　　　　C.1.6米 　　　　　D.1.7米

5.（　　　）商品不宜做堆头商品陈列。

A.新产品 　　　　　B.负毛利 　　　　　C.特价 　　　　　　D.高利润

6.现场促销的方式有限时折扣、面对面销售、（　　　）、免费试用等。

A.抽奖 　　　　　　B.积分 　　　　　　C.会员价 　　　　　D.赠品促销

7.促销人员应该注意现场促销中以下两种方式的灵活运用：观念灌输和（　　　）。

A.感情沟通 　　　　B.引导消费 　　　　C.激发购买欲 　　　　D.免费试用

8.POP 广告的功能包括新产品告知的功能、（　　）的功能、取代售货员的功能、创造销售气氛的功能、提升企业形象的功能。

A.唤起消费者潜在购买意识　　　　　　B.吸引顾客

C.清仓处理　　　　　　　　　　　　　D.促进销售

9.端头的特殊位置可以用来专门陈列特价商品、高利润商品、新商品、重点推荐或（　　）的商品。

A.到期　　　　　B.廉价　　　　　C.低利润　　　　　D.热卖中

10.广义的 POP 广告，指凡是在商业空间、（　　）、零售商店的周围、内部以及在商品陈设的地方所设置的广告物。

A.公路　　　　　B.购买场所　　　　　C.媒体　　　　　D.杂志

二、判断题

1.POP 广告是众多广告形式中的一种，它是英文 Point of Purchase Advertising 的缩写，意为"购买点广告"，简称 POP 广告。　　　　　　　　　　　　　　　　（　　）

2.一个堆头原则上陈列一种单品，最多不超过两种。　　　　　　　　　　（　　）

3.端头商品组合陈列时商品种类不宜过多。　　　　　　　　　　　　　　（　　）

4.POP 广告促销这种新的促销形式在整个商品销售过程中扮演了一个"无声的售货员"角色。　　　　　　　　　　　　　　　　　　　　　　　　　　　　　　　（　　）

5.零售店销售业务上的压力，使店铺无暇顾及厂商 POP 广告的使用。　　（　　）

6.商店的牌匾、店面的装潢和橱窗，店外悬挂的充气广告、条幅，商店内部的装饰、陈设、招贴广告、服务指示，店内发放的广告刊物，进行的广告表演，以及广播、录像、电子广告牌广告等均属于 POP 广告。　　　　　　　　　　　　　　　　　（　　）

7.可以将同一个商品在不同的端头上进行陈列，也就是同一商品可在不同的货架上重复出现，但这种重复陈列必须是关联商品组合陈列在一起。　　　　　　　　（　　）

8.POP 广告不仅要有较强的适用性，还要有较强的艺术感染力，富有创意。（　　）

9.堆头陈列的商品要有卡板（栈板）垫底，商品不能直接接触地面。　　（　　）

10.现场促销的方式包括限时折扣、面对面销售、赠品促销和免费试用。　（　　）

三、实训题

1.POP 广告在整个商品销售过程中扮演了"无声的售货员"的角色，恰当地说明商品内容、特征、优惠程度甚至产地、等级等，吸引顾客视线，激发顾客的购买兴趣。请为一家食品超市制作一种商品的悬挂 POP 广告、价目表 POP 广告及壁面 POP 的广告。

具体建议：

（1）任课教师组织学生到各连锁店去观察现场环境。

（2）分队进行讨论、制作广告。

（3）各队代表上台展示制作结果，现场讲解本队设计及制作的理念和方法。

（4）学生互相点评。

（5）由任课教师点评及总结。

2.拟订一份专项系列商品促销活动方案。

背景资料：冬季来临，火锅系列产品进入销售旺季。为抓住有利销售时机，某门店决定大力进行促销，力争实现主要商品品项的销售业绩增长 30% 的目标。活动地点为生鲜部肉类冷藏陈列柜的中心区域，总长度为5条柜。企划部进行布展，现场人员更改陈列，两家供应商促销员参与现场试吃活动。可供选择的商品如下：肉类系列的肉丸、肉饼、鱼丸、虾丸、牛百叶、肥肠、肥牛片、羊肉卷；海鲜部门的鱼肉、鱼肉片、鲜虾、海带丝（结）等；蔬果部门的香菇系列、粉丝、腐竹、白菜、青菜、萝卜、豆腐、血豆腐、生姜、鸡蛋等；干货食品部门的火锅调料、底料包等；百货部门的电火锅、火锅专用捞叉等商品。

请为该门店设计一份冬季火锅系列商品的促销活动方案。方案要包括布展方案、商品选择、商品陈列、商品促销、费用预算、楼面支持、小结等内容。

具体步骤：

（1）由教师组织学生去一次大型超市，了解现场环境、商品知识等。

（2）课堂上分团队讨论，队长组织好讨论，任课教师确定合理讨论时间。

（3）由各队派代表上台展示各队设计的活动方案。

（4）由任课教师和各队长根据各队展示情况给出各队成绩。

（5）由任课教师或学生代表作点评。

项目评价

本项目考核由考试、教师评定、学生自评三部分构成，考试成绩根据学生对项目训练部分的完成情况给出，教师评定成绩和学生自评成绩分别由教师和学生根据课堂教学、课堂讨论及实训完成情况给出，填写表5-2。

表5-2　　　　　　　　　　　　　　促销项目考核评价表

	考核项目名称	分值	得分	评语	备注
考试	项目成绩	40			
教师评定	课堂纪律	10		评定人：	
	着装仪表	4			
	语言文明	5			
	课堂发言	5			
	课内作业	8			
	课外作业	8			
	教师评定成绩小计	40			
学生自评	学习态度	4		评定人：	
	尊重他人	4			
	交流合作	4			
	实践能力	4			
	创新精神	4			
	学生评定成绩小计	20			
	成绩总评	100			

项目六 ✓ **新零售管理**

　　随着社会的发展进步和新技术的兴起，新的营销理念、营销方式和营销平台不断出现，传统的门店营销如何适应新形势、新变化，是每个门店经营者都要考虑的问题。新零售是指企业以互联网为依托，通过运用大数据、人工智能等先进技术手段，对商品的生产、流通与销售过程进行升级改造，进而重塑业态结构与生态圈，并对线上服务、线下体验以及现代物流进行深度整合的零售新模式。

　　近几年，来自移动端的购买量不断增长，各种电商平台挤压线下销售的空间，微信营销、直播营销已经成为常态。门店如何进行改造，做到线下线上销售两条腿走路，确保业绩增长和效益提升，就成为一个迫在眉睫的问题。

　　本项目主要完成三项任务：创造门店新价值、微信营销和直播营销。

学习目标

知识目标：

1. 理解零售门店的新价值功能。

2. 掌握创造门店新价值的方法。

3. 掌握微信营销、直播营销的基本方法。

能力目标：

1. 能对传统门店进行改造，创造门店新价值。

2. 能通过微信公众号、视频号、微信群等进行微信营销。

3. 能通过直播平台进行门店宣传、引流和直播卖货。

素养目标：

1. 培养终身学习的理念。

2. 具备不怕失败、愈挫愈勇的拼搏精神。

3. 具备勇于实践、敢于创新的精神。

4. 具备自我否定和自我批判的精神。

案例引领

智慧门店助力业绩增长

　　现在大家基本上形成了一个共识：消费者习惯网购后，实体门店的生意越来越难做了。但有一家运动用品门店的店长——刘辉不仅将店里的月销售额提升了45%，年赚百万元，自己还成了大家模仿的对象。刘辉是怎么做到的呢？他声称自己的门店是智慧门店——通过安装摄像头，记录到店顾客是什么时候来的、什么时候走的、在商品前停留的时间等，以此来判断顾客的喜好，这也有助于他更准确地进行库存管理。此外，刘辉还使用自己开发的管理系统辅助运营，根据实时更新的后台数据指导店员更好地销售。另外，你要是老客户的话，刘辉还会尽可能摸清楚你的喜好，加上你的微信，并拉到适合的主题群。店里来了新款，他会第一时间把商品图片发送给你，让你无论何时何地都能第一时间看到自己可能心仪的产品。胖大姐就是这样一个例子。每次店里来了胖大姐喜欢的新款鞋子，刘辉都会通过微信告诉她。如今他们成了朋友，双方彼此信任。现在，刘辉的门店几乎承包了胖大姐的衣柜和鞋柜。刘辉还让店员尝试直播卖货，几个店员因此成为当地的小网红。

请各位同学思考一下，店长刘辉是如何把门店打造成智慧门店的？他采用了哪些新营销手段？你还有什么好的销售策略和建议？

任务一　　创造门店新价值

📖 任务描述

随着电商和新媒体营销的崛起，小王的儿童服装店近几年受冲击很大，经营效益每况愈下。小王非常着急但束手无策，不知道如何改变和应对。现在请你帮助小王出谋划策，让老店焕发生机。

🧑‍🏫 知识准备

一、新零售背景下门店的重新定位

1.链接器

新零售是流量零售，也是以顾客为中心的零售。因此，在新零售背景下，链接顾客是零售经营的第一要素。如果零售店起不到链接顾客的作用，那就仅仅是一个仓库，而不是一个交易场所。

2.前置仓

在新零售背景下，门店必须具备全渠道运营的能力，因为目标顾客已经有了更多的到家、到店需求，门店必须能够满足这种需求。只能满足到店购买，或者只能满足到家需求，都不算是能全面满足目标消费者的完整需求。

因此，门店是重要的前置仓，一定要起到覆盖3 000米的作用——不是到店模式的覆盖3 000米，而是主动到家模式的3 000米。

3.社交中心

无论从引流还是打造终身顾客价值的角度来看，社交手段都是最有效的。门店具备先天的优势，因此一定要努力把门店打造成社交中心。

门店主动拿出专门的空间、专门的人员、专门的模式来做社交，不能被动地做，更不能盲目地做。比如，"零售+餐饮"的目标是什么？肯定是流量，没有流量思维的"超市+

餐饮"肯定是伪命题。要建立引流、黏性、打造顾客价值的顾客经营体系,这一点非常重要。

4.社群中心

要把门店打造成社群中心。打造社群中心靠的是人,靠的是互联网新平台,需要充分挖掘员工的潜能,让每一个员工都成为一个社群中心的"群主"。

课堂讨论6-1

如何对小王的儿童服装店进行重新的价值定位?

训练步骤:

(1)以团队为单位,队长组织大家讨论,确定新的价值定位。

(2)由团队代表轮流上台进行阐述新的价值定位并说明原因。

(3)由任课教师和各队长根据各队展示情况给出各队成绩。

(4)任课教师或学生代表作总结发言。

二、如何创造门店新价值

1.转变观念

一定要尽快树立"流量零售"等新零售经营理念,充分认清当前零售行业已经发生的深刻变化。

2.重新规划门店

在当前,社交功能区、休闲区一定要成为门店的标准配置。不能只顾摆满货架,货架再多,也难以对顾客产生更多的吸引力。要在社交属性上做文章,在提高顾客黏性上动脑子。

3.打造场景化的新零售模式

需要尽快打破以往的品类管理理念,打破按商品分类布局门店的模式,调整为以消费者为中心,按照顾客的日常生活方式打造场景化零售模式(如图6-1所示)。只有场景化的零售模式才能给顾客带来新的购物体验和视觉冲击。

图6-1 场景化门店效果图

4.构建门店以顾客为中心、以流量为目标的工作体系、考核体系

打造门店新价值的关键在管理。要彻底改变以往门店的工作模式、考核指标，门店的重点工作是流量，是顾客管理，是引流、复购、顾客价值。要尽快把店长、员工的工作重点转移到以顾客为中心上来，重点考核来客数、复购率、顾客价值。

5.尽快构建以公众号、社群、会员管理等以顾客为中心的新营销体系

营销的焦点需要转移到顾客身上，找到顾客，影响顾客，创造顾客价值，而不是一味地搞促销。在这个过程中，公众号、社群模式能够发挥出非常重要的作用。

三、新零售门店营销创新

现代营销心理学研究表明：大多数人是冲动型购买。另有研究表明：有购买计划的消费者约占30%（而其中约13.4%的人会在实施购买行为前改变计划），70%的消费者是临时决定购买某种商品或其数量的。因此，零售商应该适应新零售市场的变化，适应新的营销环境，转变"推销为王"的终端营销方式，围绕客户需求，构建多渠道为顾客服务的营销模式。某会员店营销场景如图6-2所示。

图6-2　某会员店营销场景

1.以传统模式为载体

传统终端营销模式是典型推销理念的应用，逐渐显现出一些弊端。降价、团购、促销等传统终端营销模式僵化，消费者已经逐渐失去了新奇感。

但是传统终端营销模式既然能在竞争中生存下来，必有其可取之处。取长补短，新终端营销模式的变革应建立在成熟的终端模式基础之上，通过理念的改变和部分操作方式的改变，为其注入新的活力，创新终端营销策略，提高终端营销的有效性。

2.以文化营销为魂魄

要想打动消费者，就必须从消费者内心深处入手。社会文化、群体文化、组织文化、区域文化在消费者心中根深蒂固，影响着消费者的行为方式。

只有从深层次的文化层面去引导消费者，而不是去告知消费者应该怎么做，才是最有效的营销方式。尤其是促销活动和终端广告，企业一定要将活动方式和广告呈现的内容与一般产品区分开来，体现企业所拥有的文化品位，例如利用知识竞赛、亲自参与制作体验等方式代替一般的歌舞活动等。

3.以消费体验为触点

随着消费行为的变化，简单的功能性诉求已经无法激发消费者的购买欲望。必须从最初的感官体验上升到情感体验、行动体验，加深消费者的消费体验，从而诱发消费者的购买行为。

企业要改变传统以卖场为终端的观念，将消费者作为终端，以消费者为中心。目前终端消费群体与互联网的主流人群具有很大的一致性，企业要遵守"以消费者为中心"的原则，保证这些点能够接触到消费者，保证接触点的有效性。

4.以联合营销为基础

这是一个融合、共赢的时代，联合营销越来越受到关注，通过联合营销可以有效地降低活动成本，让众多品牌共享消费群体，通过品牌合作为消费者提供良好的消费体验。

企业一方面要开展电子商务，另一方面也要注重与传统卖场的联合营销，通过有效的产品组合体验环境，促使消费者将品牌认知转化为购买行为。

5.以顾问营销为引导

销售顾问是终端营销中灵活性最强的一个因素，能够与消费者有效地进行互动，并因"终端拦截"的特点越来越受到欢迎。

顾问营销要求销售顾问以专家身份出现，而不是让消费者自行体验。这就要求企业要加强对销售顾问的培养，提高销售顾问的营销能力。销售顾问不仅要懂得产品功能、价格等基本因素，更要了解客户的终极需求以及品牌文化、产品知识等，贯彻文化营销理念。

6.以技术营销为依托

作为新时代的前行者，一定要掌握当代最先进的技术，学会向互联网借力，运用强大的数据分析技术，快速把握门店整体的发展趋势。因此，技术营销除了要有一定的互联网思维，还必须掌握当前最先进的软硬件技术。人无我有、人有我优，才能在激烈的市场竞争中争取有利地位。

课堂讨论6-2

请根据本项目"任务描述"中的要求，帮助小王制定新零售门店营销创新攻略。

训练步骤：

（1）以团队为单位，队长组织大家讨论，设计营销创新攻略。

（2）团队内总结营销创新攻略。

（3）团队代表上台介绍并展示团队成果。

（4）由任课教师和各队长根据各队展示情况给予评价。

（5）任课教师或学生代表作总结发言。

实例展示6-1

2020年，中石化正式联手连咖啡成立合资公司推出易捷咖啡，这是中石化易捷集团基于新零售理念，推出的全新自有咖啡品牌。易捷咖啡打造了三种不同定位的系列产品，即92#（黑白咖啡）、95#（时尚特饮）、98#（精品系列），与中石化加油站场景完美契合（如图6-3所示）。单杯价格在12~28元不等，比一般的便利店咖啡价格稍高。目前，易捷咖啡提供堂食及外卖两种点单方式，消费者可以选择到店自提，也可以送上车或者外卖服务，外卖配送范围为6 000米左右。易捷不断引入跨界经营、战略合作、共享资源等新模式、新理念，以加油站便利店场景为核心，走出了一条新路。

图6-3 易捷咖啡店

易捷以打造综合服务体为核心理念，追求品质生活理念，先后引入旅游、保险、快餐、汽服、广告等多种服务业，构建扫码购、一键加油、无人值守洗车等智慧场景，全力打造"1+N"生态圈。

中石化易捷有关负责人称，在此之前，消费者只能进店消费，而易捷咖啡能够让消费者无论是在路上、车内或加油站附近商圈，都能轻松地完成购买动作，加油站便利店也就进化为城市零售中心。

资料来源 刘行，成娟，霍丽文. 中石化易捷成立合资公司 拓展加油站咖啡市场［EB/OL］.［2024-11-12］. http://www.sinopecnews.com.cn/news/content/2020-12/24/content_1836029.htm.

任务实施

一、对小王的儿童服装店及店铺生存环境进行调查

（1）主营产品、竞争对手等调查。

（2）店铺位置及内外环境调查。

（3）店员调查、客户调查。

（4）销售数据等其他调查。

二、小组展开头脑风暴进行讨论

（1）产品定位、客户定位。

（2）销售策略讨论。

（3）销售方案讨论。

（4）风险及问题预判。

三、落实整改方案

确定最终整改方案，各小组提交一份。

任务二　　　　　　　　　　　　　　**微信营销**

微信作为时下最热门的社交平台，也是移动端的重要入口，正在演变成为一大商业交易平台，其对营销行业带来的颠覆性变化已经显现。微信营销离不开微信公众的平台支持。工业和信息化部统计数据显示，微信上线 10 年，月活跃用户数提升至 12.63 亿，小程序日活跃用户数突破 4.5 亿，搜一搜月活跃用户数过 7 亿。消费者只要通过微信公众平台对接微信会员云营销系统，就可以实现微会员、微推送、微官网、微储值、会员推荐提成、商品查询、选购、体验、互动、订购与支付的线上线下一体化服务模式。

任务描述

小王经营一家儿童服装店，但近几年经营状况不佳。得知很多同行都利用微信进行营销，有的效果还不错，于是，她也想试一试。

知识准备

一、微信营销认知

微信营销是网络经济时代企业或个人营销模式的一种，是伴随着微信的普及而兴起的一种网络营销方式。微信使用不存在距离的限制，用户注册微信后，可与周围同样注册的"朋友"形成一种联系，用户订阅自己所需的信息，商家通过提供用户需要的信息，推广自己的产品，从而实现点对点的营销。

微信营销主要以安装安卓系统、iOS 系统的手机或者平板电脑中的移动客户端进行区域定位营销，商家通过微信公众平台，结合微信会员管理系统展示商家微官网、微会员、微推送、微支付、微活动、微视频，已经形成了一种主流的线上线下微信互动营销方式。

二、微信营销的优缺点

相对于早期的网络营销方式，微信营销又具备哪些优势与不足呢？

微信的点对点产品形态注定了其能够通过互动的形式将普通关系发展成强关系，从而产生更大的价值。通过聊天互动的形式与用户建立联系，可以解答疑惑，可以讲故事甚至"卖萌"，用一切形式让企业与消费者建立朋友关系。你不会相信陌生人，但是会信任你的

"朋友"。

1.微信营销的优点

（1）高到达率。营销效果很大程度上取决于信息的到达率，这也是所有营销工具最关注的地方。与手机短信群发和邮件群发被大量过滤不同，微信公众账号所群发的每一条信息都能完整无误地发送到终端用户，到达率高达100%。

（2）高曝光率。曝光率是衡量信息发布效果的另外一个指标。信息曝光率和到达率完全是两码事，与微博相比，微信信息拥有更高的曝光率。在微博营销过程中，除了少数一些技巧性非常强的文案和关注度比较高的事件被大量转发后获得较高曝光率之外，直接发布的广告微博很快就淹没在了微博滚动的动态中了，除非你是刷屏发广告或者用户刷屏看微博。而微信是由移动即时通信工具衍生而来，天生具有很强的提醒力度，比如铃声、通知中心消息停驻、角标等，随时提醒用户收到未阅读的信息，曝光率几乎高达100%。

（3）高接受率。目前微信用户已达12亿之众，微信已经成为或者超过类似手机短信和电子邮件的主流信息接收工具，其广泛性和普及性构成了营销活动的基础。有些微信大号动辄数万甚至十数万粉丝。除此之外，由于公众账号的粉丝都是主动订阅而来，信息也是主动获取，几乎不存在拒收信息的情况。

（4）高精准度。事实上，那些拥有粉丝数量庞大且用户群体高度集中的垂直行业微信账号，才是真正炙手可热的营销资源和推广渠道。比如酒类行业知名媒体佳酿网旗下的酒水招商公众账号，拥有近万名由酒厂、酒类营销机构和酒类经销商构成的粉丝，这些精准用户粉丝相当于一个盛大的在线糖酒会，每一个粉丝都是潜在客户。

（5）高便利性。移动终端的便利性再次强化了微信营销的高效性。相对而言，智能手机不仅拥有PC所具备的功能，而且携带方便，用户可以随时随地获取信息，这给商家的营销工作带来了极大的方便。

（6）营销成本低。传统营销通常需要借助大众媒体或开展落地活动，营销推广成本高，而微信本身是免费使用的，团队组建、运营、监控管理的成本都相对较低。

2.微信营销的缺点

微信营销基于强关系网络，如果不顾用户的感受，强行推送各种不吸引人的信息，就会引起用户的反感。只有善用微信这一时下最流行的互动工具，让商家与客户回归最真诚的人际沟通，才是微信营销正确的发展方向。

三、微信平台推广通道

微信平台上可以推广的渠道主要有以下几类：

1.草根大号直推

有些草根大号已有千万级别微信粉丝，推广品牌账号的方式主要是带上品牌微信号码直接发送消息推送。

优点：到达率100%，打开率一般在50%上下，粉丝转化率大概为0.5%（若推送的草根大号有1 000个粉丝，广告推送后，能为品牌带来5个粉丝）。

缺点：成本较贵，获取一个高质量真粉的价格在1~10元之间，但相比非微信渠道推广来看，已经便宜很多了。

2.草根大号内容承载页互推

优点：成本最低，效果最好，用户不反感。

缺点：什么时候开封，存在不确定性。

3.微信导航站

某些微信导航账号，已经拥有几十万粉丝了。品牌账号在微信上推广，这个渠道必不可少。

4.互动式推送微信

通过一对一的信息推送，品牌可以与"粉丝"开展个性化的互动，提供更加直接的互动体验。

四、微信公众账号行为规范

以下行为严重违规并影响用户体验，还可能给其他运营者、用户及平台带来损害，商家必须注意。

1.使用外挂行为

未经腾讯书面许可使用插件、外挂或其他第三方工具、服务接入本服务和相关系统。例如，利用任何第三方工具或其他方式规避群发限制策略，包括但不限于用公众平台的单发功能来实现群发功能，意图规避公众平台对于群发次数的限制等。

2.刷粉行为

（1）未经腾讯书面许可利用其他微信公众账号、微信账号和任何功能或第三方运营平台进行推广或互相推广的，包括但不限于：僵尸粉刷粉、公众账号互相推广、普通微信账号通过微信普通消息、附近的人打招呼、漂流瓶、摇一摇等任何形式推广公众账号，以及利用第三方平台进行互推等。

（2）推广形式，包括但不限于：通过链接、头像、二维码、纯文字等各种形式完成的推广行为。

（3）制作、发布与以上行为相关的方法、工具，或对此类方法、工具进行运营或传播，无论这些行为是否出于商业目的，使用者账号都将被处理。

3.诱导分享行为

以奖励或其他方式，强制或诱导用户将消息分享至朋友圈的行为。奖励的方式包括但不限于：实物奖品、虚拟奖品（积分、信息）等。

4.恶意篡改功能行为

有目的性地对公众平台的功能或文字进行篡改，违反公众平台功能的原本用途或意义。例如：在原本显示作者名称（即微信公众账号名称）的位置篡改文字显示。

五、微信营销运作模式分析

1.草根广告式：查看附近的人

产品描述：微信中基于LBS的功能插件"查看附近的人"便可以使更多陌生人看到这种强制性广告。

功能模式：用户单击"查看附近的人"后，可以根据自己的地理位置查找到周围的微信用户。在这些附近的微信用户中，除了显示用户姓名等基本信息外，还会显示用户签名档的内容。所以用户可以利用这个免费的广告位为自己的产品打广告。

营销方式：营销人员在人流最密集的地方后台24小时运行微信，如果"查看附近的人"使用者足够多，那么这个简单的签名栏也许会变成移动的"黄金广告位"。

2.O2O折扣式：扫一扫

产品描述：二维码发展了这么长时间，其商业用途越来越多，所以微信也就顺应潮流结合O2O展开商业活动。

功能模式：将二维码图案置于取景框内，然后你将可以获得成员折扣、商家优惠或是一些新闻资讯。

营销方式：移动应用中加入二维码扫描这种O2O方式早已普及开来，坐拥上亿用户且活跃度足够高的微信，其价值不言而喻。

3.互动营销式：微信公众平台

产品描述：对于大众化媒体、明星以及企业而言，如果说微信开放平台+朋友圈已经使得微信成为一种移动互联网上不可忽视的营销渠道，那么微信公众平台的上线，则使这种营销渠道更加细化和直接。

4.微信小店

2014年5月29日，微信公众平台宣布正式推出微信小店。微信小店是基于微信公众平台打造的原生电商模式，包括添加商品、商品管理、订单管理、货架管理、维权等功能，开发者可使用接口批量添加商品，快速开店。微信小店的上线，意味着微信公众平台上真正实现了技术"零门槛"的电商接入模式。

拓展阅读6-1

微信小店
开店步骤

微信小店的开通方式很简单，只要是获得了微信认证的服务号，即可自助申请。只需登录微信公众平台网页版，进入服务中心，即可看到微信小店的入口，按照操作提示即可申请开通。同时，部分有开发能力的商家，还可通过API接口的方式，自行开发商铺系统，通过相关的接口权限更方便地管理商品数据等内容，实现更多功能。

实例展示6-2

某综合超市为了拓展线上与客户的交流和信息推送，每天下午5：00—6：30这个时间段会让部分员工在附近小区门口开展拓客引流活动。新客户现场扫微信二维码入群可以领2袋食盐。经过一段时间的拓客活动，超市建立了附近每个小区的客户群，并且有专门的群主和员工对这些客户进行运维，超市线上线下营业额都有所增长。

任务实施

以小组为单位，对小王的儿童服装店进行分析，设计微信营销方案。
（1）由老师确定各小组的微信营销方式。
（2）以小组为单位，队长组织大家讨论，确定微信营销的方案和细节。
（3）各个小组代表上台进行微信营销方案展示。
（4）由任课教师和各队长根据各队展示情况给出各队成绩。
（5）任课教师或学生代表作总结发言。
（6）各组长综合各队方案，设计总的微信营销方案。

任务描述

小王经营一家儿童服装店，但近几年经营状况不佳。得知很多同行都利用空余时间在店里进行直播卖货，有的效果还不错，于是，她也想试一试。

知识准备

直播营销是指在现场随着事件的发生、发展进程同时制作和播出节目的营销方式，该营销活动以直播平台为载体，达到企业、个人获得品牌知名度的提升或是销量的增长的目的。随着互联网的快速发展和消费者购物习惯的改变，直播电商行业在过去的几年里经历了从无到有、从摸索到成熟的蜕变，与此同时，消费者边观看直播边购物的习惯也逐渐养成。他们通过观看直播、参与互动、分享心得等方式，对直播商品产生了浓厚的兴趣和信任感。《2023年中国直播电商行业研究报告》显示，2023年中国直播电商成交额为4.9万亿元，增速达到35%，展现出了稳健的增长态势。

一、直播营销的优势

直播营销是一种营销方式上的重要创新，也是非常能体现互联网视频特色的板块。对于广告主而言，直播营销有着极大的优势。

第一，在当下的语境中直播营销就是一场事件营销。除了本身的广告效应，直播内容的新闻效应往往更明显，引爆性也更强。一个事件或者一个话题，相对而言，可以更轻松地进行传播和引起关注。

第二，能体现出用户群的精准性。在观看直播时，用户需要在一个特定的时间进入播放页面，这其实是与互联网视频所倡导的"随时随地性"背道而驰的。但是，这种播出时间上的限制，也能够真正识别出并抓住这批具有忠诚度的精准目标人群。

第三，能够实现与用户的实时互动。相较传统电视，互联网视频的一大优势就是能够满足用户更为多元化的需求。直播不仅是单向观看，还能一起发弹幕吐槽，喜欢谁就直接点赞、打赏，甚至还能改变节目进程。这种互动的真实性和立体性，也只有在直播的时候能够完全展现。

第四，深入沟通，情感共鸣。在这个信息碎片化的时代里，在这个去中心化的语境下，人们在日常生活中的交集越来越少，尤其是情感层面的交流越来越浅。直播，这种带有仪式感的内容播出形式，能让一批具有相同志趣的人聚集在一起，聚焦在共同的爱好上，情绪相互感染，达成情感气氛上的高光时刻。如果品牌能在这种氛围下恰到好处地推波助澜，那么其营销效果也是可以期待的。

二、直播营销的发展原因

1.移动网络提速和智能设备的普及

2015年6月，像花椒直播这样完全诞生在移动互联网时代的视频直播App开始涌现，并受到资本市场的关注。这其实得益于移动网络速度的提升，以及流量资费的降低，视频直播能够比以往更加流畅。并且，更为重要的是智能手机的普及，让人们逐渐摆脱有线网络和电脑而可以直接进行视频拍摄上传，这就使得视频直播能够有更多的应用场景，从而让企业有了全新的营销机会，可以随时随地更加立体地展示企业的文化，发出企业的声音，而不再仅仅依靠微博和微信。

2.企业需要更立体的营销平台

在过去几年，很多企业、政府机构已经开通了微博、微信账号，将其作为企业品牌营销和文化传播的标配。不过，这些传播主要还是以图文为主，而视频直播的兴起，正好弥补了这些缺憾，在微博、微信之外，多了一个更为立体生动的营销阵地。

3.网友看视频、玩视频的习惯养成

无论是移动互联网时代的机遇也好，还是企业营销的需求驱动也罢，这一切最重要的根基是用户愿意在这个平台上进行"玩耍"。越来越多的人愿意在视频平台上花费时间创建内容和浏览内容，这都得益于用户使用习惯的养成。

三、直播营销的流程

无论是大品牌还是个人，在进行直播营销时往往离不开以下几个流程：

1.精确的市场调研

推销的前提是我们深刻地了解用户需要什么，我们能够提供什么，同时要避免同质化的竞争。因此，只有精确地做好市场调研，才能做出真正让大众认可的营销方案。

2.项目自身优缺点分析

做直播，如果营销经费充足，人脉资源丰富，可以有效地实施任何想法。但对大多数商家来说，并不具备足够的资金和人脉资源。这时就需要充分发挥自身的优点来弥补，一个好的项目不是人脉、财力的堆积就可以达到预期的效果，只有充分发挥自身的优点，才能取得意想不到的效果。

3.市场受众定位

营销能够产生效果才是一个有价值的营销，我们的受众是谁，他们能够接受什么等等，都需要做恰当的市场调研，只有找到合适的受众才是做好整个营销的关键。

4.直播平台的选择

直播平台种类多样，根据属性可以划分为不同的领域。常见的直播平台有娱乐类、游戏类、购物类、专业领域类和体育类等。假如在游戏类直播平台上售卖衣服，效果肯定不好。所以，选择合适的直播平台也很关键。

5.良好的直播方案设计

做完上述工作之后，成功的关键就在于最后呈现给受众的方案。在整个方案设计过程中，需要销售策划及广告策划人员共同参与，群策群力。在直播过程中，过分的营销往往会引起用户的反感，所以在设计直播方案时，如何把握视觉效果和营销方式，需要不断商榷。

6.后期的有效反馈

营销效果最终要落实在转化率上。实时的及后期的反馈要跟上，通过数据反馈可以不断地修正方案，不断提高营销方案的可实施性。

7.供应链管理和售后服务

良好的供应链管理、品控是直播带货的基础，只有优质和性价比高的产品才能卖得好，卖得久。目前各大平台直播带货的退货率居高不下，有些公司和主播甚至因为带货假冒伪劣商品而受到处罚。如何做好售前、售中和售后服务是降低退货率的关键。特别是售后服务，一定要主动提前介入，不要被动接受退货。

实例展示6-3

2021年7月24日，《关于进一步减轻义务教育阶段学生作业负担和校外培训负担的意见》颁布。教培行业中的业界翘楚——新东方教育科技集团有限公司积极响应国家政策，退还了所有孩子家长的学费，给了解雇老师一定的经济补偿，还把桌椅捐赠给贫困地区的学校，新东方转型直播带货。现在的"东方甄选"是新东方的一个全新的转型之路，开启了农产品直播带货中英双语带货。直播间既有文艺浪漫清新的文案介绍产品，又自带英语教学，简直就是"知识量"满满，让人受益匪浅。在看直播的同时，还能学习到知识，带货主播讲解的同时，声情并茂，侃侃而谈，幽默风趣，一气呵成。而且，直播间非常热闹，在线几十万的粉丝不断刷屏，这就是新东方老师"教科书式"的直播带货。它能留住粉丝的真正原因，就是潜意识里创新，不同于其他的直播间各种声嘶力竭地叫喊卖货，各种催单。所以"东方甄选"的出圈，成为行业内独树一帜的一股清流。

随堂测6-1

任务实施

根据本项目"任务描述"中的要求，请你帮助小王做好在店里直播的准备，设计一份详细的直播方案。

实施步骤：

（1）由老师确定各小组任务：直播设施设备准备、直播平台选择和申请账号、商品准备与品控、直播文案及注意事项与话术、客服与物流、引流与直播助理。

（2）以小组为单位，队长组织大家讨论，确定各个环节的细节。

（3）各个小组代表上台进行本小组方案展示。

（4）由任课教师和各队长根据各队展示情况给出各队成绩。

（5）任课教师或学生代表作总结发言。

（6）各组长综合各队方案，设计总的直播营销方案。

拓展阅读6-2

小提示6-1

网络不是法外之地，各个直播平台都有自己的电商规则和直播规则，在直播时一定要遵守这些规则和注意事项。大家可以到抖音的抖音规则中心学习抖音的平台规则，为将来在抖音直播做准备。

直播营销平台使用指南

继主播雪梨偷逃税被罚后，2021年12月20日，据国家税务总局杭州市税务局官网，主播薇娅（原名黄薇）在2019年至2020年期间，通过隐匿个人收入、虚构业务转换收入性质虚假申报等方式偷逃税款6.43亿元，其他少缴税款0.6亿元。国家税务总局杭州市税务局稽查局依据《中华人民共和国个人所得税法》《中华人民共和国税收征收管理法》《中华人民共和国行政处罚法》等相关法律法规规定，按照《浙江省税务行政处罚裁量基准》，对薇娅追缴税款、加收滞纳金并处罚款，共计13.41亿元。12月20日，针对偷逃税事件，薇娅在其个人微博发布了致歉信，称愿承担一切后果。此外，薇娅微博、抖音、快手等平台的账号已被封。针对此次事件，讨论依法守规经营的重要性。

讨论步骤：

（1）以团队为单位，队长要组织好讨论，并做好讨论记录，确定讨论时间。

（2）由团队代表轮流上台发言阐述自己观点。

（3）由任课教师和各队长根据各队展示情况给出评价。

（4）任课教师或学生代表作总结发言。

思政园地

唐久便利联合支付宝开设全国首家数字便民店

随着便利店日益成为城市基础设施之一，大众对便利店的关注点从售卖应急商品转向服务体验。2021年5月，商务部等部门联合印发《关于推进城市一刻钟便民生活圈建设的意见》，鼓励商业与物业、消费与生活、居家与社区等场景融合，支持"一店多能"，满足社区居民步行15分钟内的日常生活和品质消费。

山西唐久便利联合支付宝开设的数字便民一号店是全国首家数字便民店。顾客在店里可边领券边购物，消费享受支付宝价，还能通过"小程序便民角"体验衣物送洗、旧衣回收、老年人手机教学等个性化服务。

该数字便民店的雏形是一家不足80平方米的社区便利店，经过数字化改造，可支持数十种生活服务。店内主打实惠与效率：支付宝价专区支持边购物边领券，优惠低至一折。智能收银机具方便快速结账、可一键成为唐久小程序会员，智能收银平均每笔交易为顾客节省10秒的时间，单店服务效率提升60%以上。店内设有数字便民区，除充电、餐食加热、快递存放外，消费者还能通过小程序在店里预约衣物送洗、旧衣回收等服务，为老年顾客准备的手机教学及反诈防骗的"蓝马甲"也将长期在店内服务。这些均由支付宝及其平台生态伙伴白鲸鱼、e袋洗提供，也是支付宝异业服务资源开放首次在便利店场景实现。

唐久便利的数字化服务突破了门店场地限制，丰富和拓展了服务场景，帮助唐久便利由"便利"向"便民"再进一步。支付宝开放平台也表示，未来将联合合作伙伴向全国便利店商家开放更多服务资源，助力城市居民"一刻钟便民生活"。

另外，唐久便利和支付宝的此次合作让大家看到了未来便利店行业更多的可能性。便利店已不再只是单纯售卖产品，还能承接更多的个性化服务，这将是未来的大趋势。随着科技的发展，互联网技术和各种数字化手段的加持让便利店极大拓宽了服务边界，大幅提升了消费者在便利店的体验。随着本土便利店的不断崛起，未来数字化程度有望赶超海外便利店品牌。

资料来源　CCFA. 全国首家数字便民店落户山西［EB/OL］.［2023-10-29］. http：//www.ccfa.org. cn/portal/cn/xiangxi.jsp？id=442956&type=2&sharetype=1.

分析提示：便利店的每一项销售活动都是建立在顾客需求的基础上的，结合顾客特点进行销售活动是成功销售的关键。便利店凭借庞大密集的零售网点，成为不可忽视的销售力量，在未来便利店的销售过程中，需要通过更为多样化的精准营销、成熟精细的增值服务、升级店内环境及消费体验、全方位的顾客沟通与交互等方式提高销售业绩，增强顾客忠诚度。

学思践悟：确定"细致周到、服务大众"作为思政教育主题，帮助学生树立爱岗敬业、热情细致的销售服务意识，树立干一行爱一行的信念，使每一次成功的销售活动，既能给顾客带来满意，也能给销售人员带来成就感。

项目小结

随着社会的发展进步和新技术的兴起，新的营销理念、营销方式和营销平台不断出现，传统的门店营销如何适应新形势、新变化，是每个门店经营者必须考虑的问题。本项目主要介绍如何创造门店新价值、微信营销和直播营销。

新零售是流量零售，是以顾客为中心的零售。因此，在新零售环境下，改变观念勇于创新是基础，如何引流是重点。新零售下要对门店进行重新定位，制定门店营销创新攻略，才会让老店换新颜，业绩步步高。

微信作为时下热门的社交平台，也是移动端的重要入口，正在演变成为一大商业交易平台。微信营销已经成为企业营销的必备工具。门店通过微信的各种推广通道和运作模式，可以实现线上线下的互动和引流，为提高客户满意度、提升门店营业额作出贡献。

直播营销是近几年新兴的营销模式，形形色色的直播平台如雨后春笋般涌现。了解直播营销的优势和发展原因，熟悉直播营销的基本流程，选择最适合的直播平台进行直播，遵守国家法律法规和直播平台规则，才会给我们的门店销售带来新的助力。

项目训练

一、不定项选择题

1.抖音和快手同属于（　　　）。

A.短视频直播平台　　　　　　　　　B.电商直播平台

C.综合视频直播平台　　　　　　　　D.专业垂直直播平台

2.维护微信老客户的措施包括（　　　）。

A.逢年过节送礼拜访

B.平常抽空问候，有优惠政策第一时间通知

C.直接不管，有事儿就找他就行

3.利用微信快速添加客户微信的推荐做法包括（　　　）。

A.反复添加客户微信

B.设置好看的头像和网名

C.维护好第一印象和专业形象

4.正确利用微信群和朋友圈的做法是（ 　　 ）。

A.让客户觉得你一直在每天转发朋友圈

B.能转发的都转发

C.确保有质量地转发内容

二、判断题

1.直播前加粉和预热对于直播间前期起量、场观和总体GMV至关重要。（ 　　 ）

2.微信营销能减少客户的排斥心理。（ 　　 ）

3.老客户的转介绍率对业绩没有什么作用。（ 　　 ）

4.新零售，一定需要首先变革零售的理念。（ 　　 ）

三、思考题

1.如何提高微信群的气氛和活跃度？

2.如何提高直播间人气？

3.怎样吸引直播间观众加入粉丝团？

四、实训题

以小组为单位，用手机直播的方式模拟一次直播卖货。一名主播出镜直播，其他同学分别担任直播助理、模拟观众进行互动。直播结束后总结直播效果和出现的问题，提出改进建议和整改方案。

项目评价

本项目考核由考试、教师评定、学生自评三部分构成，考试成绩根据学生对项目训练部分的完成情况给出，教师评定成绩和学生自评成绩分别由教师和学生根据课堂教学、课堂讨论及实训完成情况给出，填写表6-1。

表6-1　　　　　　　　　　　　　新零售管理项目考核评价表

考核项目名称		分值	得分	评语	备注
考试	项目成绩	40			
教师评定	课堂纪律	10			
	着装仪表	4			
	语言文明	5			
	课堂发言	5		评定人：	
	课内作业	8			
	课外作业	8			
	教师评定成绩小计	40			
学生自评	学习态度	4			
	尊重他人	4			
	交流合作	4			
	实践能力	4		评定人：	
	创新精神	4			
	学生评定成绩小计	20			
成绩总评		100			

主要参考文献

[1] 范征. 连锁企业门店营运管理［M］. 3版. 北京：电子工业出版社，2017.

[2] 喻合. 门店布局与商品陈列［M］. 北京：电子工业出版社，2017.

[3] 杨叶飞，王吉方. 连锁门店开发与设计［M］. 北京：机械工业出版社，2017.

[4] 郑昕. 连锁门店运营管理［M］. 2版. 北京：机械工业出版社，2017.

[5] 张琼. 门店运营与管理［M］. 北京：中国人民大学出版社，2017.

[6] 黑墙. 门店私域流量运营与落地［M］. 北京：清华大学出版社，2023.

[7] 中华人民共和国教育部. 中等职业学校专业教学标准（试行）财经商贸类（第一辑）［M］. 北京：高等教育出版社，2014.

[8] 陈杏头. 门店运营与管理实务［M］. 北京：中国人民大学出版社，2013.

[9] 骏君，李剑豪. 直播营销［M］. 北京：中华工商联合出版社，2024.

[10] 邰昌宝. 门店精细化管理［M］. 北京：台海出版社，2024.

[11] 陈方丽，杨再春. 门店管理实务［M］. 北京：机械工业出版社，2017.

[12] 冯涛. 绩效考核量化实操全案［M］. 北京：水利水电出版社，2022.

[13] 杨明娜. 绩效管理实务［M］. 2版. 北京：中国人民大学出版社，2012.

[14] 樊福生. 店铺经营实务［M］. 2版. 北京：中国财政经济出版社，2010.

[15] 蒋小龙. 连锁企业门店营运与管理［M］. 北京：化学工业出版社，2016.

[16] 王丽娟，何妍. 绩效管理［M］. 北京：清华大学出版社，2009.

[17] 沈欣. 商场超市假日促销及主题促销［M］. 北京：化学工业出版社，2009.

[18] 新零售运营管理项目组. 商场超市运营与管理［M］. 北京：化学工业出版社，2021.

[19] 曹泽洲. 连锁企业门店运营与管理［M］. 北京：清华大学出版社，2008.

[20] 华蕊，李楠. 商场超市卖场服务与管理［M］. 北京：化学工业出版社，2008.

[21] 丁仁秀. 直播运营与操作实务［M］. 北京：北京大学出版社，2021.

[22] 孙明贵. 销售物流管理［M］. 北京：中国社会科学出版社，2005.

[23] 萧野. 超级销售通路：为你打通销售的脉络［M］. 北京：中国纺织出版社，

2005.

[24] 任康磊. 绩效管理与量化考核：从入门到精通 [M]. 2版. 北京：人民邮电出版社，2020.

[25] 黄特. 拓客：实体店引流99招 [M]. 北京：清华大学出版社，2021.